나만의 진로 가이드북

: 직업을 알면 학과가 보인다

자연계열

머리말

'좋아하는 일을 할까요, 잘하는 일을 할까요?'

　많은 학생들이 진로 상담을 할 때 하는 질문입니다. 물론 좋아하는 일을 잘 할 수 있다면 더할 나위 없이 좋겠지만, 그것이 아니라면 누구나 진로를 선택할 때 이와 같은 고민을 할 것입니다. 이런 학생들을 만날 때마다 '우선 너의 적성과 흥미에 맞는 일을 찾아라. 그러면 열심히 하게 되고, 비록 당장은 아니더라도 결국에는 잘하게 될 거야.'라고 답을 합니다. 그런데 자신이 좋아하는 일이 무엇인지 알고 있는 학생이라면 그나마 다행입니다. 그러나 많은 학생들은 자신이 무엇을 좋아하고, 어떤 일을 하고자 하는지조차 파악하지 못한 채, 자신의 성적에 맞춰 대학이나 학과를 선택하는 경우가 허다합니다.

'선생님, 제가 꿈꾸었던 학과가 아니에요. 전공을 바꿔야겠어요.'

　자신의 적성과 흥미에 적합할 것으로 예상되는 학과에 무난하게 진학한 경우라도 한 학기가 지나면 전공 적합성으로 고민하는 학생들이 많습니다.

　이는 진학한 학과에 대한 정확한 정보가 아닌, 피상적인 지식과 선입견으로 학과를 선택한 결과입니다.

　입시 준비에 열중하느라 바쁜 학생이 혼자서 학과에 대한 구체적인 정보를 찾기에는 어려움이 있을 뿐만 아니라, 비록 찾았다고 하더라도 진학을 위해 어떤 노력을 해야 할지 막막한 것이 사실입니다.

　이 책은 자신에게 적합한 전공 선택을 하고자 하는 중·고등학생들의 고민과 어려움을 해결하는 데 조금이라도 도움을 주기 위해 만들어졌습니다.

대학 전공을 인문, 사회, 자연, 공학, 의약, 예체능, 교육 등 7개 계열로 나누고, 계열별로 20개의 대표 직업과 그 직업에 연관된 학과를 제시하여, 총 140개의 직업과 학과를 안내하고 있습니다. 해당 직업의 특성은 무엇인지, 하는 일은 무엇인지, 어떤 적성과 흥미를 지닌 학생에게 적합한지, 어떻게 진출할 수 있는지, 미래의 직업 전망은 어떤지, 어떤 자격증이 필요한지 등을 상세히 풀어놓았습니다.

또한, 직업과 연관성이 큰 대표 학과에 대해 소개하면서 학과의 교육 목표, 학과에 적합한 인재상, 취득가능 자격증, 배우는 교과목, 졸업 후 진출 가능 직업을 제시하였습니다. 더불어 진로를 선택하는 데 도움이 되는 도서와 전공에 도움이 되는 고등학교 과목을 안내하였습니다. 마지막으로 원하는 학과에 진학하기 위해 중·고등학교 시절에 무엇을 어떻게 준비해야 하는지 알 수 있도록 수상, 자율, 동아리, 봉사, 진로, 교과, 독서 등의 항목으로 나누어 구체적으로 정리하였으니 이를 바탕으로 '학교생활기록부'를 잘 관리한다면 '학생부 종합 전형'을 대비하는 데 많은 도움이 될 것입니다.

진로 계획을 잘 세우려면 시대의 변화에 관심을 가지고 그 흐름을 잘 파악해야 합니다. 평생직장의 개념이 사라진 현 시점에서는 자신에게 필요한 경험, 지식, 자격증, 학위를 쌓아가는 것이 좋습니다. 사회적으로 어떤 직업이 유망하고 안정적일 것인가에 초점을 두고 직업과 학과를 좇기보다는 자신이 어떤 일을 가장 즐겁게 할 수 있는가를 먼저 살피고, 그에 맞는 직업을 선택하여 꾸준히 능력을 개발하는 것이 중요합니다.

'일을 즐기면 일의 완성도가 높아진다.'라고 한 아리스토텔레스의 말처럼, 좋아하는 일을 하게 되면 스스로 열심히 하게 되고, 어느 순간 그 분야의 전문가가 되어 있는 자신을 발견하게 될 것입니다. 그러나 그 과정이 순탄하지만은 않을 것입니다. 열심히 노력하더라도 극복해야 할 어려움들은 분명히 찾아올 것입니다. 그때마다 자신의 꿈에 대해 확신을 갖길 바랍니다. 간절히 원하는 만큼 노력한다면 무엇이든 이룰 수 있습니다. 그러한 여러분들을 열렬히 응원하겠습니다.

끝으로, 이 책이 자신에게 적합한 진로를 찾아, 성공적인 직업 생활, 나아가 행복한 삶을 살아가는 데 조금이라도 도움이 되길 진심으로 기원합니다.

– 저자 일동

이 책의 구성

책은 인문, 사회, 자연, 공학, 의약, 예체능, 교육 등 총 7개 계열로 구성되어 있으며,
계열별 20가지 대표 직업과 각 직업과 관련된 학과를 소개하고 있습니다.
각 직업과 학과에 대해 보다 심도 있게 이해할 수 있으며, 실질적인 직업 진출 계획을
세우는 데 도움이 될 수 있도록 구성하였습니다.

Jump Up

직업 관련 토막 상식,
세부 직업 소개,
자격시험(자격증),
용어 해설 등
다양한 관련 정보를
자유롭게 다루는 코너입니다.

직업

직업의 유래와 정의는
물론, 우리 주변에서
볼 수 있는 직업의 모습과
직업이 하는 일
등을 관련 이미지와 함께
소개합니다.

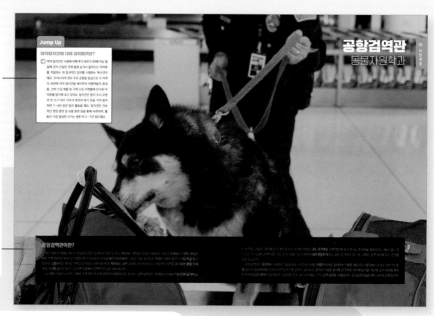

커리어맵(1p)

준비 방법, 관련 교과, 적성과 흥미, 흥미 유형, 관련 학과, 관련 자격,
관련 직업, 관련 기관 등 직업 진출을 위해 점검해야 할 요소들을
맵 형태를 활용하여 소개하였습니다.

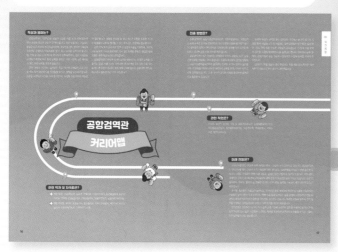

커리어맵(2p)

직업에 요구되는 적성과 흥미, 관련 학과와 자격증,
관련 직업, 직업의 진출 방법과 미래 전망을
객관적인 시각에서 상세하게 다루었습니다.

학과 전공 분석

각 직업과 관련되는 학과의
역할과 성격, 상세한 교육
목표와 교육 내용 등을
소개합니다.

주요 교육 목표

학과의 인재상을 통해
학과의 주요 교육 목표를
살펴봅니다.

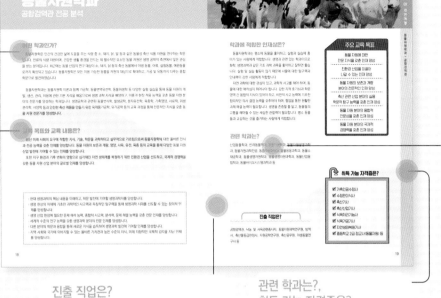

추천 도서는?

학과 공부에 도움이 되는
주요 추천 도서 목록을
제시하였습니다.

진출 직업은?

학과 졸업시 실제 진출할 수 있는 직업과 분야를
보다 폭넓게 생각해 볼 수 있도록
다양하게 제시하였습니다.

관련 학과는?, 취득 가능 자격증은?

관련 학과나 유사 학과, 각 학과에서 취득
할 수 있는 자격증 등을 제시하였습니다.

학교 주요 교과목은?

각 학과 진학 시에 배우게 되는 다양한
교과목을 기초 과목과 심화 과목으로
분류하여 제시하였습니다.

학교생활기록부 관리는?

희망 학과 진학과 희망 직업 진출을 위해
중·고등학교 학교생활에서 어떠한
계획을 수립하고 실천해야 할지를
항목별로 정리하여 제시하였습니다.

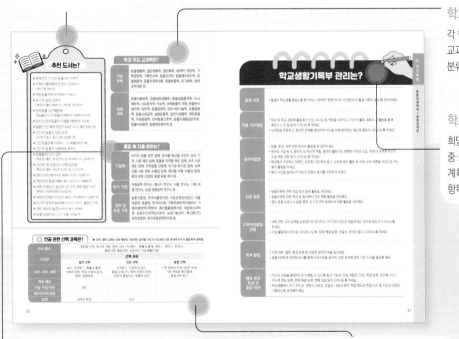

졸업 후 진출 분야는?

학과 졸업시 실제 진출할 수 있는 직업과 분야를
보다 폭넓게 생각해 볼 수 있도록
다양하게 제시하였습니다.

전공 관련 선택 과목은?

희망 학과 진학을 위한 전공 관련 선택 과목에는
무엇이 있는지 확인할 수 있도록
표로 정리하였습니다.

Contents 자연계열

7

PART 03

자연계열 소개

1. 자연계열은?

자연계열은 자연 현상의 기본적인 원리를 탐구하고, 새로운 자연법칙을 개발하는 자연 과학에 바탕을 둡니다. 자연과학은 우주 생성의 근원에서부터 지구상 물질의 기원, 생명 현상까지 다양한 물질세계의 원리를 과학적인 방법으로 연구하는데, 이를 위해 과학 (물리학, 화학, 생명과학, 지구과학), 수학 등의 자연 질서와 논리학에 대해 탐구합니다. 국가 발전의 원동력이 되는 기초 과학 분야의 우수한 연구 인력을 양성하여 기초 과학 발전의 핵심적인 역할을 수행하는 것을 목표로 합니다.

2. 자연계열의 분야는?

자연계열은 농림·수산, 생물·화학·환경, 생활과학, 수학·물리·천문·지리 분야로 분류됩니다.

3. 무엇을 배울까?

자연계열에서는 자연과학에 관한 전반적인 분야를 공부할 수 있습니다. 물리학, 화학, 생물, 수학 등의 기초 자연계열 과목을 배우면서 각 전공 연구에 필요한 기초 과목을 배우게 됩니다. 이론 과목과 함께 실험 및 실습을 병행하면서 이론을 검증하고 새로운 현상을 발견할 수 있습니다.

4. 졸업 후 진로는 어떨까?

대학교를 졸업하고 대학원에 진학하여 석사 이상의 학위를 취득한 후 전공 관련 기업체나 정부 기관의 연구소로 진출할 수 있습니다. 전문 대학을 졸업한 경우에는 '산업기사' 자격증을 취득하여 관련 분야 기업체로 진출하는 경우가 많습니다.

가. 농림·수산

농업 활동에 관련된 학문으로는 농업생명
과학, 산림학, 수산학 등이 있습니다. 이 학
과들은 농작물, 산림, 수산물의 생산, 관리,
이용, 보전 등과 관련된 학문을 연구하므로
생명과학, 화학, 지구과학, 물리학 등의 관
련 지식이 요구됩니다.

나. 생물·화학·환경

생명과 생물을 연구하는 자연과학의 한 분
야로, 생물의 구조, 기능, 성장, 진화, 분포,
그리고 분류 등을 연구하는 생물학, 물질의
조성과 구조, 성질 및 변화, 응용 등을 연
구하는 화학, 자연과학의 기초 이론을 토
대로 환경 문제를 연구하는 환경학으로 구
성됩니다.

다. 생활과학

생활과학은 인간의 생애에 걸쳐 생활의 질
적 향상을 위하여 생활 환경을 과학적으로
탐구하는 학문입니다. 과학적이고 다양한
학문적 접근을 통해 아동에서 성인으로의
건전한 발달, 식품과 영양을 통한 건강한
심신의 육성, 의생활과 주거 환경의 개선
및 건전하고 안정적인 소비 생활 등을 통해
생활의 고도화를 추구하는 학문입니다. 식
품영양학과, 아동가족학과, 의상학과(의류
학과), 생활디자인학과 등으로 구성됩니다.

라. 수학·물리·천문·지리

물건을 헤아리거나 측정하는 것에서 비롯
된 수(數)와 양(量)에 관한 학문인 수학 및
통계학, 지구와 지구 안의 생명체, 넓게는
우주 전체에 이르러 발생하는 물질 및 에너
지에 관한 현상의 기초 원리를 찾고자 하는
물리학, 우주 전체 및 우주 안에 여러 천체
와 기후에 관한 천문학 및 기상학, 지구의
표면 및 지구 내부 전반에 관한 연구를 하
는 지학 및 지리학 등이 있습니다.

전공 관련 선택 교과 활용의 유의점

　본 책에서 제시된 학과의 선택 과목 추천은 2022 개정 교육과정 고등학교 보통교과에 한정되어 있습니다. 광주광역시교육청 발간 〈2024 진로연계 과목 선택을 위한 학과 안내서〉, 부산광역시교육청 발간 〈청소년을 사로잡는 진로디자인5〉 자료집과 2024학년도 서울대 권장 이수과목 목록, 고려대 외 5개 대학이 제시한 자연계열 핵심 권장과목, 부산대에서 제시한 2024 이후 학생부위주전형 모집단위별 인재상 및 권장과목 자료를 참고로 2022 개정 고등학교 교육과정 교과에 맞게 재구성하였습니다.

　본 책에서 **국어 교과와 영어 교과의 일반 선택 과목은 도구 교과(다른 과목을 학습하기 위한 기본적인 수단이 되는 교과 과목)인** 성격을 고려하여 **모든 학과 선택 과목에 포함하지 않았음을** 안내합니다. 아울러 **수능 필수 지정 교과인 국어(화법과 언어, 독서와 작문, 문학), 수학(대수, 미적분I, 확률과 통계), 영어(영어I, 영어II), 한국사, 사회(통합사회), 과학(통합과학), 성공적인 직업생활(직업) 교과는 필수 선택 과목 영역으로 구분하여** 제시하였습니다.

　본 책에 제시된 학과 관련 선택 권장 과목은 절대적인 것이 아니라 하나의 예시 자료입니다. 본 자료가 절대성을 의미하는 것은 아니므로 최종 과목 선택시 단순 참고자료로 활용하기를 바라며, 학생 개인의 희망과 진로 등을 고려하여 최종 선택하는 것이 바람직합니다.

학생들의 이해를 돕기 위해 〈직업과 학과〉 시리즈 영상을 제작하고 있습니다. QR코드를 스캔하여 유튜브 페이지에서 영상을 확인하세요.

현직 교사가 알려주는
동물과 교감하는 직업

동물조련사에 대해 알려 달랑개!

나웅~

03

자연계열

직 업	학 과
공항검역관	동물자원학과
기상연구원	지구과학과
기후변화전문가	대기과학과
동물조련사	특수동물학과
물리학자	물리학과
빅데이터전문가	통계학과
생명공학연구원	생명과학과
생물학연구원	생물학과
소믈리에	식품영양학과
수학자	수학과
식품공학기술자	식품가공학과
원예기술자	식물자원학과
조경기술자	조경학과
패션디자이너	의류학과
푸드스타일리스트	식품조리학과
플로리스트	원예학과
해양수산기술자	수산학과
화학자	화학과
환경컨설턴트	환경학과
GIS전문가	지질학과

마약탐지견에 대해 알아볼까요?

 마약 탐지견은 사람에 비해 후각 세포가 40배 이상 발달해 있어 은밀한 곳에 몰래 숨겨서 들여오는 마약류를 적발하는 데 효과적인 임무를 수행하는 특수견이에요. 우리나라의 경우 주로 공항을 중심으로 각 지역의 세관에 마약 탐지견을 배치하여 여행객들의 휴대품, 선박 수입 화물 및 국제 소포 우편물에 은닉된 마약류를 탐지해 내고 있어요. 탐지견은 탐지 조사 요원과 한 조가 되어 16주의 훈련과 평가 등을 거쳐 합격하면 7~8년 동안 탐지 활동을 해요. 탐지견은 지속적인 현장 훈련 및 보충 훈련 등을 통해 숙련되며, 활동이 가장 왕성한 시기는 생후 약 2~7년 정도예요.

공항검역관이란?

　최근 해외로 여행을 떠나는 사람들이 많이 늘어나고 있는데, 특히 연휴에는 여행을 가려는 사람들로 공항이 북새통을 이루는 모습을 자주 보게 됩니다. 외국으로 여행을 떠난 사람들이 귀국할 때면 여행지에서 구입한 각종 물건들을 여행용 가방에 싣고 오거나 직접 들고 오는데, 공항에서는 국내로 가지고 들어와도 되는 물건인지 확인하는 검역 과정을 거치게 됩니다. 여행객이 가지고 들어오는 물품 중에 국내 반입이 금지된 물건이 있다면 공항에서 검역관들이 압수하게 됩니다.

　최근에는 공항이나 항만 등에서 검역 업무에 검역 탐지견이 활용되기도 합니다. 검역 탐지견은 승객들의 신체나 가방 안에 숨겨져 있

공항검역관
동물자원학과

는 동식물, 과실류, 마약류 등을 찾도록 특수 훈련을 받았습니다. 과거에는 검역 업무에 주로 X-ray 투시기를 활용했지만, 뼈가 없는 고기 등은 X-ray에 걸리지 않는다는 등의 허점이 있기 때문에 탐지견들의 활동이 점차 증가하고 있으며, 철저한 검역 관리에 많은 공헌을 하고 있습니다.

공항검역관은 공항에서 국내외로 출입국하는 사람이나 동물, 식물의 상태를 검사하는 직업을 말합니다. 입국하는 승객을 대상으로 발열 감시를 실시해 이상 징후가 확인되면 각종 검사를 실시하고, 승객이 작성한 휴대품 신고서를 확인해 동식물, 축산물 등의 유무를 확인한 후 반입 금지 품목이 발견되면, 이를 반송 또는 폐기 조치하는 등의 검역 업무를 수행합니다. 공항검역관들은 모두 공무원 신분입니다.

공항검역관이 하는 일은?

공항이나 항만을 통해 들여오는 외국 농산물이나 축산물, 애완동물 등은 정식으로 수입 허가를 받아야 합니다. 허가를 받지 않고 불법으로 들여올 경우 전염병이나 해충, 병균 등이 동물이나 과일 등에 묻어서 국내로 들어올 가능성이 높기 때문입니다. 공항검역관은 외국에서 들여오는 불법 소지품을 검사하고 금지 물품이 들어 있는지를 검사하는 직업입니다.

검역관은 공항 내에서 승객들의 휴대품을 검역하기 때문에 주말, 야간에 관계없이 교대 근무를 해야 하고, 특히 구제역 같은 전염병이 발생하면 검역 업무를 강화하기 위해 비상근무를 하는 경우도 종종 있어 체력적인 부담이 큰 편입니다. 또한 질병이나 병균에 노출되기 쉽고, 불쾌하거나 화난 고객 응대하기, 공격적인 사람 상대하기 등 사람과의 갈등에서 오는 정신적 스트레스도 많은 편입니다.

> » 항공기로 도착한 수입 물품을 대상으로 항공기 내에서 현장 검사를 실시합니다.
> » 우리나라에 입국하거나 해외로 출국하는 승객들의 가방 등을 검사하며, 농축산물을 비롯한 금지 물품이 들어 있는지 검사합니다.
> » 승객이 작성한 신고서를 확인해 동식물, 축산물 등의 유무를 확인한 후 들여와서는 안 되는 품목이 발견되면 돌려보내거나 폐기합니다.
> » 전염병이 유행하는 나라에서 온 항공기와 승객들이 전염병에 걸리지 않았는지 검사합니다.
> » 우리나라에 입국하는 사람들이 발열 증상이 있는지, 전염병 증상을 보이는지 각종 검사를 통해 알아봅니다.
> » 출국 여행객 중 아프리카, 중남미 지역을 여행하는 여행객들에게 예방 접종을 하고, 증명서를 발급하는 업무를 합니다.
> » 필요할 경우 물품에 대한 정밀 검사 및 임상 검사 등을 실시하여 수입 물품의 허가를 결정합니다. 검역 대상 물품은 정밀 검사를 실시하여 안전성 검사에 합격되면 승객에게 인도합니다.
> » 각종 식물들을 검역하고 방제 업무를 진행하고, 세균·질병·구제역 진단, 바이러스 및 해외 전염병 예방 등의 업무를 담당합니다.

Jump Up

축산물품질평가사에 대해 알아볼까요?

축산물품질평가사는 7대 축산물인 소, 돼지, 닭, 오리, 계란, 벌꿀, 말에 대한 등급을 판정하는 직업이에요. 7대 축산물 중 가장 기본인 소와 돼지는 법적으로 등급 판정을 받아야 하지만, 나머지 축산물의 경우 자율적으로 등급 판정을 하고 있어요. 평가사들은 소와 돼지 외에 닭과 계란의 등급을 판정할 수 있는 자격을 획득해야 하는데, 소와 돼지의 등급 판정이 숙달되면 나머지 축산물에 대한 등급 판정도 하나씩 배워야 해요. 축산물품질평가사는 무엇보다 공정한 판정을 하고, 본인이 판정한 등급에 대해 책임질 수 있어야 해요.

공항검역관 커리어맵

공항검역관

준비방법
- 수학, 과학 교과 역량 키우기
- 동물 자원 관련 학과 탐방
- 공항검역관 직업 탐방 및 체험 활동
- 동물학, 생물학, 자연과학 등 다양한 분야의 독서 활동

관련기관
- 한국공항검역관 www.kribb.re.kr
- 농림축산검역본부 www.qia.go.kr

관련학과
- 수의예(학)과
- 농학과
- 원예학과
- 산림자원학과
- 보건행정학과
- 임상병리학과
- 약학과
- 산업동물학과
- 반려동물학과
- 동물자원학과
- 동물자원과학과

적성과 흥미
- 자연 과학에 대한 관심
- 유창한 외국어 실력
- 자기 통제 능력
- 배려심
- 의사소통 능력
- 건강한 체력
- 사명감
- 비판적 사고 능력
- 협업 능력
- 관찰력

관련교과
- 수학
- 과학
- 환경

흥미유형
- 탐구형
- 현실형

관련자격
- 수의사
- 동물보건사
- 임상병리사
- 가축인공수정사
- 축산기사
- 축산산업기사
- 식육가공기사
- 식육처리기능사

관련직업
- 수의사
- 보건직 공무원
- 동물자원과학연구원
- 가축방역사
- 역학조사관
- 방역관리사
- 축산물등급판정사
- 축산물품질평가원
- 식품연구원

적성과 흥미는?

공항검역관은 기본적으로 생물이나 동물, 식물, 보건, 의학 등과 관련된 과목에 흥미와 관심이 있어야 합니다. 주로 수출 또는 수입되는 물품을 신고 서류와 비교해 검사하며, 외국인을 많이 상대하기 때문에 외국어로 유창하게 의사소통을 할 수 있는 능력을 갖추어야 합니다. 법, 의학 및 의료 관련 지식도 풍부하게 갖추어야 하고, 많은 사람들을 상대하기 때문에 자기 통제 능력을 갖추고, 다른 사람에 대한 배려심과 대인 관계 능력을 갖추면 좋습니다.

공항 내에서 근무하는 검역관은 주말, 야간에 관계없이 교대 근무를 해야 하기 때문에 이를 뒷받침할 수 있는 체력을 갖추어야 합니다. 동물을 사랑하고 국민을 위해 봉사한다는 투철한 소명 의식과 사명감

이 필요합니다. 생명을 존중할 줄 알고 자신의 고통을 표현할 수 없는 동물들의 고통을 헤아릴 수 있는 주의 깊은 관찰력도 필요합니다.

강한 지적 호기심과 학문 영역 간 융합의 흐름을 이해하며, 비판적 사고 능력에 기초한 합리적인 의사 결정 능력을 갖추고, 협업을 통한 원활한 과제 해결 능력도 중요합니다.

공항검역관이 되려면 외국어 실력을 향상시키는 데 많은 노력을 기울이고, 동물, 식물, 보건, 의학 관련 분야의 책을 두루 읽어 기초 지식을 쌓으면 도움이 됩니다. 또한 체력 관리에 힘쓰고, 동물 관련 센터 등에서 봉사 활동을 하는 것도 추천합니다.

공항검역관
커리어맵

관련 학과 및 자격증은?

➡ 관련 학과: 수의예(학)과, 농학과, 원예학과, 산림자원학과, 보건행정학과,
　　임상병리학과, 약학과, 산업동물학과, 반려동물학과, 동물자원학과,
　　동물자원과학과 등

➡ 관련 자격증: 수의사, 동물보건사, 임상병리사, 가축인공수정사, 축산기사,
　　축산산업기사, 식육처리기능사, 식육가공기사 등

진출 방법은?

공항검역관은 농림수산검역검사본부, 국립식물검역소, 국립검역소 등에 소속된 공무원 신분이므로 우선 공무원 시험에 합격해야 합니다. 검역관의 업무는 여러 분야로 구분되는데, 분야별 자격 요건을 확인하고 공무원 임용 시험 준비를 해야 합니다.

공항검역관이 되기 위해서는 대학에서 수의학, 생물학, 보건, 동물 관련 학과를 전공하는 것이 좋습니다. 동물과 축산물의 검역을 담당하는 농림수산검역검사본부의 검역관이 되려면 수의사 면허가 필요합니다. 이 면허를 따려면 수의과 대학에서 공부를 한 뒤 수의사 국가 고시에 합격해야 합니다. 그 후 수의직 공무원 시험을 통과하면 검역관으로 활동할 수 있습니다.

승객과 항공기 검역을 맡는 검역관의 경우에는 보건직 공무원 시험을 통해 선발합니다. 이 시험에는 대개 대학에서 보건 행정, 임상 병리, 간호, 약학 등을 전공한 사람들이 응시합니다. 이 밖에 식물 검역직 공무원 시험에 합격하면 식물 검역관이 됩니다. 대학에서 농학, 원예학, 산림자원학 등을 전공한 사람에게만 시험에 응시할 자격이 주어집니다.

검역관은 특별 채용이 많은 편입니다. 특별 채용 응시 자격은 석사 학위 이상을 요구하는 경우가 대부분입니다.

관련 직업은?

수의사, 보건직 공무원, 낙농 및 사육관련종사자, 동물자원과학연구원,
축산물등급판정사, 축산물품질평가원, 식품연구원, 가축방역사,
역학조사관, 방역관리사 등

미래 전망은?

우리나라를 찾는 관광객 수와 해외로 떠나는 관광객 수가 급증하고 있습니다. 2018년도에는 우리나라를 찾는 관광객 수가 1,500만 명을 넘어섰고, 해외여행을 다녀오기 위해 출국한 우리나라 사람도 3,000만 명에 이를 정도로 공항은 많은 사람으로 붐비고 있습니다. 이와 같이 국제적인 교류가 증가하면서 공항에서의 검역 업무의 중요성은 날로 커지고 있습니다. 조류 인플루엔자, 광우병, 콜레라 등 전염성 병균이 우리나라로 들어올 가능성이 매우 높아지고 있기 때문입니다.

동식물, 축산물의 수출입이 늘어나고, 인터넷을 통해 해외에서 특이한 동식물을 수입하려는 사람들도 늘어나면서 국제 우편이나 택배 등을 통해 들어오는 물품 중에서 사람들의 건강을 위협하는 새로운 바이러스가 출현할 가능성도 높아지고 있습니다. 이러한 상황에 맞추어 검역 업무를 수행하는 공항검역관의 수요는 더욱 증가할 것으로 예상됩니다.

검역관들은 공항뿐만 아니라 여러 검역 관련 기관에 소속되어 업무를 수행하므로 자신의 전공과 적성에 맞는 업무 기관에서 요구하는 자격을 갖춘다면 검역관으로 진출할 수 있는 기회는 더욱 많아질 것으로 예상됩니다.

동물자원학과
공항검역관 전공 분석

어떤 학과인가?

동물자원학은 인간의 건강한 삶에 도움을 주는 식량 중 소, 돼지, 닭, 말 등과 같은 동물성 축산 식품 자원을 연구하는 학문입니다. 인류의 식량 자원이며, 건강한 생활 환경을 만드는 데 필수적인 요소인 동물 자원은 생명 공학적 측면에서 많은 관심을 받는 분야입니다. 최근에는 동물 산업의 연구 대상이 소, 돼지, 닭 등의 축산 동물에서 야생 동물, 어류, 실험동물, 애완동물로까지 확장되고 있습니다. 동물자원학은 모든 이용 가능한 동물을 자원의 대상으로 확대하고, 가공 및 유통까지 다루는 종합학문으로 발전하였습니다.

동물자원학과는 동물자원학 이론과 함께 가공학, 동물면역유전학, 동물위생학 등 다양한 실험 실습을 통해 동물 자원의 개발, 생산, 관리, 이용에 관한 기본 지식을 배움으로써 생명 과학 지식을 배양하고, 이론과 현장 적응 능력을 갖춘 동물 자원 분야의 전문가를 양성하는 학과입니다. 생명공학과 관련된 동물번식학, 발생공학, 분자유전학, 육종학, 가축영양, 사료학, 위생관리학, 사양학 등과 안전한 축산 제품을 만들기 위한 육제품가공학, 유가공학 등의 교육 과정을 통해 전문적인 지식을 갖춘 동물 자원 전문가를 양성합니다.

교육 목표와 교육 내용은?

첨단 미래 사회의 요구에 적합한 지식, 기술, 학문을 과학적이고 실무적으로 가르침으로써 동물자원학에 대한 올바른 인식과 전공 능력을 갖춘 인재를 양성합니다. 동물 자원의 보존과 개량, 영양, 사육, 유전, 육종 등의 교육을 통해 다양한 동물 자원 산업 발전에 기여할 수 있는 인재를 양성합니다.

또한 지구 환경과 기후 변화의 영향으로 심각해진 자연 생태계를 복원하기 위한 친환경 산업을 선도하고, 국제적 경쟁력을 갖춘 동물 자원 산업 분야의 글로벌 인재를 양성합니다.

» 현대 생명과학의 핵심 내용을 이해하고, 학문 발전에 기여할 생명과학자를 양성합니다.
» 생명 현상의 이해에 기초한 과학적인 사고력과 독창적인 탐구력을 통해 생명과학 시대를 선도할 수 있는 창의적 인재를 양성합니다.
» 생명 산업 현장에 필요한 문제 해석 능력, 종합적 사고력, 분석력, 문제 해결 능력을 갖춘 전문 인재를 양성합니다.
» 세계적 수준의 연구 능력을 갖춘 생명과학 분야의 전문 인재를 양성합니다.
» 다른 분야의 학문과 융합을 통해 새로운 지식을 습득하여 생명과학 발전에 기여할 인재를 양성합니다.
» 지역 사회와 국가에 이바지할 수 있는 올바른 가치관과 높은 수준의 지식, 미래 지향적인 국제적 감각을 지닌 인재를 양성합니다.

학과에 적합한 인재상은?

동물자원학과는 평소에 동물을 좋아하고, 실험과 실습에 흥미가 있는 사람에게 적합합니다. 생명과 관련 있는 학과이므로 화학, 생명과학과 같은 기초 과학 과목을 좋아하고 잘하면 좋습니다. 실험 및 실습 활동이 많기 때문에 사물에 대한 탐구력과 인내력이 강한 사람에게 적합합니다.

자연 과학에 대한 관심이 있고, 과학적 사고를 해야 하며, 동물에 대한 애착심이 뛰어나야 합니다. 강한 지적 호기심과 학문 영역 간 융합적 지식이 있어야 하고, 비판적 사고 능력에 기초한 합리적인 의사 결정 능력을 갖추어야 하며, 협업을 통한 원활한 과제 해결 능력이 필요합니다. 생명을 존중할 줄 알고, 동물들의 고통을 헤아릴 수 있는 세심한 관찰력이 필요합니다. 평소 동물들과 교감하는 것을 즐겨하는 사람에게 적합합니다.

관련 학과는?

산업동물학과, 반려동물학과, 동물자원생명과학과, 동물자원과학전공, 동물자원과학과, 동물응용과학과, 동물소재공학과, 동물생명자원학과, 동물생명자원과학과, 동물산업융합학과, 동물바이오시스템과학과 등

진출 직업은?

공항검역관, 낙농 및 사육관련종사자, 동물자원과학연구원, 방역사, 축산물등급판정사, 자원공학연구원, 축산공무원, 야생동물연구사 등

주요 교육 목표

동물 자원에 대한
전문 지식을 갖춘 인재 양성

친환경 산업을 이끌어
나갈 수 있는 인재 양성

동물 자원의 보존과 개량
분야의 전문적인 인재 양성

축산 관련 산업 분야의 실용
학문적 탐구 능력을 갖춘 인재 양성

동물 자원 분야의 융합적
전문성을 갖춘 인재 양성

동물 자원 분야의 국제적
경쟁력을 갖춘 인재 양성

취득 가능 자격증은?

☑ 가축인공수정사
☑ 수정란이식사
☑ 축산기사
☑ 축산산업기사
☑ 식육처리기능사
☑ 식육가공기사
☑ 자연생태복원기사
☑ 중등학교 2급 정교사(동물자원) 등

추천 도서는?

- 최재천의 인간과 동물(궁리, 최재천)
- 가축이 행복해야 인간이 건강하다
  (개마고원, 박상표)
- 애완동물사육(부민문화사, 안제국)
- 유기견 입양 교과서
  (책공장더불어, 페르난도 카마초, 조윤경 역)
- 반려동물 보건행동학
  (형설출판사, 반려동물보건행동학 교재편찬연구회)
- 당신이 반려동물과 이별할 때(행성B, 강성일)
- 동물은 인간에게 무엇인가(공존, 마고 드멜로, 천명선 역)
- 인간과 동물의 감정 표현
  (사이언스북스, 찰스 다윈, 김성한 역)
- 인간동물문화(이담북스, 인간동물문화연구회)
- 인간과 동물의 이해(정일, 함희진)
- 동물들의 인간 심판
  (책공장더불어, 호세 안토니오 하우레기 외, 김유경 역)
- 인간과 개 고양이의 관계 심리학
  (책공장더불어, 세르주 지코티 외, 이소영 역)
- 엔트로피(세종연구원, 제레미 리프킨, 이창희 역)
- 객관성의 칼날(새물결, 찰스 길리스피, 이필렬 역)
- 과학 선생님도 궁금한 101가지 과학 질문 사전
  (북멘토, 의정부과학교사모임 외)
- 부분과 전체(지식산업사, 베르너 하이젠베르크, 김용준 역)
- 이기적 유전자(을유문화사, 리처드 도킨스, 홍영남 외 역)
- 개미 제국의 발견(사이언스북스, 최재천)
- 동물 농장(민음사, 조지 오웰, 도정일 역)

학과 주요 교과목은?

기초 과목	동물생물학, 일반생물학, 일반화학, 생화학, 영양학, 가축영양학, 가축번식학, 동물유전학, 동물해부생리학, 동물행동학, 동물자원학개론, 동물육종학, 유기화학, 생명공학개론 등
심화 과목	동물식품화학, 동물세포생물학, 동물실험통계학, 비교해부학, 사료분석학, 낙농학, 경제동물의 개량, 동물번식생리학, 양돈학, 동물발생학, 양돈사양기술학, 동물질병학, 동물사료공학, 실험동물학, 일반미생물학, 애완동물학, 야생동물학, 반려동물간호학, 동물자원품질관리론, 동물미생물학, 동물영향생리학 등

졸업 후 진출 분야는?

기업체	바이오·생물 관련 업체, 동식물·축산물 유전자 검사 기관, 사료 제조 업체, 동물용 의약품 제조 업체, 보조 사료 제조 업체, 반려동물 산업체, 유가공·육가공 업체, 농축산물 사료 원료 수출입 업체, 축산물 유통 수출입 업체, 환경 관련 산업체, 동물 육종 회사 등
연구 기관	자원공학 연구소, 에너지 연구소, 식품 연구소, 가축 위생 연구소, 농업 생명공학 연구소 등
정부 및 공공 기관	농촌진흥청, 한국식품연구원, 국립공원관리공단, 서울대공원, 동물원, 한국마사회, 가축위생방역지원본부, 가축위생방역지역본부, 축산물품질평가원, 국립축산과학원, 농림수산검역검사본부, 농업기술센터, 축산물안전관리인증원, 한국생명공학연구원 등

전공 관련 선택 과목은?

▶ 국어, 영어 교과는 모든 학문의 기초적인 성격을 가진 도구교과로 모든 학과에 이수가 필요하여 생략함.

수능 필수	화법과 언어, 독서와 작문, 문학, 대수, 미적분Ⅰ, 확률과 통계, 영어Ⅰ, 영어Ⅱ, 한국사, 통합사회, 통합과학, 성공적인 직업생활(직업)		
교과군	선택 과목		
	일반 선택	진로 선택	융합 선택
수학, 사회, 과학	대수, 미적분Ⅰ, 확률과 통계, 사회와 문화, 현대 사회와 윤리, 화학, 생명과학	미적분Ⅱ, 인문학과 윤리, 물질과 에너지, 화학 반응의 세계, 세포와 물질대사, 생물의 유전	기후 변화와 지속가능한 세계, 기후 변화와 환경생태, 융합과학 탐구
체육·예술			
기술·가정/정보	정보		
제2외국어/한문			
교양	생태와 환경	보건	

학교생활기록부 관리는?

출결 사항	• 출결은 학교생활 충실도를 평가하는 기본적인 항목이므로 미인정(무단) 출결 사항이 없도록 관리하세요.
자율·자치활동	• 학급 및 학교 공동체 활동에서 인성, 리더십 등 역량을 보여주고, 자신의 활동 내용과 그 활동을 통해 배우고 느낀 점 등이 드러나도록 하세요. • 상대방을 존중하고, 원만한 관계를 형성하며 타인을 위해 배려하는 태도와 행동이 나타나도록 하세요.
동아리활동	• 동물, 환경, 과학 관련 동아리 활동에 꼭 참여하세요. • 동아리 가입 동기, 동아리 내 자신의 역할, 동아리 활동으로 변화된 자신의 모습, 전공과 관련된 자신의 소질 계발 경험 등이 드러나도록 하세요. • 학교에서 주관하는 장애인, 다문화 가정 학생 돕기, 양로원 봉사 활동 등 사회 소외 계층을 대상으로 하는 봉사 활동을 하세요. • 봉사 시간을 늘리는거 것보다 양질의 봉사를 꾸준하게 하세요.
진로 활동	• 동물자원학 관련 직업 정보 탐색 활동을 권장해요. • 동물자원학 관련 학과 및 회사에서 진로 체험 활동을 권장해요. • 평소 동물 보호소나 동물 병원, 유기견 센터 등에서의 체험 활동을 권장해요.
교과학습발달 상황	• 과학 관련 교과 성적을 상위권으로 유지하고, 자기 주도적으로 학습하려는 의지와 태도가 드러나도록 하세요. • 수업 활동에서 창의성, 논리적 사고력, 문제 해결 능력, 성실성, 적극성 등이 드러나도록 하세요.
독서 활동	• 자연 과학, 철학, 환경 문제 등 다양한 분야의 책을 읽으세요. • 동물자원학과 관련된 독서를 통해 지식수준을 높이며, 전공 학과에 대한 기초 지식을 쌓도록 해요.
행동 발달 특성 및 종합 의견	• 자신의 장점을 총체적으로 이해할 수 있도록 발전 가능성, 전공 적합성, 인성, 학업 능력, 창의력, 자기 주도적 학습 능력, 문제 해결 능력, 변화 모습 등이 드러나도록 하세요. • 학교생활에서 자기 주도성, 경험의 다양성, 성실성, 나눔과 배려, 학업 태도와 학업 의지 등 자신의 장점이 기록되도록 관리해야 해요.

도플러 효과에 대해 알아볼까요?

사이렌 소리를 내며 달리는 차가 자신과 가까워지면 사이렌 소리가 더 크게 들리고, 멀어지면 작게 들리는 현상이 바로 도플러 효과에 의해 나타나는 현상이에요. 19세기 오스트리아 물리학자인 도플러는 당연하게 보이는 이 현상을 파동 이론으로 설명했어요. 우리가 알고 있듯이 소리는 파동이고, 그래서 음파라고도 불리지요. 음파에서는 진폭이 클수록 큰 소리가 나며, 진동수가 증가할수록 높은 소리가 나요. 이처럼 단순해 보이는 도플러 효과는 놀랍게도 우리 생활 곳곳에 이용되며, 심지어 우주의 비밀을 푸는 데도 이용되고 있어요.

기상연구원이란?

우리가 살고 있는 지구의 기후는 어느 한 지역에서 1년을 주기로 일어나는 평균적인 기상 상황을 말합니다. 우리나라 기후는 해마다 장마가 오고 사계절이 뚜렷한 온대성 기후였는데, 최근 들어서는 겨울이 짧고 여름이 길어지는 기상 이변이 자주 발생하고 있습니다.

기상학은 대기 오염과 대기권 속의 물리적·화학적인 여러 가지 현상을 연구하는 학문입니다. 일반적으로 기상이라고 하면 대기권 속에서 일어나는 구름, 비, 눈, 우박, 안개 등의 일기만을 생각하는데, 기상학의 범위는 매우 광범위하며, 정보 통신 기술의 발달로 빠르게 발전하고 있는 대기 과학의 한 분야입니다.

최근에는 대기와 대기 중의 여러 가지 현상을 연구하는 학문으로, 기상이 지표면에 미치는 영향도 연구 대상에 포함되었으며, 지구 외의 행성의 기상에 대해서도 연구가 진행되고 있습니다.

기상학은 아리스토텔레스 때부터 시작되었으며, 16세기에는 갈릴레오 갈릴레이가 온도계를 발명하고 그의 저서인 '기상학'에서 여러 가지 대기 현상을 기술했습니다. 우리나라의 경우, 김부식의 '삼국사기'에는 지금부터 약 2,000년 전인 신라, 백제, 고구려의 특이한 구름, 안개, 서리, 우박 등의 기록과 그에 따른 피해 상황 등이 실려 있습니다. 1842년 오스트리아의 도플러는 도플러 효과를 이용해 항공기 방향 탐지기와 레이더, 항공기 운행 항법 장치 등을 개발하면서 기상학 발전에 커다란 영향을 미쳤습니다.

기상학의 발전에는 컴퓨터와 정보 통신 기술의 발달이 한 몫을 했습니다. 1950년 세계 최초로 애니악 컴퓨터를 이용한 기상 예보가 시작된 이후, 우리나라 기상청에서도 슈퍼 컴퓨터와 초고속 통신망을 이용해 예보의 질이 높아졌고, 예보의 양이 증가했습니다.

기상 현상을 정확하게 예측하는 기술을 연구하고, 관측된 기상 자료를 해석하며, 각종 기상 재해에 대한 대응 기반 기술을 연구하는 사람을 기상연구원이라고 합니다. 기류의 방향, 속도, 온도, 습도, 해양 기상, 기후 변화 등을 관측하고 분석하는 직업입니다.

기상연구원
지구과학과

기상연구원가 하는 일은?

기상연구원은 기상에 관한 모든 사항을 분석하고 연구하는 직업입니다. 기류의 방향부터 속도, 기압, 온도와 습도 등 각종 기상 관측 자료를 분석하여 보다 빠르고 정확하게 일기를 예측할 수 있는 방법을 개발하고, 대기 중의 고체나 액체 입자의 성질과 특성, 구름의 형성 과정이나 강우와 같은 현상을 연구하기도 합니다. 과학적으로 접근하여 최소한의 오차로 날씨를 정확하게 예측하고, 태풍과 같은 재난도 예방할 수 있도록 하는 역할을 수행합니다.

기상연구원은 다른 직업과 비교하여 임금이 매우 높은 편이고, 새롭게 생겨나는 일자리가 많지 않기 때문에 취업 경쟁이 치열한 편입니다. 전문성이 요구되는 직업이기 때문에 꾸준한 자기 계발을 해야 합니다. 근무 시간이 규칙적이고, 근무 환경이 쾌적하며, 육체적 스트레스는 심하지 않으나 정신적 스트레스가 있는 것으로 나타났습니다.

» 대기 상황에 대한 분석 자료를 만들고, 기상도를 작성합니다.

» 기류의 방향, 속도, 기압, 온도, 습도 및 기타 현상을 조사·탐구하여 대기의 성분, 구조, 유동에 관해 연구합니다.

» 대기, 기후, 해양 기상 및 지진 특성을 조사하고 분석하며, 더 정확한 일기 예보 기법을 개발하기 위해 연구합니다.

» 대기 중의 고체 및 액체 입자의 성질과 특성, 구름의 형성 과정과 강우 및 전기 방전과 같은 현상을 연구합니다.

» 장단기 기상 예보를 위해 관측된 자료를 해석합니다.

» 환경, 수문, 농업, 생물 기상, 기후 변화 등 응용 기상에 대해 연구하며, 사람들에게 보다 정확한 기상 정보를 제공할 수 있는 기후 예측 시스템을 구축합니다.

» 기상 관측 기기의 정밀도 향상을 위해 기상 계측 기술 개발에 대해 연구합니다.

» 기류의 방향, 속도, 기압, 온도, 습도 등을 정확하게 예보할 수 있는 방법을 연구합니다.

Jump Up

기상컨설턴트에 대해 알아볼까요?

기상 정보를 필요로 하는 기업을 대상으로 기상과 이윤 창출과의 관계, 날씨 위험 관리, 날씨 영향 분석 등의 정보를 분석하여 제공하거나 기업이 필요로 하는 기상 정보를 파악해 제공해요. 기상과 관련된 정보를 수집하고, 웹이나 DMB 등의 매체로 제공할 수 있는 기상 정보 콘텐츠를 기획해요. 시뮬레이션 등의 영향 예측 평가 시스템으로 기상과 대기질의 영향을 분석하여 이를 고객에게 제공하며, 시스템의 오류를 개선하거나 고객의 불만을 해소하는 등 사후 고객 관리도 해요.

기상연구원
커리어맵

기상연구원

관련기관
- 기상청 www.kma.go.kr
- 국립기상과학원 www.nimr.go.kr

준비방법
- 수학, 과학 교과 역량 키우기
- 기상 관련 학과 탐방
- 기상연구원 직업 탐방 및 체험 활동
- 기상학, 자연과학, 공학 등 다양한 분야의 독서
- 컴퓨터 활용 능력 배양

흥미유형
- 탐구형
- 현실형

관련학과
- 대기과학과
- 물리천문학과
- 천문우주학과
- 대기환경과학과
- 지질과학과
- 지구시스템과학과
- 지구해양과학과
- 지구환경과학과
- 환경지질과학
- 지질환경과학과

적성과 흥미
- 탐구 정신
- 관찰력
- 정확한 판단력
- 꼼꼼함
- 분석적 사고 능력
- 호기심
- 창의력
- 컴퓨터 활용 능력
- 도전 정신
- 섬세함

관련교과
- 수학
- 과학
- 정보

관련자격
- 기상예보기술사
- 기상기사
- 기상산업기사
- 기상감정기사
- 응용지질기사
- 응용지질기술사
- 측량 및 지형공간정보기사
- 측량 및 지형공간정보산업기사
- 중등학교 2급 정교사(지구과학)

관련직업
- 관측천문학자
- 천문기상연구원
- 기상캐스터
- 일기예보관
- 일기관측자
- 기상엔지니어
- 기상컨설턴트
- 기상레이더관측원
- 날씨정보제공자
- 기후변화컨설턴트
- 기상직 공무원

적성과 흥미는?

기상연구원은 새로운 것에 대한 탐구 정신과 관찰력이 있어야 하며, 천문학, 지구대기학, 기상학에 대한 지식은 물론, 수학과 물리학 지식이 요구됩니다.

정확한 기상 관측 및 예측을 위한 정확한 판단력과 작은 변화까지도 파악할 수 있는 섬세함도 필요합니다. 새로운 방법을 찾아내기 위해 사용하는 기술 및 도구를 분석할 수 있는 분석적 사고력을 지니고 있으면 좋습니다. 기상 관측과 예측 과정에서 많은 사람들과 협업이 이루어지는 경우가 많기 때문에 대인 관계 능력과 의사소통 능력도 갖추어야 합니다. 최근에는 기상 분야가 기상 예보와 같은 전통적 영역에서 생태계 전반을 배경으로 하는 전체 지구 시스템적 영역으로 확대되었기 때문에 지구 환경과 생태계 문제에 관심이 있고, 환경 문제 해결에 의지가 있는 사람에게 유리합니다.

기상연구원은 끊임없이 자료 분석과 연구를 해야 합니다. 늘 새로운 기상을 관찰하고 분석하여, 이를 통해 정확한 일기 예보를 할 수 있는 첨단 장비를 개발하거나 운용할 수 있는 능력과 호기심, 창의성이 있는 사람에게 적합합니다. 언어 능력, 수리 능력 및 공간 판단력, 형태 지각력, 색 판별력 등이 필요합니다. 기상학 분야에 대한 전문적인 지식과 함께 컴퓨터, 통신, 비주얼 등 기술적인 능력이 요구되며, 무엇보다도 관찰·분석·종합하는 과학 탐구 능력과 사회와 자연에 대한 애정, 도전 정신도 필수적입니다.

기상연구원에 관심이 많다면 물리학, 화학, 수학 등 자연 과학 교과에 대한 흥미가 있어야 합니다. 자연 과학 분야에 대한 다양한 독서와 기상 관련 기관에서 주관하는 프로그램에 참가하는 것도 기상연구원에 대한 관심을 높일 수 있는 활동입니다.

기상연구원 커리어맵

관련 학과 및 자격증은?

➜ 관련 학과: 대기과학과, 대기환경과학과, 지질과학과, 지구시스템과학과, 지구해양과학과, 지구환경과학과, 환경지질학, 물리천문학부, 지질환경과학과 등

➜ 관련 자격증: 기상예보기술사, 기상기사, 기상산업기사, 기상감정기사, 응용지질기사, 응용지질기술사, 측량 및 지형공간정보기사, 측량 및 지형공간정보산업기사 등

Jump Up

기후변화연구원에 대해 알아볼까요?

기후변화연구원은 기후 변화의 원인을 분석하고, 기후 변화에 따른 대응, 온실가스 저감 등의 대책을 연구해요. 지구 온난화에 따라 장기간에 걸쳐 진행되는 기후의 변화를 예측하고, 온실가스와 같이 인위적인 기후 변화 요인을 파악하기 위해 조사·연구 활동을 해요. 온난화, 태풍, 가뭄, 해수 온도의 상승 등 기후 변화가 일상생활에 미치는 영향을 평가하여 대책을 수립하고, 온난화와 기후 변화에 대한 올바른 대응 방법을 교육해요.

진출 방법은?

기상연구원이 되기 위해서는 대학교와 대학원에서 지구과학, 대기과학, 천문학 등을 전공하는 것이 일반적이며, 대기학 관련 분야의 석사 이상의 학위를 취득하는 것이 좋습니다. 기상연구원이 되기 위해 전공이 필수 요건은 아니지만 기상학 관련 분야를 전문적으로 배울 수 있기 때문에 취업 시 유리합니다. 기상기사, 기상예보기술사와 같은 자격증을 반드시 취득해야 하는 것은 아니지만, 기상연구원이 되는 데 도움이 되기 때문에 취득하는 것이 좋습니다.

기상연구원은 별도의 자격시험을 통해 선발되는 직업이 아닙니다. 기상연구원을 포함해 과학 기술 분야의 일자리가 대부분 고학력화되면서 박사 이상의 학위와 전문 지식을 보유한 이들을 중심으로 채용되고 있습니다. 기상학 관련 학과를 졸업한 후에는 공개 채용이나 특별 채용을 통해 기상청, 국립천문대, 기상연구소 등의 정부 기관이나 방송국, 민간 기상 예보 업체, 공군 기상 부대, 항공사 등으로 진출할 수 있습니다.

관련 직업은?

관측천문학자, 천문기상연구원, 기상캐스터, 일기예보관, 일기관측자, 기상엔지니어, 기상컨설턴트, 기상레이더관측원, 날씨정보제공자, 기후변화컨설턴트, 기상직 공무원 등

미래 전망은?

최근 날씨의 변화 및 상태가 경제생활에 큰 영향을 미친다는 연구 결과가 발표되었고, 날씨 마케팅이 기업 경영에까지 영향을 미치면서 많은 주목을 받고 있습니다.

기상에 대한 연구뿐만 아니라 정확한 일기 예보를 통해 자연재해를 줄이는 것에도 관심이 높아지고 있고, 날씨 마케팅과 같은 새로운 경영 기법이 등장하면서 인간의 경제·사회 활동에서 기상의 중요성이 매우 커지고 있어, 이에 따른 기상연구원의 수요가 계속 증가할 것으로 전망됩니다.

기상연구원은 지속적인 자기 계발이 필요한 분야이기 때문에 자신의 노력에 따라 발전 가능성이 높은 직업입니다. 또한 직업적 전문성을 갖춘 고학력자 중심으로 채용이 이루어지므로 고용 안정과 임금, 복지 수준도 우수한 편입니다. 그로 인해 취업 경쟁률 또한 증가할 것으로 예상됩니다.

지구과학과

기상연구원 전공 분석

어떤 학과인가?

지구과학은 지구를 연구 대상으로 하는 자연 과학의 한 분야입니다. 최근에는 태양계와 우주에 관한 연구도 포함하여, 지구 행성 과학이라고 부르기도 합니다. 연구 대상도 분야에 따라 지구 표층, 지구 내부, 수권, 생물권, 대기권, 태양계 등으로 다양합니다.

지구과학은 고대 4대 문명 발상지에서부터 학문으로 발전해 왔는데, 천체 관측을 통해 이집트는 나일강의 범람을 예측했으며, 중국에서는 지구과학을 역법과 점술에 응용하는 형태로 발전하였습니다.

지구과학은 오랜 기간 동안 다양한 연구 결과를 토대로 꾸준히 발전해 왔습니다. 인공위성과 우주 탐사선 등 우주 기술의 발달로 급격한 발전을 이루게 되었고, 1990년대 들어 환경 문제가 심각해지자 1997년 일본 교토에서 국제 기후 변화 협약인 교토의정서가 채택되면서 환경의 범위까지 관여하게 되었습니다.

지구과학과는 인간이 살아가는 생활 공간인 지구에 대해 연구하는 학과입니다. 지구를 올바로 이해하기 위한 거의 모든 분야, 즉 지구의 구조, 구성 물질과 물리 화학적 진화 과정 그리고 지구상에 살았던 생물의 변천 과정 등을 배웁니다. 또한 이러한 지식을 바탕으로 인간 생활에 필요한 자원의 탐사와 효율적인 국토 개발을 위한 전반적인 기초 조사는 물론, 환경 변화 및 환경 오염에 의해 발생되는 문제를 해결하기 위한 중요한 역할을 수행하는 학과입니다.

교육 목표와 교육 내용은?

지구과학과는 지구와 그 주위를 둘러싸고 있는 자연 사물들을 과학적으로 탐구하는 학과로 천문과학, 지질과학, 대기과학, 해양과학의 4개 분야를 연구하며, 강의 외에도 자연 현상을 체험·답사하는 실험 실습 위주의 학습 방법으로 교육합니다. 다양하고 세분화된 전문 분야로 깊이 있는 최신의 이론과 실험을 통해 지구과학 전문가로서의 자질을 갖춘 인재를 양성하는 것이 교육 목표입니다. 지구과학 및 관련 환경 과학 분야의 깊이 있는 지식 및 정보를 생산할 수 있고, 아울러 지구과학 분야의 이론과 실무 능력을 갖춘 과학 기술 전문 인력을 육성합니다.

학과에 적합한 인재상은?

지구과학과에서는 물리학, 화학, 생물학 등 자연 과학분만 아니라 공학에 대한 기초 지식이 필요하며, 사회학이나 법학 등의 사회 과학 지식도 필요합니다. 지구의 암석이나 자원, 자연환경 등에 대해 전반적으로 학습하므로 이에 대해 호기심이 있고, 해

» 지구 환경에 영향을 미치는 여러 가지 요인을 찾아내고, 국가 경제 발전에 이바지할 수 있는 인재를 양성합니다.
» 지구과학 분야의 이론 및 실무 능력을 구비한 과학 기술 전문 인재를 양성합니다.
» 과학의 개념을 체계적으로 이해하고, 이를 문제 해결에 활용할 수 있는 능력을 지닌 인재를 양성합니다.
» 지역 사회와 국가의 발전에 기여할 수 있는 책임감과 윤리 의식을 지닌 인재를 양성합니다.
» 세계화·정보화 시대에 부응하는 창의적 능력을 갖춘 전문 인재를 양성합니다.

양 및 지구를 탐험해 보려는 도전 정신이 있는 사람에게 적합한 학과입니다.

　하늘, 별, 바다, 산 등 자연에 대한 애착과 관심이 많고, 다양한 과학 이론이 실제 자연에서 어떻게 작용하는지에 대한 호기심이 많으면 좋습니다. 교육 과정 중 야외 공간에서 자연을 관찰하고 탐구하고 실습하는 경우가 많아서 자연에 대한 관심이 있고, 활동적인 성향을 지닌 사람에게 적합합니다. 비판적이고 논리적인 사고와 합리적인 의사소통 능력을 지니고, 협업을 통해 새로운 사회적 가치를 만드는 데 적극적인 사람에게 추천합니다.

　야외에서 수집한 시료와 자료를 실험실로 가져와 각종 실험 기자재나 컴퓨터를 활용하여 데이터를 처리하기 때문에 기계를 다루는 것에 흥미가 있어야 하고, 컴퓨터 활용 능력도 갖추면 도움이 됩니다.

관련 학과는?

천문학과, 천문대기과학과, 천문기상학과, 천문우주학과, 대기화학과, 대기환경과학과, 지구환경학과, 지구시스템학과, 지구시스템공학과, 환경지질과학과, 환경과학과, 사회환경시스템공학과, 지질학과, 지질환경과학과 등

진출 직업은?

천문기상학연구원, 기상컨설턴트, 일기예보관, 일기관측자, 기상엔지니어, 기상레이더관측원, 날씨정보제공자, 기상캐스터, 측량사, GIS전문가, 지질학연구원, 자연과학연구원, 지구과학 교사, 과학관 및 기상과학관교육지도사, 공무원(지질·토목직, 기상직, 해양직), 해양공학기술자, 과학전문기자, 지질시험분석원, 탐사기술종사자, 지적 및 측량기술자 등

주요 교육 목표

과학적 개념을 문제 해결에 활용하는 인재 양성

책임감과 윤리 의식을 지닌 인재 양성

국가와 지역 사회에 기여할 수 있는 인재 양성

지구과학 분야의 지식과 기술을 갖춘 인재 양성

지구과학 분야의 융복합적 전문성을 갖춘 인재 양성

글로벌 시대에 부응하는 창의적 능력을 지닌 인재 양성

 ### 취득 가능 자격증은?

- ☑ 응용지질기사
- ☑ 수질환경기사
- ☑ 수질환경산업기사
- ☑ 소음진동기사
- ☑ 소음진동산업기사
- ☑ 폐기물처리기사
- ☑ 폐기물처리산업기사
- ☑ 굴착산업기사
- ☑ 광산보안기사
- ☑ 광산보안산업기사
- ☑ 지적기사
- ☑ 지적산업기사
- ☑ 측량 및 지형공간정보기사
- ☑ 측량 및 지형공간정보산업기사
- ☑ 중등학교 2급 정교사(지구과학) 등

추천 도서는?

- 안녕, 지구의 과학 (에이도스, 소영무)
- 한 권으로 읽는 과학 노벨상
  (주니어태학, 가키모치, 정한뉘 역)
- 우리에게 남은 시간 (해나무, 최평순)
- 십 대가 꼭 알아야 할 기후변화 교과서
  (더숲, 이충환)
- 교실에서 가르쳐 주지 않는 지구 이야기
  (전파과학사, 시마무라 히데키, 한영수 역)
- 과학자의 시선으로 본 지구 파괴의 역사
  (포르체, 김병민)
- 지구 속 탐험 (어스본코리아, 에밀리 본, 신인수 역)
- 되돌릴 수 없는 미래 (문학수첩, 신방실)
- 너의 삶에 담긴 지구 (사이드웨이, 홍욱희)
- 대륙은 살아있다
  (전파과학사, 다케우지 히토시, 원종관 역)
- 지질시대 (서울대학교출판문화원, 최덕근)
- 청소년을 위한 시간의 역사
  (웅진지식하우스, 스티븐 호킹, 전대호 역)
- 청소년을 위한 이야기 과학사
  (웅진지식하우스, 위르겐 타이히만, 유영미 역)
- 영화로 새로 쓴 지구과학 교과서 (이치, 최원석)
- 물의 자연사 (예지, 엘리스 아웃워터, 이충호 역)
- 야누스의 과학 (사계절, 김명진)
- 라이엘이 들려주는 지질 조사 이야기
  (자음과모음, 이한조)

학과 주요 교과목은?

기초 과목	광물학, 지구화학, 암석학, 고생물학, 지구환경과학, 토지측량학, 지적학개론, 지적법 등
심화 과목	광상학, 지사학, 환경지질학, 토목지질학, 해양지질학, 석유지질학, 지질학, 지질공학, 지구물리학, 퇴적암석학, 측량학, 사진측량, 지적측량, 응용측량, 도시정책론, 공간데이터베이스, 원격탐사, 일반천문학, 천문관측법, 위성천문학, 천체물리학, 전파천문학, 천체역학, 구면천문학, 천문계산법, 대기화학, 기후학, 대기역학, 기상통계학, 물리기상학, 일기예보법, 대기열역학, 응용기상학, 지리정보시스템 등

졸업 후 진출 분야는?

기업체	보험 회사, 증권 회사, 금융 기관, 여론 및 마케팅 조사 업체, 감정 평가 법인, 지적 업체, 지하수 개발 업체, 환경 관련 업체, 토목 및 건축 공사 업체, 항공 사진 측량 및 지도 제작 업체, 조경 업체, 신용 정보 회사, 통계 관련 기업, 자원 개발·항공 해운·선박·건축·화학·환경·건설·기계·재료 관련 대기업 및 중소기업 등
연구 기관	지질 자원 연구소, 해양 연구소, 건설 기술 연구소, 수자원 연구소, 원자력 연구소, 국토 연구소, 환경 연구원 등
정부 및 공공 기관	한국지질자원연구원, 해양과학기술원, 국립기상과학원, 국립환경과학원, 환경정책평가연구원, 국가기상위성센터, 국가농림기상센터, 한국수자원공사, 한국농어촌공사, 한국환경공단, 한국교통안전공단, 한국석유공사, 한국광물자원공사 등

전공 관련 선택 과목은?

▶ 국어, 영어 교과는 모든 학문의 기초적인 성격을 가진 도구교과로 모든 학과에 이수가 필요하여 생략함.

수능 필수	화법과 언어, 독서와 작문, 문학, 대수, 미적분 I , 확률과 통계, 영어 I , 영어 II , 한국사, 통합사회, 통합과학, 성공적인 직업생활(직업)		
교과군	선택 과목		
	일반 선택	진로 선택	융합 선택
수학, 사회, 과학	대수, 미적분 I , 확률과 통계, 세계시민과 지리, 물리학, 화학, 생명과학, 지구과학	미적분 II , 한국지리 탐구, 역학과 에너지, 전자기와 양자, 세포와 물질대사, 생물의 유전, 지구시스템과학, 행성우주과학	여행지리, 기후변화와 지속가능한 세계, 과학의 역사와 문화, 기후변화와 환경생태, 융합과학 탐구
체육·예술			
기술·가정/정보	정보		
제2외국어/한문			
교양	생태와 환경	보건	논술

학교생활기록부 관리는?

출결 사항	• 출결 사항은 학생으로서 본분에 얼마나 충실했는지를 평가할 수 있는 기본 자료이므로 미인정(무단) 출결 사항이 없도록 관리하세요.
자율·자치활동	• 자연 과학 분야에 대한 관심과 흥미를 바탕으로 다양한 교내외 활동에 참여하여 자기 주도성, 성실성, 진취성, 리더십 등이 드러나도록 하세요.
동아리활동	• 자연 과학 관련 동아리 활동에 참여하세요. • 동아리 가입 동기, 진로에 동아리 활동이 미친 영향, 동아리 내 자신의 역할, 동아리 활동으로 변화된 자신의 모습, 전공과 관련된 자신의 소질 계발 경험 등 구체적인 활동 내용이 기록되도록 하세요. • 학교내에서 타인을 위해 할 수 있는 지속적인 봉사 활동을 하세요. • 학교에서 주관하는 보건소, 병원, 재활원, 사회 복지 시설 등 사회 소외 계층 및 약자를 대상으로 하는 봉사 활동에 참여하세요.
진로 활동	• 지구과학 관련 학과 및 직업에 대한 정보 탐색 활동을 권장해요. • 지구과학과, 지질학과, 대기과학과 등 관련 학과에 대한 체험 활동을 권장해요. • 기상 및 지질 관련 탐방 활동이나 관련 기관에서 주관하는 프로그램에 참여하는 것을 권장해요.
교과학습발달 상황	• 과학 관련 교과 성적은 상위권으로 유지하고, 교과 수업 태도와 학업 의지, 수업 활동에서 발휘한 역량이 기록될 수 있도록 수업에 적극 참여하세요. • 수업 활동에서 성실성, 적극성, 전공 적합성, 전공 관련 학습 경험, 진로에 대한 열정 등이 드러나도록 하세요.
독서 활동	• 인문학, 철학, 역사학, 환경 등 다양한 분야의 책을 읽으세요. • 지구과학, 지질학, 대기과학 등 자연 과학 분야의 책을 많이 읽으세요. • 독서의 양이 중요한 것이 아니라 교과 시간에 배운 내용을 관심 분야와 연계시켜 지적 깊이를 확장하는 것이 중요해요.
행동 발달 특성 및 종합 의견	• 자신의 장점을 총체적으로 이해할 수 있도록 발전 가능성, 전공 적합성, 인성, 학업 능력, 창의력, 자기 주도적 학습 능력, 문제 해결 능력, 변화 모습 등이 드러나도록 하세요. • 학교생활에서 자기 주도성, 경험의 다양성, 성실성, 나눔과 배려, 학업 태도와 학업 의지 등 자신의 장점이 기록되도록 관리해야 해요.

기후변화전문가란?

전 세계적으로 지구 온난화로 인한 기상 이변이 일어나는 횟수가 늘어나면서 피해도 점점 커지고 있습니다. 우리나라는 지난 100년 간 평균 기온이 1.8℃ 상승해 세계 평균인 0.75℃에 비해 2배 이상 상승했고, 집중 호우 일수도 1970년대에 비해 2배 이상 증가했습니다. 보고서에 의하면 지구의 온도가 1℃ 상승하면 생태계의 30%가 멸종하고, 건조한 지역의 강우량이 줄어 산불이 발생하며, 농작물 생산량은 크게 감소한다고 합니다. 또 각종 질병이 발생하기도 하고, 사막화가 심화되고 빙하가 손실되기도 합니다. 이렇게 지구 온난화는 인간의 생활뿐만 아니라 생태계의 변화 및 생존과도 직결되는 중요한 문제입니다. 빙하가 녹으면서 해수면이 상승하여 국토가 사라지는 나라도 발생할 것입니다. 기후 변화는 이미 전 세계적으로 영향을 미치고 있으며, 이러한 기후 변화가 현재 추세대로 지속된다면 더 큰 재앙이 발생할 것이라는 의견이 지배적입니다.

이처럼 기후 변화는 사람들의 생활뿐만 아니라 산업과 지구 생태계 전반에 걸쳐 많은 영향을 미치기 때문에 국가적으로 기후 변화를

기후변화전문가
대기과학과

방지하고 완화하기 위한 대책을 세우는 것이 중요해지고 있습니다. 따라서 기후 변화를 연구하고, 기후 변화와 관련된 정책을 만드는 기후변화전문가의 역할도 주목을 받고 있습니다. 기후변화전문가는 사람들이 기후 변화에 적응할 수 있도록 기후 변화와 관련된 조사를 하고, 이를 바탕으로 대응 방법 등을 연구하는 직업입니다.

기후 변화와 관련된 분야는 생각보다 많습니다. 보건, 농업, 생태, 어업 등 여러 방면에서 기후변화전문가의 역할이 필요합니다. 농업 분야의 경우, 기후 변화에 발맞춰 품종을 개량하거나 특정 지역의 특산물을 바꾸는 작업을 할 수도 있습니다. 어업 분야의 경우, 수온 상승에 따라 양식장의 어종을 달리하는 대책을 마련해야 합니다. 이렇듯 기후가 변하면서 모든 업종에서 기후변화전문가들의 조언과 역할이 필요한 상황입니다. 우리나라를 비롯한 세계 각국에서 기후 변화에 대한 대책을 수립하는 것이 매우 중요한 문제로 등장하고 있어, 기후변화전문가는 지속적으로 주목받는 직업이 될 것입니다.

기후변화전문가가 하는 일은?

　기후변화전문가는 인류의 생활에 밀접한 관계가 있는 기후의 변화를 예측하고, 기후 변화가 각종 산업이나 생활에 미치는 영향을 평가합니다. 이러한 평가를 통해 기후 변화로 인해 발생할 수 있는 위험을 최소화하기 위한 정책과 대책을 마련하는 일을 합니다.

　기후변화전문가는 전문성이 요구되는 직업이므로 꾸준히 자기 계발을 해야 합니다. 근무 시간이 규칙적이며, 물리적 환경이 쾌적하여 육체적 스트레스는 심하지 않으나 정신적 스트레스는 어느 정도 있는 편입니다. 직업 전문성을 바탕으로 업무에 대한 자율성이나 권한이 높고, 사회적 기여나 직업에 대한 소명 의식도 높은 편입니다.

» 기후 변화가 기업이나 정부 정책에 미치는 영향을 분석하고, 개선하는 방법을 찾아냅니다.

» 기후 변화에 따라서 농산물이나 수산물, 우리 생활이 어떻게 달라지는지 분석합니다.

» 기후와 관련된 과거의 데이터베이스를 분석하고, 이를 토대로 미래의 기후가 어떻게 변화할 것인지 예측하며, 그 변화의 원인이 무엇인지를 분석합니다.

» 온실가스 배출을 감축하기 위한 정책과 기후 변화로 발생할 수 있는 위험을 최소화하기 위한 정책을 만듭니다.

» 도심 내 온실가스 배출량을 감소시키기 위해 대중교통 이용, 절전 등 시민들이 함께 일상생활에서 실천할 수 있는 탄소 배출 감소 방법을 연구합니다.

» 기업이 고효율 에너지 시설이나 장비를 개발하고 보급하는 사업 등을 원활히 진행할 수 있도록 지원합니다.

» 지구 온난화 등으로 오랜 시간에 걸쳐 진행된 기후 변화를 예측하고, 온실가스와 같이 인위적인 기후 변화 요인을 파악하기 위한 조사 및 연구를 수행합니다.

» 온난화, 태풍, 가뭄, 해수 온도의 상승 등 기후 변화가 일상생활에 미치는 영향을 평가하여 좋지 않은 영향에 대해 대응책을 수립합니다.

» 기후 변화에 따라 수자원, 농산물, 육상·해양 생태계, 인간의 거주지 및 건강 등에 관한 기후 변화 영향을 종합적으로 평가합니다.

» 온실가스 배출량의 감소를 위해 시민들의 참여 방법을 개발하고 홍보합니다.

기후변화전문가
커리어맵

- 기상청 기후변화정보센터 www.climate.go.kr
- 한국기후변화학회 www.kscc.re.kr
- 기후정보포털 www.climate.go.kr
- 기상청 www.kma.go.kr
- 한국환경공단 www.keco.or.kr

- 영어, 과학, 기술·가정, 환경 교과 역량 키우기
- 해양수산학 관련 학과 탐방
- 해양수산기술자 직업 탐방 및 체험 활동
- 해양 수산 관련 기관 탐방

적성과 흥미
- 기후 변화에 대한 관심
- 수학 및 통계 분야에 대한 지식
- 외국어 실력
- 컴퓨터 활용 능력
- 탐구 정신
- 호기심
- 창의성
- 관찰력
- 정확한 판단력
- 분석적 사고력

관련기관
준비방법
흥미유형
- 탐구형
- 현실형

기후변화전문가

관련학과
- 대기과학과
- 환경공학과
- 기후변화융합학부
- 기후에너지시스템공학과
- 기후에너지시스템공학부
- 환경대기과학전공
- 환경보건학과
- 환경생명과학과
- 환경학과
- 대기환경과학과

관련교과
- 영어
- 과학
- 기술·가정
- 환경

관련자격
관련직업

관련자격:
- 기상기사
- 기상산업기사
- 수질환경기사
- 수질환경산업기사
- 대기환경기사
- 대기환경산업기사
- 기상기술사
- 기상감정기사
- 온실가스관리기사
- 온실가스관리산업기사
- 온실가스관리기술사
- 기상예보기술사
- 소음진동환경기사
- 소음진동환경산업기사
- 소음진동환경기술사
- 산업위생기사
- 산업위생산업기사
- 산업위생기술사
- 중등 2급 정교사(지구과학)

관련직업:
- 천문학연구원
- 기상학연구원
- 지질학연구원
- 기상컨설턴트
- 대기환경기술자
- 운항관리사
- 일기예보관
- 환경공학기술자
- 일기관측자
- 기상레이더관측요원
- 기상캐스터
- 온실가스인증심사원
- 온실가스관리컨설턴트

적성과 흥미는?

기후변화전문가는 환경에 대한 문제의식과 환경 관련 분야의 국제적인 흐름을 분석하고 대응할 수 있는 능력, 환경 관련 정책 개발에 대한 경험과 능력이 필요합니다. 기후 변화의 영향, 온실가스 배출량, 기후 변화 대응 효과 등을 객관적으로 이해하고 계산해야 하며, 이를 위해서는 수학, 통계에 대한 지식이 요구됩니다. 기후 변화가 미치는 영향이 광범위하기 때문에 각 방면의 통합된 지식을 기반으로 세상을 바라보는 넓은 시각을 갖추어야 합니다.

기후 변화가 해상, 기상, 산림, 농업 분야의 변화와 밀접한 관계를 갖고 있기 때문에 이러한 산업 분야에 대한 지식을 갖추고 있어야 합니다. 자연의 변화에 관심을 가지고 자연을 직접 체험하는 일을 좋아하는 사람에게 유리합니다. 기후 변화 문제가 왜 발생하는지에 대해 객관적인 눈으로 분석할 줄 알아야 하고, 평상시 문제를 깊이 있게 탐구하는 것을 좋아해야 합니다. 기후변화전문가는 온실가스, 지구 온난화, 기후 변화 협약 등에 대해 체계적으로 공부해야 하고, 기후 변화와 관련된 국내외 정책 변화를 이해해야 하며, 기후 변화가 인접한 다른

나라와 연관성이 있는 만큼 국제환경법을 이해하기 위해 외국어 실력을 갖추는 것이 좋습니다.

수학, 물리학, 지구과학 등의 기초 과학 과목에 적성과 흥미가 있어야 합니다. 기후 변화 관찰을 위해 컴퓨터를 많이 사용하므로 소프트웨어 사용법, 수치 계산, 수치 적분, 프로그래밍 등의 능력을 갖추어야 합니다. 새로운 것에 대한 탐구 정신과 호기심, 창의성, 관찰력을 지녀야 하며 천문학, 지구대기학, 기상학은 물론 수학과 물리학적 지식이 요구됩니다. 기후 연구는 정확성이 중요하므로 정확한 판단력과 꼼꼼한 성격을 지닌 사람, 새로운 방법을 고안하기 위해 사용하는 기술 및 도구를 분석할 수 있는 분석적 사고력을 지닌 사람에게 적합합니다.

기후변화전문가에 관심이 있다면 기후 변화 현상과 이로 인한 영향에 대한 보고서, 언론 보도 자료 등을 꾸준히 모니터링하고, 기후 관련 논문 및 서적을 통해 지식을 습득하고자 노력해야 합니다. 기상학, 환경 등 다양한 분야의 독서를 통해 관련 지식을 습득하고, 기상 및 기후 관련 기관 탐방 및 직업 체험 활동 등을 추천합니다.

기후변화전문가
커리어맵

Jump Up

온실가스관리컨설턴트에 대해 알아볼까요?

온실가스 배출을 감소시키는 전략을 세우고, 온실가스 규제에 따른 기업의 경영 전략을 자문하는 역할을 하는 직업이에요. 온실가스 관리를 통해 친환경 미래를 만드는 데 기여하고, 지구 온난화의 진행을 늦추고 환경 보호에 기여하는 역할을 해요.
환경과 에너지에 대한 이해가 필수이며, 이공계 관련 학과를 전공하는 것이 좋아요. 경영, 경제, 회계 관련 지식도 필요해요.

진출 방법은?

기후변화전문가가 되려면 기후 변화에 대한 관심과 환경에 대한 지식이 있어야 하므로 대학에서 환경공학, 기후학, 대기과학 등 환경 관련 학문을 전공하면 도움이 됩니다. 기후변화전문가는 주로 중앙 정부 및 지방 자치 단체, 민간 연구소 등에서 근무하는데, 전공 관련하여 석사 이상의 학위가 필요합니다. 특히 기후 변화를 예측하거나 분석하는 업무를 수행하기 위해서는 석사 이상의 환경 관련 학위가 요구됩니다.

기후 변화에 효과적으로 대응할 수 있는 능력을 지닌 인재를 양성하기 위해 2006년부터 환경부에서는 '기후 변화 특성화 대학원'을 지정하여 온실가스 감축 정책, 영향 평가 및 적응 대책, 온실가스 배출 통계 등의 분야별 전문가를 육성하고 있습니다.

기후 변화에 대한 정책을 결정하는 국가 기관이나 정책을 집행하는 지방 자치 단체 등으로 진출하는 경우가 많은데, 공무원 채용 시험을 통해 임용됩니다. 기후 변화에 따른 신사업 발굴, 마케팅 및 유통 전략 수립 등 산업계 전반에 걸쳐 다양한 영역으로 진출이 가능하고, 기후 변화 및 환경 문제를 다루는 NGO 단체로도 진출할 수 있습니다.

관련 직업은?

천문학연구원, 기상학연구원, 기상컨설턴트, 기상레이더관측요원, 일기관측자, 일기예보관, 기상캐스터, 대기 환경기술자, 운항관리사, 지질학연구원, 환경공학기술자변리사, 온실가스인증심사원, 온실가스관리컨설턴트 등

관련 학과 및 자격증은?

➡ 관련 학과: 기후변화융합학부, 기후에너지시스템공학과, 기후에너지시스템공학부, 환경대기과학전공, 환경보건학과, 환경생명과학과, 환경학과, 대기과학과, 대기 환경과학과, 환경공학과 등

➡ 관련 자격증: 기상기사, 기상산업기사, 기상기술사, 대기환경기사, 대기환경산업기사, 수질환경기사, 수질환경산업기사, 소음진동환경기사, 소음진동환경산업기사, 소음진동환경기술사, 기상감정기사, 기상예보기술사, 온실가스관리기사, 온실가스관리산업기사, 온실가스관리기술사, 산업안전기사, 산업위생기사, 산업위생산업기사, 산업위생기술사, 중등학교 2급 정교사 (지구과학) 등

미래 전망은?

최근 전 세계적으로 기후 변화에 대한 관심이 뜨겁습니다. 국가마다 온실가스 배출을 줄이기 위한 노력이 진행되고 있고, 각 국가별, 기업 간 기후 변화 업무를 담당하는 부서를 마련해 기후 변화 관련 전문 인력을 채용하고 있습니다. 아직까지 기후 변화 문제를 정부나 기업에서 순환 보직 형태로 단순하게 다루고 있으나 앞으로는 전문성을 지닌 기후변화전문가의 책임 아래 적극적으로 다뤄질 전망입니다. 신재생 에너지 개발이나 온실가스 감축을 위한 기술 개발 문제는 국제적으로 서로 얽혀 있기 때문에 국제환경법과 관련하여 외교 분야에 기후변화전문가가 필요할 것으로 예상됩니다.

향후 기후변화전문가의 고용은 증가할 것으로 예상되고 있습니다. 특히 우리나라는 파리기후변화협정 서명국으로 2030년까지 온실가스 배출을 37%정도 줄이기로 약속했습니다. 이러한 국제 사회의 약속을 지키기 위해 중앙 정부나 지방 자치 단체에서는 자체적으로 기후 변화에 대응하기 위한 기후변화전문가가 필요한 상황입니다. 또한 보건, 농업, 생태, 어업 등 다양한 분야에서 기후 변화와 관련한 전문가가 필요하기 때문에 기후변화전문가의 성장 가능성은 높다고 할 수 있습니다.

대기과학과

기후변화전문가 전공 분석

어떤 학과인가?

대기과학은 수학, 물리학, 화학, 생물학 등의 기초 과학 지식과 야외 관측, 원격 탐사, 수치 모형, 슈퍼 컴퓨터, 고속 통신망 등 첨단 기술을 이용하여 일기와 기후, 대기의 물리적·화학적 현상의 이해와 예측 및 대기 환경의 핵심 문제들을 연구하는 첨단 학문입니다. 지구 온난화로 인한 기상 이변의 발생과 기후 변화 문제는 우리가 해결해야 할 가장 시급한 문제이며, 대기과학은 이러한 중요한 문제에 대한 종합적인 이해와 해결책을 제시하는 학문입니다. 최근 경제·사회 활동에서 기상의 중요성이 크게 인식되고 있고, 대기오염이 날로 심각해지고 있는 상황에서 대기 연구에 관한 필요성은 더욱 커지고 있습니다.

대기과학 분야의 문제를 크게 나누어 보면, 기상 현상의 본질을 이해하고 이를 예측하는 문제, 기상 이변이나 지구 온난화와 관련된 기후 변동의 문제, 대기 환경의 오염과 보존에 관한 문제 등이 있습니다. 최근 대기과학 분야는 다른 학문에 비해 국제적 교류와 공동 연구가 활발히 진행되고 있습니다.

대기과학과는 대기과학에 대한 기본적인 학문 내용을 교육 및 연구함으로써 인류가 당면하고 있는 기후 및 환경 문제에 대해 능동적으로 대처하고, 창의적으로 해결할 수 있는 전문 지식과 자질을 갖춘 대기과학자를 양성하는 학과입니다.

교육 목표와 교육 내용은?

미래 사회에는 지구 온난화가 국가의 경제, 사회, 산업 등 모든 분야에 직접적인 영향을 미쳐 국가의 운명을 결정하게 될 것이라는 전망까지도 나오고 있습니다. 대기과학과는 지구 온난화와 같은 기후 변화 요인과 폭우, 폭설과 같은 기상 이변을 일으키는 구름, 비, 바람 등 대기에서 일어나는 모든 자연 현상을 공부합니다. 대기과학에 대한 기본적인 학문 내용과 대기 환경 문제를 교육·연구함으로써 전문 지식과 자질을 갖춘 인재 양성에 교육 목표를 두고 있습니다.

환경과 밀접히 관련이 있는 대기의 상태 및 변화 과정을 이해하고, 이로부터 대기 환경 상태를 예측하여 지역 사회 및 국가, 나아가 전 인류가 대기 환경 문제를 대처하는 데 기여할 수 인재를 배출합니다.

» 기상과 대기 환경에 대한 이해를 높이고, 미래 대기 환경 변화의 과학적 예측 능력을 지닌 인재를 양성합니다.
» 대기 과학 분야의 전문 지식과 실무 능력을 갖춘 인재를 양성합니다.
» 대기 환경 및 기후 변화를 대비할 수 있는 창의적인 인재를 양성합니다.
» 기상·기후·환경 변화 예측과 같은 다양한 문제를 스스로 사고하고 해결할 수 있는 자기 주도적인 인재를 양성합니다.
» 자연 과학 지식을 습득하고, 자연과 소통·공감하는 능력을 갖춘 인재를 양성합니다.
» 국가와 사회의 발전에 이바지하는 유능한 인재를 양성합니다.

학과에 적합한 인재상은?

대기과학을 전공하려면 수학, 물리학, 화학, 지구과학 등의 기초 과학 과목에 적성과 흥미가 있어야 합니다. 대기과학은 일상생활과 직접적으로 관련이 있는 분야이므로 평소에 날씨, 기온, 미세 먼지 농도 등에 관심이 많거나 지구 환경에 대한 문제 의식을 가지고 있다면 도전해 볼만 합니다. 지구 온난화와 기상 이변, 기후 변화 등의 문제에 해결책을 제시할 수 있도록 종합적 이해력과 문제 해결 능력을 갖춘 사람에게 적합합니다.

일기 예보와 관련된 분야는 데이터 처리·분석 작업이 많으므로 논리적 분석력, 분석된 자료를 종합적으로 판단할 수 있는 판단력과 직관 능력을 갖추는 것이 중요합니다. 또한 컴퓨터를 활용하여 계산 작업을 해야 하므로 소프트웨어 사용법, 수치 계산, 수치 적분, 프로그래밍 등 컴퓨터 활용 능력을 갖추는 것이 중요합니다.

하늘, 별, 바다, 산 등 자연에 대해 관심이 많고, 실험실보다 자연을 직접 마주하며 탐구하는 것에 관심이 많은 사람에게 적합합니다. 비판적인 사고와 합리적인 의사소통 능력을 지니고, 다른 기술과의 협업을 통해 새로운 사회적 가치를 창조하려는 자세를 지니는 것도 중요합니다.

관련 학과는?

기후변화융합학부, 기후에너지시스템공학과, 기후에너지시스템공학부, 환경대기과학전공, 대기환경과학과, 지구환경과학부, 지구시스템과학부 등

진출 직업은?

기상연구원, 일기관측자, 일기예보관, 기상캐스터, 기상컨설턴트, 대기환경기술자, 운항관리사, 환경공학기술자, 천문학연구원, 기상레이더관측요원, 기후변화전문가, 온실가스인증심사원, 변리사, 중등학교 지구과학 교사 등

주요 교육 목표

대기학 분야의 이론과 기술을 지닌 인재 양성

자기 주도적으로 문제를 해결할 수 있는 인재 양성

국가와 사회의 공공복지에 기여할 인재 양성

대기 환경 변화를 대비할 수 있는 창의적인 인재 양성

자연과 소통하고 공감하는 인재 양성

 ### 취득 가능 자격증은?

- ☑ 기상기사
- ☑ 기상산업기사
- ☑ 기상기술사
- ☑ 대기환경기사
- ☑ 대기환경산업기사
- ☑ 수질환경기사
- ☑ 수질환경산업기사
- ☑ 기상감정기사
- ☑ 기상예보기술사
- ☑ 소음진동환경기사
- ☑ 소음진동환경산업기사
- ☑ 소음진동환경기술사
- ☑ 산업안전기사
- ☑ 산업위생기사
- ☑ 산업위생산업기사
- ☑ 산업위생기술사
- ☑ 중등학교 2급 정교사(지구과학) 등

추천 도서는?

- 인간이 만든 재앙, 기후변화와 환경의 역습
  (프리스마, 반기성)
- 우주의 오아시스 지구
  (김영사, 빌 매키번, 김승진 역)
- 알기 쉬운 대기과학
  (시그마프레스, 한국기상학회)
- 숨 쉬는 과학: 세상에서 가장 흥미로운 대기과학 안내서(빛은책들, 마크 브롬필드, 서나연 역)
- 기후위기, 무엇이 문제일까(북카라반, 오애리 외)
- 기후위기 부의 대전환(다산북스, 홍종호)
- 기후위기, 전환의 길목에서
  (도서출판 풀씨, 홍덕화 외)
- 기후위기 행동사전(신현재, 김병권 외)
- 하늘에 새긴 우리 역사
  (김영사, 박창범)
- 천문학 콘서트(더숲, 이광식)
- 코스모스
  (사이언스북스, 칼 세이건, 홍승수 역)
- 무로부터의 우주
  (승산, 로렌스 크라우스, 박병철 역)
- 과학 혁명의 구조
  (까치, 토머스 S. 쿤, 홍성욱 외 역)
- 기후의 역습
  (현암사, 모집 라티프, 이혜경 역)
- 지금 지구에 소행성이 돌진해 온다면
  (갈매나무, 플로리안 프라이슈테터, 유영미 역)

학과 주요 교과목은?

기초 과목	지구환경과학, 지구과학, 대기화학, 대기환경, 대기오염개론, 기상통계학, 수리물리학, 대기복사학, 대기열역학, 기후학, 고층대기관측 등
심화 과목	대기역학, 고층대기학, 물리기상학, 수리대기과학, 일기예보분석, 일기예보법, 기후역학, 대기오염, 대기열역학, 응용기상학, 대기대순환, 대기유체역학, 경계층기상학, 해양기상학, 원격탐사기상학, 기후감시적응기술, 캡스톤디자인, 지구온난화와 해양, 기상자료의 이해와 활용, 슈퍼컴퓨터를 이용한 수치예보의 이해 등

졸업 후 진출 분야는?

기업체	민간 예보 사업체, 항공사, 언론사, 한국전력, 환경 관련 업체, 기상 정보 회사, 환경 영향 평가 회사, 컴퓨터 소프트웨어 회사 등
연구 기관	한국해양과학기술원, 시스템공학 연구소, 환경 개발 연구원, 한국전력공사 전력연구원, 한국항공우주연구원, 에너지 연구소, 임업 연구소, 국립농업과학원, 한국해양과학기술원, 기상 연구소, 한국항공우주연구원 등
정부 및 공공 기관	기상청, 국립기상과학원, 국립환경과학원, 국방과학연구소, 국립재난안전연구원, 한국개발연구원, 한국기상산업기술원, 한국수자원공사, 한국환경산업기술원, 한국환경정책평가연구원 등

전공 관련 선택 과목은?

▶ 국어, 영어 교과는 모든 학문의 기초적인 성격을 가진 도구교과로 모든 학과에 이수가 필요하여 생략함.

수능 필수	화법과 언어, 독서와 작문, 문학, 대수, 미적분Ⅰ, 확률과 통계, 영어Ⅰ, 영어Ⅱ, 한국사, 통합사회, 통합과학, 성공적인 직업생활(직업)		
교과군	선택 과목		
	일반 선택	진로 선택	융합 선택
수학, 사회, 과학	대수, 미적분Ⅰ, 확률과 통계, 물리학, 화학, 지구과학	기하, 미적분Ⅱ, 역학과 에너지, 전자기와 양자, 지구시스템과학, 행성우주과학	수학과제 탐구, 기후변화와 지속가능한 세계, 기후변화와 환경생태, 융합과학 탐구
체육·예술			
기술·가정/정보	정보	데이터 과학	
제2외국어/한문			
교양	생태와 환경	보건	논술

학교생활기록부 관리는?

출결 사항	• 출결은 학교생활의 성실성, 근면성, 자기 관리 능력을 평가하는 기준이 되므로 미인정(무단) 출결 사항이 없도록 관리하세요.
자율·자치활동	• 자기 주도적인 목표 설정과 계획 수립을 통해 실천하는 모습이 드러나도록 하세요. • 환경, 과학 분야에 대한 관심과 흥미를 바탕으로 다양한 교내외 활동에 참여하여 자기 주도성, 성실성, 진취성, 리더십 등이 드러나도록 하세요.
동아리활동	• 희망 전공과 관심 영역을 바탕으로 탐구 역량, 자기 주도성, 적극성 등이 드러나도록 하세요. • 환경, 과학 관련 동아리 활동에 참여하세요. • 동아리 가입 동기, 진로에 동아리 활동이 미친 영향, 동아리 내 자신의 역할, 동아리 활동으로 변화된 자신의 모습, 전공과 관련된 자신의 소질 계발 경험 등 구체적인 활동 내용이 기록되도록 하세요. • 학교에서 주관하는 장애인, 다문화 가정 학생 돕기, 양로원 봉사 활동 등 사회 소외 계층을 대상으로 하는 봉사 활동을 하세요. • 학교내에서 타인을 위해 할 수 있는 지속적인 봉사 활동을 하세요.
진로 활동	• 대기, 기상, 환경 관련 학과 및 직업에 대한 정보 탐색 활동을 권장해요. • 대기, 기상, 환경 관련 학과 및 직업에 대한 체험 활동을 통해 희망 전공 진학에 대한 노력과 열정이 드러나도록 하세요. • 교내외 다양한 진로 활동 프로그램에 참여해 자신의 진로를 탐색하고, 진취성, 적극성, 능동적 참여, 노력의 과정이 드러나게 하세요.
교과학습발달 상황	• 환경, 정보, 지구과학 등 관련된 교과의 성적은 상위권으로 유지하고, 수업 활동에서 발휘한 역량이 기록될 수 있도록 수업에 적극 참여하세요. • 수업 활동에서 성실성, 적극성, 창의력, 전공 적합성, 진로에 대한 열정, 문제 해결 능력 등이 드러나도록 하세요.
독서 활동	• 독서 이력을 통해 관심 분야, 전공 적합성, 학문 탐구에 대한 열정, 자기 주도적 학습 능력 등이 드러나도록 하세요. • 대기학, 기상학, 환경학, 기초 과학, 인문학 등 다양한 분야의 독서를 통해 지식수준을 높이며, 희망 전공 학과에 대한 기초 지식을 쌓도록 해요. • 교과 시간에 배운 내용을 관심 분야와 연계시켜 지적 깊이를 확장하는 것이 중요해요.
행동 발달 특성 및 종합 의견	• 자신의 장점을 총체적으로 이해할 수 있도록 발전 가능성, 전공 적합성, 인성, 학업 능력, 창의력, 자기 주도적 학습 능력, 문제 해결 능력, 변화 모습 등이 드러나도록 하세요. • 학교생활에서 자기 주도성, 경험의 다양성, 성실성, 나눔과 배려, 학업 태도와 학업 의지 등 자신의 장점이 기록되도록 관리해야 해요.

동물조련사란?

　　긴장감과 기대감에 한껏 부푼 관광객을 실은 사파리 차량이 동물의 왕국에 들어서는 순간, 사자, 호랑이, 곰과 같은 맹수들은 차량 안의 인간들을 무심하게 쳐다봅니다. 맹수들과 인사를 나누라는 조련사의 안내에 따라 먹이를 주면서 사람들은 자연에 도전하고 융화되는 짜릿함을 느끼기도 합니다. 사납기로 유명한 불곰이 어떻게 조련사의 주문에 맞춰 춤추듯 빙글빙글 돌면서 애교를 부릴 수 있을까? 그것은 맹수들과 교감하기 위해 조련사가 끊임없이 애정과 노력을 쏟아부은 덕분입니다. 동물조련사는 동물 세계에 대한 호기심을 갖고 사파리에 방문한 사람들이 안전하게 관람할 수 있도록 맹수들의 컨디션을 관리하는 전문가입니다.

　　동물조련사는 동물들과 끊임없이 소통하며 신뢰감을 형성하고, 이를 바탕으로 관계를 형성하면서 동물과 함께 성장하는 직업입니다. 사람들은 말을 할 수 없는 동물이 조련사의 말과 행동, 표정에 맞춰 행동할 때는 깊은 감동을 받기도 합니다.

　　인류 최초의 예술 작품으로 알려진 구석기 시대의 동굴 벽화인 '알타미라 동굴'에는 '상처 입은 들소' 와 '사슴' 등 다양한 동물들이 그려져 있습니다. 문명이 시작되기 전부터 현재에 이르기까지 동물은 인간에게 식량 자원으로, 의복의 재료를 제공하는 자원으로, 때로는 일을 하거나 맹수를 물리칠 때 동반자로 인간에게 위안과 기쁨을 주며 밀접한 관계를 맺어 왔습니다.

　　최근 들어 동물에 대한 관심이 높아지면서 애완동물을 기르는 사람의 수도 급격히 늘었습니다. 동물이 인간 삶의 질을 향상시키는 동반자적 존재로 부각되면서, 동물이 있는 동물원, 테마파크, 대형 아쿠아리움은 물론 동물이 참여하는 드라마 및 영화 제작에서도 동물과 소통하고 교감하는 데 도움을 주는 동물조련사의 역할이 커지게 되었습니다. 동물조련사라는 직업은 동물핸들러, 반려동물행동전문가, 동물간호사, 동물보호보안관 등으로 분류되어 있습니다.

동물조련사
특수동물학과

Jump Up

동물랭글러에 대해 알아볼까요?

영화, TV 프로그램, 광고 등에 동물들의 출연이 늘어나면서 동물들을 섭외하고, 촬영이 원활하게 진행될 수 있도록 훈련하고 조련하는 일을 해요. 동물들이 촬영 현장에 적응하도록 도와주고, 대본에 따라 움직이거나 소리를 내도록 유도하여 연기가 완성되는 데 돕는 일을 해요.

동물조련사가 하는 일은?

동물조련사는 다양한 동물을 훈련시킬 수 있는데, 위기에 빠진 사람의 생명을 살리는 인명 구조, 시각 장애인을 위한 길 안내, 마약 범죄를 소탕하기 위한 마약 탐지, 드라마나 영화에서의 연기 등 특수한 목적과 상황에 맞게 동물을 훈련시킵니다.

다양한 상황에서 동물이 재능을 발휘할 수 있도록 동물의 행동을 개발하고, 체계적으로 훈련을 하며, 동물과의 의사소통하는 데 필요한 수단을 개발하는 것도 동물조련사가 하는 일입니다.

우리나라에서는 동물원과 같은 사육 시설에서 동물의 사육과 훈련을 담당하는 동물사육사를 동물조련사와 따로 구분하지 않습니다. 주로 사육사가 조련사의 업무를 함께 하는데, 사육하는 동물 중 사람과 교감할 수 있는 동물을 선별하여 조련하는 경우가 대부분입니다.

동물조련사는 동물의 건강, 영양, 훈련, 행동 연구 등 모든 부분을 관리해야 하기 때문에 무척 바쁜 직업입니다. 특히 맹수의 경우 흥분하거나 화가 났을 때에는 숙련된 조련사라 할지라도 생명에 위협을 가할 수 있기 때문에 항상 긴장해야 합니다. 때로는 동물 간에 크고 작은 싸움이 발생하면서 동물이 다치는 위기 상황이 발생하기도 하는데, 이것을 사전에 방지하는 것이 조련사의 역할입니다.

공격적 본능을 지닌 야생 동물과의 스킨십이나 교감 등은 매력적이고 신기해 보이지만 상당히 위험한 일이기 때문에 조련사는 항상 조심해야 하고, 사고를 예방하기 위해 사소한 것이라도 실수하지 말아야 합니다.

최근에는 동물 복지에 대한 관심이 높아져 동물들이 스트레스를 받지 않고 자연 습성에 맞게 생활할 수 있도록 최적의 환경에서 동물들의 행동을 연구하고 있습니다. 동물을 훈육하고 돌보는 것 이전에 생명체를 다루는 직업이기 때문에 동물과 함께 소통하고 성장하면서 보람을 느낄 수 있습니다. 동물 산업이 발달함에 따라 직업의 세분화와 전문화가 빠르게 진행되고 있어 발전 가능성이 큰 것도 동물조련사의 장점입니다.

> » 개, 돌고래, 물개, 원숭이 등 조련할 동물의 특성에 대해 전문적인 지식을 쌓고, 동물에 대해 연구합니다.
> » 조련할 동물의 특성과 훈련 목적에 맞게 훈련 계획을 수립한 후, 반복 학습을 통해 동물의 행동을 유도할 수 있도록 노력합니다.
> » 매일같이 동물의 사육장을 청소하며, 분변 및 토사물을 점검하여 건강 상태를 확인합니다.
> » 동물이 배고픔을 느껴 예민해지지 않도록 시간에 맞춰 먹이를 주고, 건강 상태에 따라 의약품이나 영양제를 먹이는 등 동물의 건강을 위해 다양한 활동을 합니다.
> » 동물들의 건강에 이상이 있을 경우에는 수의사에게 알려 치료를 받게 하고 건강을 회복하도록 보살핍니다.

Jump Up

애니멀커뮤니케이터에 대해 알아볼까요?

애니멀커뮤니케이터는 동물과 의사소통을 하는 직업이에요. 동물의 언어를 이해하여 마음을 읽고, 자신의 마음도 동물에게 전달하여 동물들이 가지고 있는 문제나 상황을 해결하는 직업이에요. 동물조련사라는 직업 안에 포함되지만, 행동 발달을 위한 훈련이나 지시보다는 소통과 감정의 공유를 통해 행동 변화를 유도하고, 동물 주인과의 관계를 회복시키는 소통전문가예요.

동물조련사

커리어맵

• 국어, 수학, 과학, 사회, 환경 교과 역량 키우기
• 동물원, 유기동물보호센터, 동물보호센터 봉사 활동
• 동물 관련 기관 체험 활동
• 동물조련사 및 동물 관련 직업 체험 활동
• 동물학, 생물학, 화학, 철학 등 다양한 분야의 독서 활동

• 한국말조련사협회 www.한국말조련사협회.com
• 한국동물복지협회 www.kawf.co.kr
• 서울대공원 www.grandpark.seoul.go.kr

관련기관

준비방법

• 동물에 대한 애정
• 자연 친화력
• 세심한 관찰력
• 동물 관리 능력
• 책임감
• 인내력
• 생명 존중
• 공감 능력

**적성과
흥미**

동물조련사

관련학과

• 특수동물학과
• 동물자원학과
• 동물생명공학과
• 애완동물학과
• 동물조련이벤트학과
• 바이오동물학과
• 마사과
• 말산업학과

흥미유형

관련교과

• 탐구형

• 국어
• 수학
• 과학
• 사회
• 환경

관련자격

관련직업

• 동물훈련사   • 동물매개치료사
• 반려동물행동교정사   • 재활승마지도사
• 동물간호복지사   • 애견코칭지도사
• 반려동물전문가   • 가축인공수정사

• 동물사육사   • 실험동물사육사
• 동물보호보안관   • 수의테크니션
• 동물돌봄이   • 야생동물재활사
• 동물심리치료사   • 동물랭글러
• 동물훈련가   • 동물핸들러
• 애견미용가   • 애견트레이너
• 애니멀커뮤니케이터   • 펫시터

적성과 흥미는?

동물조련사에게 가장 필요한 것은 동물에 대한 애정으로, 동물에게 필요한 것을 미리 발견하고 작은 변화에도 민감하게 반응할 수 있어야 합니다. 동물조련사가 되기 위해서는 아이를 돌보는 엄마처럼 분변 상태를 체크하는 것도 마다하지 않는 애정을 가지고 보살필 수 있어야 합니다. 또한 식물이나 동물 등 생명체를 기르고 돌보는 것을 좋아하는 자연 친화력을 갖춘 사람에게 유리합니다.

동물조련사는 동물의 입장에서 동물 행동과 습관 등을 관찰하고, 동물의 종류에 따라 사육 방법과 사육 기술을 연마하여 전문성을 갖추어야 합니다. 동물에 대한 세심한 관찰력과 관리 능력, 책임감도 갖추어야 합니다.

또한 본능에 충실한 동물들을 특정한 목적에 맞는 행동을 하도록 훈련시키기 위해서는 끈기와 인내심이 요구됩니다. 조련사가 훈련하는 동물이 조련사를 믿고 교감하여 특정 행동을 할 수 있을 때까지 반복적인 훈련을 해야 하므로 포기하지 않은 끈기와 생명을 존중하는 마음, 끝까지 함께하며 보살피려는 책임감이 필요합니다.

동물조련사가 되고 싶다면 강아지, 고양이와 같은 애완동물을 직접 키워 보고, 동물과 관련된 다큐멘터리를 보거나 독서를 통해 동물에 대한 지식을 습득하는 것을 추천합니다.

동물조련사 커리어맵

관련 학과 및 자격증은?

➡ 관련 학과: 동물자원학과, 특수동물학과, 동물생명공학과, 애완동물학과, 특수동물학과, 동물조련이벤트학과, 바이오동물학과, 마사과, 말산업학과 등

➡ 관련 자격증: 동물훈련사, 반려동물행동교정사, 동물간호복지사, 동물매개치료사, 재활승마지도사, 애견코칭지도사, 가축인공수정사 등

Jump Up

동물핸들러에 대해 알아볼까요?

애완동물 경연 대회에서 좋은 성과를 거두려는 목적으로 애완동물을 훈련시키는 직업이에요. 애완동물의 식단에서부터 미용, 운동 등 모든 사항을 관리하므로 동물들과 빨리 친해질 수 있는 능력이 요구돼요. 한국애견협회에서 발행하는 핸들러 자격증을 취득해야 하는데, 자격증은 3단계로 구분되며, 만 16세 이상으로 관련 분야에서 실무 경력이 1년 이상이면 자격시험에 응시할 수 있어요.

진출 방법은?

동물조련사가 되려면 고졸 이상의 학력이 요구됩니다. 외국의 경우 동물 관련 산업이 발달하여 동물조련사 양성 과정이 체계적이지만, 우리나라는 아직 그러한 교육 과정이 없는 상황입니다. 따라서 동물에 대한 지식과 전문성을 갖추기 위해 전문 대학, 대학, 전문 학교 등에서 동물 및 축산과 관련된 학문을 전공하는 것이 좋습니다.

우리나라에는 동물조련사와 관련된 자격증이 없습니다. 하지만 한국애견협회나 한국애견연맹에서 인증하는 자격증 과정이 있으니 공부를 하면서 반려동물에 대한 기본적인 지식을 습득하는 것도 권장합니다. 한국애견연맹이나 한국애견협회에서 주관하고 시행하는 훈련사 자격은 1~3등급으로 구분되어 있습니다.

동물조련사는 기존에는 경찰견, 시각 장애인 안내견, 마약 탐지견과 같이 특수한 목적을 위한 동물만을 전문적으로 훈련시키는 경우가 대부분이었지만, 최근 애완동물의 수가 급증하고 애완동물을 개인적으로 훈련시키는 경우도 많아지면서 애완동물과 그 주인을 대상으로 같이 교육을 하기도 합니다.

국내에는 지방 자치 단체에서 운영하는 공영 동물원(수족관 포함)과 개인이 운영하는 사설 동물원이 약 20개가 있으며, 그 수가 늘어나는 추세입니다. 그 외에 동물 농장, 애견 훈련소 등으로 취업할 수 있습니다.

관련 직업은?

동물사육사, 동물보호보안관, 동물돌봄이, 동물심리치료사, 동물훈련가, 애견미용사, 애니멀커뮤니케이터, 실험동물사육사, 수의테크니션, 야생동물재활사, 동물랭글러, 동물핸들러, 애견트레이너, 펫시터 등

미래 전망은?

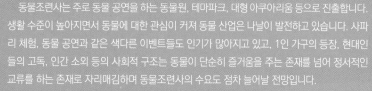

동물조련사는 주로 동물 공연을 하는 동물원, 테마파크, 대형 아쿠아리움 등으로 진출합니다. 생활 수준이 높아지면서 동물에 대한 관심이 커져 동물 산업은 나날이 발전하고 있습니다. 사파리 체험, 동물 공연과 같은 색다른 이벤트들도 인기가 많아지고 있고, 1인 가구의 등장, 현대인들의 고독, 인간 소외 등의 사회적 구조는 동물이 단순히 즐거움을 주는 존재를 넘어 정서적인 교류를 하는 존재로 자리매김하며 동물조련사의 수요도 점차 늘어날 전망입니다.

특히 대형 수족관의 인기에 힘입어 해양 생물들에게 직접 먹이를 주거나 물고기와 함께 묘기를 부리는 아쿠아리스트와 같은 직업도 주목받고 있고, 대중의 인기에 편승하여 드라마, 영화, 광고 등에 출연하는 동물들이 증가하면서 동물들이 연기할 수 있도록 전문적으로 훈련하는 업체의 수도 증가하고 있는 추세입니다. 더불어 국내의 사육 및 조련 기술이 나날이 발전해 국제적으로 동물원 간 협력을 통해 사육 기술을 공유할 만큼 동물조련사에 대한 기술 체계와 기술 발전이 빠르게 진행되고 있습니다.

다른 직업에 비해 언어에 대한 장벽이 낮아 해외 취업의 기회가 많아지면서 글로벌 동물조련사로서의 가능성도 열려 있습니다. 최근 한국동물원수족관협회(KAZA) 차원의 국제 학회 및 행사를 통해 활발한 교류가 이루어지고 있으며, 다국적 기업에서 운영하는 동물원, 수족관도 국내에 생겨나고 있어 동물조련사의 전망은 밝다고 할 수 있습니다.

특수동물학과
동물조련사 전공 분석

어떤 학과인가?

오늘날 우리 사회에는 동물들과 교감을 나누면서 마음의 평안을 얻고, 외로움에서 벗어나려는 사람들이 늘어나고 있는 추세입니다. 이에 따라 애완동물 및 기타 동물 관련 분야에 전문성을 갖춘 인재 양성이 필요해지고 있습니다. 특수동물학과는 이러한 사회적 흐름에 맞춰 각종 애완동물의 사육 방법과 위생 관리, 미용 관리 및 질병의 예방 관리 등의 교육 과정을 통해 능력 있는 애완동물관리인으로서 그 역할을 성실히 수행할 수 있는 인재를 양성하는 학과입니다.

사육되고 있는 동물들의 스트레스를 예방하는 방법, 본래의 습성에 맞게 생활할 수 있도록 해 주는 방법과 특정 행동을 유도하기 위해서가 아니라 최적의 환경을 제공함으로써 동물들을 자연스럽게 훈련하는 방법 등을 교육합니다. 포유류, 조류, 양서류, 파충류, 어류 등 모든 생물을 사육하는 방법과 지식에 대해서도 교육하고, 희귀 애완동물들의 습성과 생태에 대해 연구하여 자연에 가까운 환경을 제공하고, 동반자적 삶을 영위할 수 있도록 이론과 실무 내용을 교육합니다. 또한 동물학과 생명 과학을 융합하여 사람들의 건강한 삶에 유익한 신약을 개발하거나 연구의 안전성 평가를 위해 실험동물을 기르고 관리·연구하는 분야도 교육합니다.

교육 목표와 교육 내용은?

특수동물학과는 동물을 기르는 것에서 벗어나 애완 반려동물, 동물원 동물, 야생 동물, 실험동물의 학문적 영역을 구축하는 학과입니다. 신성장 동력 산업으로 각광받는 말, 축산 농가의 고소득을 창출할 수 있는 특수 동물, 동물 자원으로 재평가받고 있는 반려동물, 야생 동물 및 실험동물 등에 대해 이론과 실습, 실무 교육을 통해 관련 분야의 전문가를 양성하고, 동물사육사, 동물조련사, 애견미용사 및 애완동물간호사 등 동물 관련 분야에서 필요한 유능한 전문가를 양성하는 것을 교육 목표로 합니다.

> » 미래 사회에서 요구하는 지식, 기술, 학문을 습득하기 위해 과학적이고 실무적인 교육을 통해 동물학 분야의 인재를 양성합니다.
> » 다양한 동물 자원 산업 현장에서 기여할 수 있도록 하며, 반려동물, 특수 동물, 실험동물에 대한 전문 지식을 갖춘 인재를 양성합니다.
> » 동물 자원의 보존, 개량, 영양, 사육, 유전, 육종, 환경 변화 및 바이오텍 분야에 대한 전문 지식을 갖춘 인재를 양성합니다.
> » 동물 자원 사업의 대형화, 전문화, 글로벌화에 적응할 수 있는 인재를 양성합니다.
> » 동물과 인간과의 관계, 동물 환경 개선, 레포츠 동물의 관리에 관한 전문적인 지식을 갖춘 인재를 양성합니다.
> » 기초 연구부터 산업적 응용에 이르기까지 폭넓은 학문 분야를 아우를 수 있는 인재를 양성합니다.

학과에 적합한 인재상은?

특수동물학과는 동물의 생태, 관리, 지도를 연구할 뿐만 아니라 생명 과학 분야와 결합한 미래를 선도하는 학과입니다. 동물의 기본적인 사육 관리부터 아픈 동물에 대한 대처 방법, 동물의 이상 행동을 감지하고 원인을 파악하는 능력을 배양합니다. 동물에 대한 애정과 뛰어난 관찰력 및 위기 상황에 대처할 수 있는 순발력이 필요합니다.

생명체를 돌보는 것에 흥미를 느끼고, 따뜻한 감성과 생명 윤리 의식을 지니고, 건강하게 보살필 줄 아는 인성을 지닌 사람이라면 유리합니다. 최근에는 동물 실험 및 형질 변환과 같은 생명 과학적 연구도 같이 진행되므로 생명과학, 화학과 같은 자연 과학 교과에 흥미와 관심을 가지고 있다면 적합합니다. 동물과 인간의 행복한 공존을 위한 발전 가능성을 지닌 학문이기 때문에 도전 정신과 끈기를 갖춘 사람이라면 도전해 볼 만합니다.

평소에 말이나 반려동물, 야생 동물 등에 지적 호기심이 있고, 자연이나 동물과 더불어 사는 것에 익숙하며, 동물을 친숙하게 다룰 수 있고, 동물의 상태를 확인할 수 있도록 세심한 관찰력을 지닌 사람에게 적합합니다. 또한 관련 학문에 대한 기초 지식을 바탕으로 합리적인 의사 결정 능력, 협업 능력, 원활한 문제 해결 능력도 요구됩니다.

관련 학과는?

동물생명공학과, 동물생명환경과학과, 동물소재공학전공, (말)특수동물학과, 축산생명학과, 애완동물과, 애완동물관리과, 마사과, 바이오동물학과, 바이오동물보호과, 말산업학과, 동물조련이벤트학과 등

진출 직업은?

동물간호사, 동물사육사, 동물원관리자, 동물조련사, 특수견훈련사, 동물간호복지사, 동물훈련사, 애견미용사, 동물매개치료사, 동물핸들러, 아쿠아리스트, 애완동물미용사, 동물매개치료사, 반려동물장의사, 애완동물행동상담원, 야생동물재활사, 조교사 등

주요 교육 목표

애완동물에 대한
지식을 갖춘 인재 양성

- - - - - - - - - - - - - - - - - -

특수 동물 분야의
마케팅 능력을 지닌 인재 양성

- - - - - - - - - - - - - - - - - -

동물에 대한 기초 연구와 산업적
응용을 아우를 수 있는 인재 양성

- - - - - - - - - - - - - - - - - -

애완동물 산업의 발전을
이끌 수 있는 인재 양성

- - - - - - - - - - - - - - - - - -

생명 윤리와 동물 복지의
연구 능력을 지닌 인재 양성

- - - - - - - - - - - - - - - - - -

동물 자원 사업의 발전을
이끌 수 있는 글로벌 인재 양성

취득 가능 자격증은?

☑ 생물분류기사(동물)
☑ 인공수정사
☑ 실험동물기술원
☑ 장제사
☑ 재활승마지도사
☑ 축산기사
☑ 축산물등급사
☑ 반려동물행동교정사
☑ 동물훈련사
☑ 동물매개치료사
☑ 동물간호복지사
☑ 반려동물종합관리사
☑ 반려동물관리사
☑ 애견코칭지도사
☑ 중등학교 2급 정교사(동물자원) 등

추천 도서는?

- 반려동물 사랑 가이드북
  (엔에코, 반려동물사랑협동조합)
- 동물의 무기
  (북트리거, 더글러스 엠린, 승영조 역)
- 동물들의 침묵
  (이후, 존 그레이, 김승진 역)
- 10대와 통하는 환경과 생태 이야기
  (철수와영희, 최원형)
- 동물들의 숨겨진 과학
  (양문, 캐런 섀너 외, 진선미 역)
- 최재천의 인간과 동물
  (궁리, 최재천)
- 애완동물 사육
  (부민문화사, 안제국)
- 하리하라의 바이오 사이언스
  (살림FRIENDS, 이은희)
- 이기적 유전자
  (을유문화사, 리처드 도킨스, 홍영남 외 역)
- 동물, 인간의 동반자
  (들녘, 제임스 서펠, 윤영애 역)
- 발견하는 즐거움
  (승산, 리처드 파인만, 승영조 역)
- 제인구달: 침팬지와 함께한 나의 인생
  (사이언스북스, 제인 구달, 박순영 역)
- 반려동물 키우기
  (상상의집, 강지혜)

학과 주요 교과목은?

기초 과목	동물생리학, 애완동물학개론, 동물자원학, 동물복지학, 동물자원학개론, 실험동물학개론, 애완동물 및 사양관리, 동물생리학Ⅰ, 동물해부학 및 실습 등
심화 과목	동물면역학, 동물방사선학, 반려동물간호학, 실험동물학 및 실습, 야생동물학개론, 동물질병학, 동물행동 및 매개치료학, 애견의 표준학, 야생동물간호학, 동물약리학, 동물조직세포기능학, 독성학, 동물바이오산업의 이해, 야생동물생태 및 관리, 세포배양 및 효능평가, 야생동물서식처조성, 세포배양공학, 동물생명공학기술, 동물질병의 이해 등

졸업 후 진출 분야는?

기업체	애완동물 관련 업체, 제약 회사, 말(종마, 경주마, 승용마) 생산 목장, 사료 회사, 동물 의약품 회사, 야생 동물 구조 센터, 멸종 위기종 복원 센터, 동물원, 테마파크 등
연구 기관	축산 기술 관련 국가 연구소, 말 및 특수 동물 관련 기업체 연구소 등
정부 및 공공 기관	축산직 공무원, 국가 기관 연구소의 연구사 및 연구관, 가축위생방역지원본부, 축산물품질평가원, 한국마사회, 국립축산과학원, 농림수산검역검사본부, 국립보건연구원, 국립환경과학원, 국립생태원, 국립생물자원관 등

전공 관련 선택 과목은?

▶ 국어, 영어 교과는 모든 학문의 기초적인 성격을 가진 도구교과로 모든 학과에 이수가 필요하여 생략함.

수능 필수	화법과 언어, 독서와 작문, 문학, 대수, 미적분Ⅰ, 확률과 통계, 영어Ⅰ, 영어Ⅱ, 한국사, 통합사회, 통합과학, 성공적인 직업생활(직업)		
교과군	선택 과목		
	일반 선택	진로 선택	융합 선택
수학, 사회, 과학	대수, 미적분Ⅰ, 확률과 통계, 사회와 문화, 현대 사회와 윤리, 화학, 생명과학	기하, 미적분Ⅱ, 인문학과 윤리, 물질과 에너지, 화학 반응의 세계, 세포와 물질대사, 생물의 유전	기후변화와 지속가능한 세계, 기후변화와 환경생태, 융합과학 탐구
체육·예술			
기술·가정/정보	정보		
제2외국어/한문			
교양	생태와 환경	보건	

학교생활기록부 관리는?

출결 사항	• 출결 상황은 학교생활 충실도를 평가하는 기본 사항이므로 미인정(무단) 출결 기록이 없도록 자기 관리를 잘하세요.
자율·자치활동	• 다양한 교내 활동을 통해 리더십을 발휘한 사례, 학급 및 학교 공동체 활동에 적극적으로 참여한 모습과 그로 인해 변화된 점, 참여도, 발전 정도 등이 드러나도록 하세요. • 특수동물학 분야에 대한 관심과 흥미를 바탕으로 공동체 의식, 나눔과 배려, 협업 능력, 대인 관계 능력 등이 드러나도록 하세요.
동아리활동	• 유기 동물 보호 센터 봉사, 동물 의료 봉사와 같은 동아리 활동을 통해 특수동물학과 전공에 필요한 인성과 협업 능력, 자기 주도성 등이 드러나도록 하세요. • 가입 동기, 본인의 역할, 배운 점, 느낀 점 등이 드러나도록 하세요. • 학교교육계획에 의한 동물원, 유기견 보호 센터, 애완견 센터, 사회 복지 시설 등에서 주관하는 봉사 활동에 자기주도적이고 진정성 있는 자세로 참여하세요.
진로 활동	• 동물조련사 직업의 정보 탐색 및 체험 활동을 통해 전공 적합성, 열정, 발전 가능성 등 자신의 진로 역량이 드러날 수 있도록 참여하세요.
교과학습발달 상황	• 특수동물학과 관련 있는 국어, 수학, 사회, 과학, 환경 교과에 대한 높은 학업 성취도를 유지하도록 관리하고, 학업 수행 역량, 전공 적합성, 진로에 대한 열정 등이 드러나도록 하세요. • 공동 과제 수행, 모둠 활동, 단체 활동 등에서 타인의 의견을 경청하고, 자신의 생각이나 의견을 논리적·체계적으로 표현한 경험, 새로운 지식을 적극적으로 습득한 경험 등이 드러나도록 하세요.
독서 활동	• 동물학, 의학, 심리학, 상담학, 생명, 예술, 인문학, 철학 등 다양한 분야의 독서를 통해 융합적 사고 능력을 키우고, 동물 관련 분야에 대한 지식수준을 높이며, 전공 학과에 대한 기초 지식을 쌓도록 해요.
행동 발달 특성 및 종합 의견	• 발전 가능성, 전공 적합성, 인성, 학업 능력, 창의력, 자기 주도적 학습 능력, 문제 해결 능력, 발전된 모습 등 자신의 장점이 표현되도록 관리해야 해요. • 학교생활에서 자기 주도성, 경험의 다양성, 성실성, 나눔과 배려, 학업 태도와 학업 의지 등 자신의 장점이 기록되도록 관리해야 해요.

물리학의 연구 분야에 대해 알아볼까요?

⟳ 입자물리학: 우주를 구성하는 기본 입자는 몇 개인지, 기본 입자
들의 상호 작용은 어떻게 되는지를 알아보는 학문이에요.

⟳ 일반 상대성 이론: 중력과 이로부터 발생하는 현상을 연구하는 분
야이며, 별과 우주를 이해하는 데 필요해요.

⟳ 핵물리학: 우주에는 여러 가지 다양한 원자핵이 있는데, 이 원자
핵이 어떻게 탄생하는 것인지 이유를 알아보는 학문이에요.

⟳ 원자 및 분자물리학: 원자나 분자 속 전자들의 에너지 준위를 조
사하고, 이와 관련된 현상을 연구하며, 원자나 분자의 전자기파
의 흡수와 방출에 관련된 현상을 연구해요.

⟳ 고체물리학: 고체 속 전자들의 양자 상태로부터 나타나는 현상을
연구하는 학문이에요.

⟳ 광학: 물질로부터 전자기파의 방출, 물질에 의한 전자기파의 흡
수와 관련된 현상을 연구하는 학문이에요.

⟳ 플라스마물리학: 원자는 없고 원자핵과 자유 전자로만 구성된 기
체를 연구하는 학문이에요.

⟳ 카오스와 비선형동역학: 유체역학, 고전역학, 광학, 플라스마물
리학, 화학, 생물학, 의학 등 과학의 전 분야에서 발생하는 비선형
방정식을 연구하는 학문이에요.

⟳ 생물물리학: 생명 현상을 규명하기 위해 다양한 물리적 연구 결
과와 실험 장치를 적용하는 학문이에요.

물리학자란?

물리학은 물질로부터 어떤 현상이 발생하는지를 연구하는 학문으로, 이러한 현상들은 여러 종류의 서로 다른 모습으로 나타나게 되는
데, 다양한 현상으로부터 공통적으로 나타나는 원리나 법칙을 찾아내는 학문입니다. 예를 들면 마이클 패러데이가 전기장과 자기장의 관
련성을 밝혀내 '패러데이 법칙'으로 정리했다거나 알베르트 아인슈타인이 '특수 상대성 이론'을 정리한 것은 모두 물리학에 해당됩니다.

학교에서 수업 시간에 물질, 질량, 원자, 원자핵, 전자, 에너지와 같은 용어를 배웠는데, 이러한 용어들과 관련 있는 것이 물리학입니
다. 물리학은 좁게는 지구와 지구 안의 생명체, 넓게는 우주 전체에 이르러 발생하는 물질 및 에너지에 관한 현상을 설명하는 기초 과학
입니다.

물리학자
물리학과

물리학의 발전은 화학이라는 또 다른 기초 과학을 발전시켰고, 물리학을 응용해 공학, 광통신, 컴퓨터, 스마트폰, 자동차 등이 등장했습니다. 천체의 운동, 기계, 전자 소자, 레이저, DNA까지 물리학이 관여하는 분야는 매우 광범위합니다. 그동안 물리학의 발전을 통해 새롭게 발견된 지식은 자연 과학과 공학 분야에 응용되어 현대 문명과 산업 발전에 큰 기여를 했고, 미래 사회의 변화를 주도하는 원천 기술을 개발하는 데 필수적입니다.

물리학자는 가장 기본적인 원리와 논리적인 사고를 기반으로 자연에 존재하는 여러 가지 현상을 합리적으로 설명하거나 예측하고자 하는 사람들로서, 현대 자연 과학 및 공학의 기초를 제공해 왔을 뿐만 아니라 차세대 최첨단 산업의 기술 개발을 주도하고 있습니다. 물리학자는 연구 대상에 따라 핵물리학자, 원자물리학자, 입자물리학자, 고체물리학자, 광물리학자, 생체물리학자 등으로 구분합니다.

물리학자가 하는 일은?

물리학자는 자연법칙에 대한 이해를 바탕으로, 자연계의 모든 현상을 지배하는 기본 법칙을 찾아내고, 자연 현상을 합리적으로 설명하거나 예측하며, 물리학적 원리와 기법을 활용하여 산업, 의료, 군사 등 첨단 과학 기술에 응용하는 것은 물론 자연의 참된 모습을 과학적 언어로 기술하고 전달하는 역할을 하는 사람입니다.

물리학자는 다른 직업에 비해 임금이 높은 편에 속합니다. 지속적으로 자기 계발이 가능하고, 직업 전문성이 높은 편입니다. 근무 시간이 규칙적이고, 근무 환경이 쾌적하며, 육체적 스트레스는 낮은 편이나 실험 연구 과정에서 발생하는 정신적 스트레스는 높은 편에 속합니다.

> » 각종 장비를 사용하여 물질의 구조적 특성 및 기타 물리학적 현상을 관찰하고 실험합니다.
> » 여러 가지 수학적 기법과 모델을 활용하여 조사하고, 실험을 통해 결과를 분석하고 평가하며 결론을 발표합니다.
> » 먹는 물을 비롯한 각종 용수, 가정하수, 공장 폐수 및 슬러지 내에 포함되어 있는 수분을 제외한 모든 물질의 구조와 특성을 조사하기 위해 온도, 압력, 응력 등의 환경을 변화시켜 실험하고 반응을 연구·분석합니다.
> » 물질의 구조와 운동, 전기, 빛 등 다양한 에너지의 발생과 이동, 물질과 에너지의 상호 관계에 대한 연구와 실험을 통해 결과를 분석하고 기본 원리를 밝혀냅니다.
> » 여러 물리학적 기본 원리를 적용하여 재료, 전기, 자기, 광학, 의료 등 일상생활을 편리하게 하는 기구 개발을 위한 연구를 진행합니다.
> » 여러 물리학 분야의 근본적인 원리와 논리적인 사고를 적용하여 자연 현상을 합리적으로 연구하고 예측합니다.
> » 물리학 관련 논문 및 보고서를 작성합니다.

Jump Up

자연과학연구원에 대해 알아볼까요?

물리학, 천문학, 지학 등의 학문 분야를 연구하여 관련 개념, 이론 및 운영 방법을 개선하거나 새로 개발해요. 물리학, 천문학, 지학 등의 원리와 기법을 산업 분야에 응용할 수 있도록 조언해요. 과학, 공학, 사회 과학과 같은 분야의 문제 해결을 위해 수학적·통계학적 기술을 개발하고 응용하며, 논문 및 보고서를 작성하기도 해요.

새로운 것에 대한 탐구 정신, 호기심, 창의성, 관찰력이 요구되고, 논리적 판단을 할 수 있는 지적 능력과 꼼꼼함을 갖추어야 해요. 각종 실험 기기를 컴퓨터와 연동하여 실험·검사·분석 작업을 하므로 컴퓨터 및 기기 활용 능력이 필요해요.

물리학자

커리어맵

관련기관
- 한국과학기술인연합 www.scieng.net
- 한국과학창의재단 www.kofac.re.kr
- 한국물리학회 www.kps.or.kr
- 한국표준과학연구원 www.kriss.re.kr

준비방법
- 수학, 과학 교과 역량 키우기
- 물리학 관련 학과 탐방
- 물리학자 직업 탐방 및 체험 활동
- 물리학, 자연 과학, 인문학 등 다양한 분야의 독서 활동
- 대학에서 주관하는 공학 캠프 프로그램 참여

적성과 흥미
- 자연 과학에 대한 흥미
- 탐구 정신
- 호기심
- 창의성
- 문제 해결 능력
- 논리적 사고력
- 정확한 판단력
- 분석력
- 체력과 끈기
- 인내심

흥미유형
- 탐구형
- 현실형

관련학과
- 지질지구물리학부
- 응용물리학과
- 응용물리전공
- 전자물리학과
- 나노전자물리학과
- 데이터정보물리학과
- 반도체물리학과
- 수학물리학부
- 전자바이오물리학과
- 전자바이오물리학과

관련교과
- 수학
- 과학
- 정보

물리학자

관련자격
- 방사선비파괴검사기사
- 방사선취급감독자면허
- 변리사
- 에너지관리기사
- 원자력기사
- 중등학교 2급 정교사(물리)

관련직업
- 광물리학자
- 원자물리학자
- 입자물리학자
- 고체물리학자
- 생체물리학자
- 핵물리학자
- 자연과학연구원
- 지구물리학연구원
- 물리시험원
- 물리 교사
- 물리표준연구원
- 광학연구원
- 플라즈마연구원

적성과 흥미는?

물리학자는 연구 수행 과정에서 분자 증폭기, 레이저, 원자핵 파괴 장치, 전자 가속 장치, 망원경, 질량 분석기, 전자 현미경 등의 첨단 장비를 사용합니다. 각종 물질의 구조와 특성을 조사하기 위해 온도, 압력, 응력 등의 환경 조건을 변화시켜 실험·시험하고 반응을 연구 분석하기 때문에 수학, 물리학, 화학 등의 자연 과학에 대한 흥미와 소질이 있어야 합니다. 새로운 것에 대한 탐구 정신과 호기심, 창의성과 문제 해결을 위한 논리적 사고력, 분석력, 그리고 정확한 판단력이 요구됩니다.

자연 현상에 대한 세밀한 관찰력, 치밀한 수리적 사고력이 필요하고, 실험실에서 오랜 시간 동안 실험하고 분석할 수 있는 체력과 끈기, 인내심도 있어야 합니다. 물리학 관련 연구 보고서와 논문을 써야 하는 일이 많기 때문에 논리적 언어 표현 능력과 문서 작성 능력이 요구됩니다. 자연 현상에 대해 호기심을 가지고 관찰하는 것을 즐기며, 체계적인 조사나 연구 활동을 좋아하는 사람에게 적합합니다.

문제에 대한 답을 구하기 위해 정보를 분석하고, 물리학 분야의 지식을 가지고 실제에 적용하거나 응용할 수 있는 능력도 중요합니다. 기존의 방법을 개선하기 위해 현재의 기술을 분석하거나 새로운 방법을 찾아내는 능력도 필요합니다.

물리학자에 관심이 많다면 기초 과학 분야의 동아리 활동이나 기초 과학 분야의 다양한 독서 활동이 필요합니다. 학교 내외에서 진행되는 과학 관련 프로그램에 참여하는 것도 도움이 되고, 무엇보다 과학, 수학 교과에 대한 높은 성취도를 유지하도록 노력해야 합니다.

물리학자 커리어맵

관련 학과 및 자격증은?

➜ 관련 학과: 지질지구물리학부, 응용물리학과, 응용물리전공, 전자물리학과,
　　나노전자물리학과, 데이터정보물리학과, 반도체불리하고가, 수학물리학부,
　　전자바이오물리학과, 전자바이오물리학과 등

➜ 관련 자격증: 방사선비파괴검사기사, 방사선비파괴검사산업기사, 방사선취급감독자
　　면허, 변리사, 에너지관리기사, 에너지관리산업기사, 원자력기사,
　　중등학교 2급 정교사(물리) 등

진출 방법은?

물리학자가 되기 위해서는 대학에서 물리학 관련 학과를 졸업해야
합니다. 관련 학과에서는 자연계에 나타나는 자연 현상의 기본 법칙과
자연 현상을 합리적으로 설명하고 예측 가능하게 하는 전문적 지식을
체계적으로 배울 수 있습니다. 특히 물리학 분야의 연구원이 되고자 한
다면 물리학 관련 분야에서 석사 이상의 학위를 갖추어야 합니다. 대학
원에 진학하면 물리학 분야에 대한 전문적인 이론과 적용 능력을 깊게
배울 수 있습니다. 석사 및 박사 학위를 취득한 후 주로 진출하는 분야
는 정부 출연 연구소나 기업에서 운영하는 연구소, 과학 및 공학 컨설
팅 회사 등이며, 특히 채용 시 박사 학위 이상으로 자격을 제한하는 경
우도 많기 때문에 박사 학위 취득 후에 지속적으로 관련 분야의 공부

를 하는 것이 좋습니다. 정부 출연 연구소의 경우에는 인력이 필요할
때 관련 분야별로 공개 채용이나 특별 채용을 합니다.

물리학 연구 분야의 업무를 수행하기 위해서는 무엇보다 관련 분야
의 연구 경험이 중요하기 때문에 석사 과정 때 학교 내외에서 수행하
는 다양한 연구 프로젝트에 참여하는 것이 도움이 되며, 연구 보조원
으로 근무한 경험도 취업에 도움이 됩니다. 대학을 다니면서 교직 과
목을 이수할 경우에는 중등 2급 정교사 자격증을 취득할 수 있으며,
교원 임용 고시에 합격하면 국공립 중·고등학교의 물리학 교사로 근
무할 수 있습니다.

관련 직업은?

광물리학자, 원자물리학자, 입자물리학자, 고체물리학자, 생체물리학자,
기계물리학자, 핵물리학자, 고체상물리학자, 해양물리학자, 핵물리학자,
핵의학물리학자, 플라즈마연구원, 자연과학연구원, 지구물리학연구원,
물리시험원, 중등학교 물리 교사, 물리표준연구원, 광학연구원,
고체소자물리학연구원 등

미래 전망은?

최근에 국가 차원에서 기초 과학 분야에 많은 관심을 보이고 있으며, 대학이나 연구소, 산업
체에서 전문적인 교육을 받은 인재들이 늘어나고 있습니다. 물리학은 이공계 분야의 가장 기초
적인 학문이며, 첨단 산업인 반도체를 비롯하여 전자 산업, 전기 산업, 항공 산업 등 여러 분야
의 발전에 매우 큰 영향을 미칩니다.

특히 인류 문명의 발달 과정에서 커다란 전환기를 맞고 있는 현재, 물리학의 역할은 그 어느
때보다 중요해지고 있습니다. 물리학은 자연 과학, 의학, 공학 등 관련 학문의 기초가 되며, 새
로운 산업 발전의 원동력이 되고 있는데, 최근에는 첨단 기술 분야인 나노 물리 분야도 큰 주목
을 받고 있습니다.

앞으로 물리학자의 고용은 대체적으로 증가할 것으로 전망됩니다. 정부의 정책적 지원과 다
양한 산업 분야에서 수요가 증가하고 있어 물리학자의 전망은 밝다고 할 수 있습니다.

물리학과
물리학자 전공 분석

어떤 학과인가?

물리학은 자연계에 나타나는 모든 현상을 지배하는 기본 법칙을 찾아내는 학문입니다. 아울러 자연 현상을 합리적으로 설명하고 예측이 가능하게 하는 학문으로서, 모든 자연 과학과 공학 분야에 대한 기초를 제공하는 학문입니다. 물리학 분야의 연구 성과는 미래 과학 기술 발전에 지대한 영향을 미치게 되며, 사회에 미치는 영향이 다른 학문에 비해 매우 큰 편입니다.

많은 물리학자들이 발견한 물리학의 원리가 오늘날 첨단 기술이라 부르는 반도체, 정보 통신, 광통신, 첨단 소재, 에너지, 우주 기술 등을 발전시킨 원동력이 되어 왔으며, 트랜지스터, 레이저, X-선 및 컴퓨터 단층 촬영 장치 영상 기술, 자기 공명 영상 진단 장치(MRI), 인터넷 기술 등은 물리학자의 창의력과 분석 능력이 가져온 결과입니다. 물리학은 순수 과학적 측면과 더불어 실용적 학문으로서 사회의 변화를 주도하는 미래 원천 기술 개발을 위한 필수적인 학문입니다.

물리학과에서는 자연 현상을 이해하고, 수학을 이용하여 객관적으로 설명하며, 근본 원리를 바탕으로 자연 현상을 예측함으로써 보다 본질적인 기본 법칙을 찾고자 공부합니다. 물리학과는 이공계 분야에서 필수적인 역할을 담당하는 학과이며, 졸업 후에도 다양한 분야로 진출할 수 있는 학과입니다.

교육 목표와 교육 내용은?

물리학과에서는 다양한 자연 현상의 원리를 배우고 익혀, 물리학적 지식을 바탕으로 자연 섭리를 이해하고 설명할 수 있는 지식을 쌓을 수 있습니다. 논리적이고 체계적 추론 과정과 수학적 분석 사고력을 함양하고, 물리학적 지식으로 자연은 물론 사회 현상에도 명쾌한 이해와 통찰력을 갖춘 인재를 양성하는 것이 교육 목표입니다. 이를 위해 자연 현상을 과학적으로 기술하는 능력을 기르며, 스스로 프로젝트를 계획하고 수행하여, 결론을 도출해 낼 수 있는 종합적 능력을 함양함으로써 세분화되어 가는 지식 기반 사회에서 각의 분야의 특화된 전문가로 활동할 수 있도록 교육합니다.

> » 이론과 실험을 통해 원리를 이해하고, 문제 해결 능력을 지닌 인재를 양성합니다.
> » 튼튼한 기초를 바탕으로 최신 과학 기술 습득 능력을 지닌 인재를 양성합니다.
> » 최첨단 지식을 습득하고, 이를 물리학 등 여러 문제의 해결에 응용할 수 있는 능력을 지닌 인재를 양성합니다.
> » 물리학 문제를 스스로 또는 협력을 통해 해결할 수 있는, 종합적이고 창의적인 문제 해결 능력을 지닌 인재를 양성합니다.
> » 국제적인 안목을 지니고 경쟁력을 갖추어 국가 발전에 기여할 수 있는 선진 과학 기술 인재를 양성합니다.

학과에 적합한 인재상은?

통계학을 전공하려면 수학 관련 과목에 흥미가 있어야 하고, 사회, 경제, 자연 및 일상생활에 깊은 관심을 갖고, 이와 관련하여 발생하는 여러 현상을 분석하거나 탐구하는 것에 흥미가 있어야 합니다.

통계학은 컴퓨터를 활용한 통계 분석 기법이 많이 사용되기 때문에 컴퓨터 활용 능력을 갖추어야 하고, 집중력과 논리력도 필요합니다. 통계학에서는 수식 계산을 많이 하므로 수리적인 사고 능력과 분석적 능력, 꼼꼼함, 인내심을 갖추는 것이 필요합니다. 평소 언론에서 나오는 통계 자료에 대해 관심을 갖고, 다른 학문과 융합할 수 있는 지적 능력과 합리적인 사고를 바탕으로 논리적으로 의사를 표현할 수 있는 능력을 갖춘 사람에게 적합합니다. 수학이나 과학 관련 동아리 활동, 주제 탐구 활동 등을 통해 인문학적 사고 능력과 자연 과학적 사고 능력을 키울 것을 권장합니다.

주요 교육 목표

물리학 분야의 전문적
능력을 지닌 인재 양성
- - - - - - - - - - - - - - - - - - -
논리적 사고력과 과학적
소양을 지닌 인재 양성
- - - - - - - - - - - - - - - - - - -
종합적·창의적인
문제 해결 능력을 지닌 인재 양성
- - - - - - - - - - - - - - - - - - -
물리학을 다른 분야에
응용할 수 있는 인재 양성
- - - - - - - - - - - - - - - - - - -
융합적 지식을 갖춘 인재 양성
- - - - - - - - - - - - - - - - - - -
국가와 인류 발전에
기여할 수 있는 인재 양성

관련 학과는?

응용물리학과, 전자물리학과, 지질지구물리학부, 응용물리전공, 나노전자물리학과, 전자바이오물리학과, 데이터정보물리학과, 반도체물리학과, 수학물리학부, 전자바이오물리학과 등

취득 가능 자격증은?

- ☑ 방사선비파괴검사기사
- ☑ 방사선비파괴검사산업기사
- ☑ 방사선취급감독자면허
- ☑ 변리사
- ☑ 에너지관리기사
- ☑ 에너지관리산업기사
- ☑ 원자력기사
- ☑ 원자력발전기술사
- ☑ 방사선관리기술사
- ☑ 중등학교 2급 정교사(물리) 등

진출 직업은?

물리학자, 물리학연구원, 물리학시험원, 비파괴검사원, 인공위성개발원, 자연과학시험원, 변리사, 특허심사전문가, 물리학 교수, 물리 교사, 벤처기업창업자, 기술평가전문가 등

추천 도서는?

- 세상에서 가장 재미있는 물리
  이야기(사람과나무사이, 하시모토 고지, 서수지 역)
- 아는 만큼 보이는 세상: 물리편
  (유노책주, 기와무라 야스후미, 송경원 역)
- 세상에서 가장 쉬운 과학 수업
  불확정성원리(성림원북스, 정완상)
- 물리학자가 들려주는 물리학 이야기
  (동아엠앤비, 다나카 미유키 외, 김지예 역)
- 재밌어서 밤새읽는 물리 이야기(더숲, 사마키 다케오,
  김정환 역)
- 청소년을 위한 물리 이야기(리듬문고, 사마키 다케오,
  오시연 역)
- 내가 사랑한 물리학 이야기
  (청아람, 요코가와 준, 정미애 역)
- 내가 처음 아인슈타인을 만났을 때
  (돌을새김, 에드윈 E. 솔로슨, 권혁 역)
- 하루 한 권, 일상 속 물리학(드루, 하라 야스오 외, 박제이 역)
- 시간여행을 위한 최소한의 물리학
  (미래의창, 콜린 슈투어트, 김노경 역)
- 세상에 존재하는 모든 물리학(새창출판사, 곽영직)
- 판타스틱 넘버스(브론스테인, 안토니오 파딜라, 송근아 역)
- 파인만의 여섯 가지 물리 이야기
  (승산, 리처드 파인만, 박병철 역)
- 세상을 바꾼 과학 이야기(에르디아, 권기균)
- 신의 입자를 찾아서(마티, 이종필)
- 불확정성(시스테마, 데이비드 린들리, 박배식 역)
- 최무영 교수의 물리학 강의(책갈피, 최무영)
- 청소년을 위한 시간의 역사
  (웅진지식하우스, 스티븐 호킹, 전대호 역)
- 수학 없는 물리(프로텍미디어, Paul G. Hewitt, 김인묵 외 역)
- 아메리칸 프로메테우스
  (사이언스북스, 카이 버드 외, 최형섭 역)

학과 주요 교과목은?

기초 과목	미적분학, 역학전자기학, 양자역학, 역학, 열역학, 기초 수리물리, 기초현대물리, 전자학 및 실험, 기초물리실험, 나노과학입문, 나노과학기술개론 등
심화 과목	고전역학개론 및 연습, 고전역학특론 및 연습, 전기자기학개론 및 연습, 양자물리학개론 및 연습, 열 및 통계물리학, 전자공학, 전자공학실험, 현대물리학, 현대물리학실험, 입자물리학, 고급물리학실험, 수리물리학, 상대론과 우주, 양자소재제어실험, 양자소재 및 소자, 양자소재측정기기학, 고급양자물리학, 핵물리학, 고체물리학, 현대광학, 현대산업과물리학, 반도체물리 및 산업의 이해 등

졸업 후 진출 분야는?

기업체	전기 전자, 반도체, 신소재, 광학, 컴퓨터, 정보 통신, 재료, 방사선, 비파괴, 항공, 원자력 등 관련 기업, 광학, 전자, 통신, IT, BT, NT 등의 벤처 및 중소기업 등
연구 기관	전자통신연구소, 국방과학연구소, 표준과학연구소, 과학기술연구소, 원자력 에너지 관련 연구소, 기타 관련 기업의 부설 연구소 등
정부 및 공공 기관	특허청, 한국전자통신연구원, 국방과학연구원, 한국표준과학연구원, 한국과학기술연구원 등

전공 관련 선택 과목은?

▶ 국어, 영어 교과는 모든 학문의 기초적인 성격을 가진 도구교과로 모든 학과에 이수가 필요하여 생략함.

수능 필수	화법과 언어, 독서와 작문, 문학, 대수, 미적분Ⅰ, 확률과 통계, 영어Ⅰ, 영어Ⅱ, 한국사, 통합사회, 통합과학, 성공적인 직업생활(직업)		
교과군	선택 과목		
	일반 선택	진로 선택	융합 선택
수학, 사회, 과학	대수, 미적분Ⅰ, 확률과 통계, 물리학, 화학	기하, 미적분Ⅱ, 역학과 에너지, 전자기와 양자	수학과제 탐구, 융합과학 탐구
체육·예술			
기술·가정/정보	정보	데이터 과학	
제2외국어/한문			
교양		논리와 사고	논술

학교생활기록부 관리는?

출결 사항	• 출결 사항은 학교생활의 충실도를 평가하는 가장 기본적인 항목이므로 미인정(무단) 출결 사항이 없도록 관리하세요.
자율·자치활동	• 기초 과학 분야에 대한 관심과 흥미를 바탕으로 다양한 교내외 활동에 참여하여 자기 주도성, 성실성, 진취성, 리더십 등이 드러나도록 하세요.
동아리활동	• 과학, 수학, 정보 등 물리학과 관련 있는 동아리 활동에 참여하세요. • 동아리 가입 동기, 진로에 동아리 활동이 미친 영향, 동아리 내 자신의 역할, 동아리 활동으로 변화된 자신의 모습, 전공과 관련된 자신의 소질 계발 경험 등 구체적인 활동 내용이 기록되도록 하세요. • 학교에서 주관하는 장애인, 다문화 가정 학생 돕기, 양로원 봉사 활동 등 사회 소외 계층을 대상으로 하는 봉사 활동을 하세요. • 학교내에서 타인을 위해 할 수 있는 지속적인 봉사 활동을 하세요.
진로 활동	• 물리학 관련 학과 및 직업에 대한 정보 탐색 활동을 권장해요. • 물리학 관련 학과 및 직업에 대한 체험 활동을 권장해요. • 전공 관련 진로 활동에서 진취성, 적극성, 능동성, 참여도, 노력의 과정이 드러나는 것이 중요해요.
교과학습발달 상황	• 과학과 관련된 교과 성적은 상위권으로 유지하고, 학기별 성적이 상승하도록 관리하며, 수업 활동에서 발휘한 역량이 기록될 수 있도록 수업에 적극 참여하세요. • 수업 활동에서 창의력, 문제 해결 능력, 전공 적합성 등이 드러날 수 있도록 참여하세요.
독서 활동	• 기초 과학, 공학, 환경학, 우주 천문학, 인문학, 철학 등 다양한 분야의 독서를 권장해요. • 다양한 독서 활동을 통해 물리학에 대한 지적인 관심과 호기심이 드러나도록 하세요. • 독서의 양보다는 교과 시간에 배운 내용을 물리학 분야와 연계시켜 지적 깊이를 확장하는 것이 중요해요.
행동 발달 특성 및 종합 의견	• 자신의 장점을 총체적으로 이해할 수 있도록 발전 가능성, 전공 적합성, 인성, 학업 능력, 창의력, 자기 주도적 학습 능력, 문제 해결 능력, 변화 모습 등이 드러나도록 하세요. • 학교생활에서 자기 주도성, 경험의 다양성, 성실성, 나눔과 배려, 학업 태도와 학업 의지 등 자신의 장점이 기록되도록 관리해야 해요.

빅데이터전문가란?

현대인은 일상 속에서 인터넷이나 스마트폰을 이용해서 실시간으로 수많은 사람들과 소통하거나 자신의 흔적을 남깁니다. 글을 게시하고 문자 메시지를 주고받거나 동영상을 공유하는 등 다양한 SNS(Social Network Service) 활동을 하게 되는데, 이러한 활동 내용들은 고스란히 데이터로 저장됩니다. 저장된 데이터들을 분석해 보면 그 사람의 성향이나 취미, 생각과 의견, 생활 습관, 상품 구매 성향 등을 상세하게 파악할 수 있습니다. 이와 같이 인터넷이나 SNS, 스마트폰에 저장된 모든 데이터를 빅데이터라고 합니다. 더 나아가 세상에 존재하는 모든 정보가 빅데이터라고 볼 수 있습니다.

빅데이터는 지금까지 우리가 그 존재를 인식하지 못했을 뿐이지 존재하던 정보로, 새롭게 등장한 것이 아닙니다. 빅데이터는 디지털 환경에서 빠르게 증가하여 그 규모도 매우 크지만, 데이터가 만들어지는 주기가 짧고, 속도도 빨라지고 있습니다. 전문가들은 빅데이터를 '정보화 사회의 보물'이라고 말합니다. 이는 정보화 사회에서 빅데이터만큼 중요한 정보는 없다는 뜻입니다. 그 결과 빅데이터를 분석

빅데이터전문가
통계학과

해 가치 있는 정보로 만드는 것이 국가나 기업, 개인에게 있어 중요한 관심사가 되었습니다.

빅데이터는 2012년 미국의 시장 조사 기관인 가트너 그룹이 세계 10대 기술로 선정하면서 더욱 관심을 받게 되었습니다. 오늘날 빅데이터는 우리가 생각할 수 있는 거의 모든 분야에서 다양하게 활용되고 있습니다. 자연재해로 인해 환경이 훼손되었을 때 새로운 도시 환경을 조성한다든지, 교통 관련 빅데이터 정보를 이용해 효율적인 도로 교통망을 구축한다든지, 소비자의 개인별 성향을 저장한 빅데이터를 이용해 기업의 마케팅에 활용한다든지 등 곳곳에서 활발히 활용되고 있습니다.

세상에 존재하는 방대한 빅데이터를 분석해 부가 가치가 높은 정보로 만들어 내는 사람을 빅데이터전문가라고 합니다. 이들은 거대한 규모의 데이터를 목적에 맞게 수집·분석·활용하고, 데이터에 숨어 있는 정보나 일정한 패턴을 찾아내 현상을 분석하며, 데이터를 통해 사람의 마음이나 세상의 흐름을 읽고, 심지어 미래를 예측하기도 합니다. 반면, 빅데이터에 대한 우려도 생겨나고 있습니다. 가장 문제가 되는 것이 개인의 사생활 침해 문제입니다. 빅데이터를 안심하고 유용하게 활용하기 위해서는 개인의 사생활 침해와 같은 부작용을 해결할 수 있는 대책을 마련해야 합니다.

빅데이터전문가가 하는 일은?

빅데이터전문가는 수많은 데이터 속에 숨어 있는 정보를 찾아내고 분석하여 사람들의 행동 패턴이나 시장 경제 상황 등을 예측하기도 합니다. 실시간으로 생성되는 수많은 데이터를 수집·분석·활용하여 우리 생활에 유용한 가치 있는 정보로 만드는 일을 합니다.

빅데이터분석가들에 의해 생산된 정보들은 다양한 분야에 활용됩니다. 기업에서는 신제품 출시를 앞두고 빅데이터 분석 결과를 활용해 의사 결정을 하고, 생산이나 마케팅 전략을 세우기도 합니다. 이 밖에도 사기 방지, 위험 관리, 보안 등을 위한 자료로도 활용합니다.

빅데이터전문가는 다른 직업에 비교하여 임금이 높고, 복리 후생이 좋은 편입니다. 빅데이터의 중요성이 날로 커지고 있기 때문에 성장성도 매우 좋고, 새로운 일자리가 많이 만들어지고 있습니다. 근무 환경이 쾌적하고, 육체적 스트레스는 적은 편이나 정신적 스트레스가 많은 편에 속합니다. 빅데이터 분석은 높은 수준의 전문 지식이 요구되는 작업이므로 직업 전문성이 높은 편입니다.

» 빅데이터를 어떻게 추출하고, 어디에 활용할 것인지를 기획합니다.
» 대용량의 데이터를 처리하는 플랫폼을 활용하여 분석할 데이터 자원을 찾아냅니다.
» 분석할 프로그램을 만들고, 통계적으로 분석하는 일을 합니다.
» 실시간으로 데이터를 수집·저장·분석하고 시각화하여 의미 있는 분석 결과를 찾아냅니다.
» 빅데이터와 관련한 새로운 기술, 유행 등을 수시로 파악하는 일을 합니다.
» 세계 각 나라들의 빅데이터와 관련된 새로운 기술과 내용, 기사와 논문 등을 신속하게 찾아냅니다.
» 데이터 분석 과정을 통해 실제 생활에 활용 가능한 모델을 찾습니다.
» 빅데이터를 체계적으로 활용해 신제품 개발, 마케팅 전략 등에 대한 과학적인 의사 결정을 내립니다.

빅데이터전문가 커리어맵

관련기관
- 한국데이터산업진흥원 www.kdata.or.kr
- K-ICT 빅데이터 센터 kbig.kr
- 한국빅데이터학회 www.kbigdata.kr
- 한국빅데이터협회 www.koreabigdata.or.kr
- 한국데이터마이닝학회 www.kdms.or.kr

준비방법
- 수학, 과학, 정보 교과 역량 키우기
- 빅데이터 관련 학과 탐방
- 빅데이터 관련 직업 탐방 및 체험 활동
- 컴퓨터공학, 빅데이터, 4차 산업 혁명 등 다양한 분야 독서
- 컴퓨터 및 프로그래밍 활용 능력 습득

적성과 흥미
- 프로그래밍 실력
- 데이터 처리 능력
- 통계학적 지식
- 분석력
- 협업 능력
- 의사소통 능력
- 리더십
- 창의력

흥미유형
- 탐구형
- 현실형

관련학과
- 컴퓨터공학과
- 소프트웨어학과
- 소프트웨어공학과
- 컴퓨터소프트웨어공학과
- 항공소프트웨어공학과
- 산업공학과
- 통계학과
- 경영학과
- 수학과
- 문헌정보학과
- 데이터과학과
- 빅데이터공학과
- 빅데이터경영학과
- 빅데이터응용학과
- 빅데이터융합학과
- 수리빅데이터학과
- AI빅데이터융합학과
- 인공지능빅데이터학과
- 전산통계학과

관련교과
- 수학
- 과학
- 정보

빅데이터전문가

관련자격
- 데이터분석전문가
- 데이터분석준전문가
- 데이터아키텍처전문가
- 데이터아키텍처준전문가
- 사회조사분석사
- 정보처리기사
- 정보처리산업기사
- 정보처리기능사
- 재무위험관리사
- 자산관리사
- 투자분석사

관련직업
- 데이터아키텍터
- 데이터베이스관리자
- 수학 및 통계연구원
- 데이터랭글러
- 데이터모델러
- 데이터분석가
- 데이터샤먼
- 시장 및 여론조사전문가
- 데이터웨어하우스 분석가
- 정보시스템운영자
- 경영정보시스템개발자

적성과 흥미는?

빅데이터전문가는 통계학, 컴퓨터과학, 머신러닝 등 데이터를 분석하는 데 필요한 기본 지식과 프로그래밍 실력, 서버와 네트워크에 대한 기본 지식을 갖추어야 합니다. 여기저기에 흩어져 있는 데이터를 수집하여 사용자가 필요로 하는 정보로 가공하려면 데이터 처리 능력도 갖추어야 합니다. 빅데이터 업무 중 가장 기본이 되는 데이터과학은 다양한 학문이 융합되어 있기 때문에 빅데이터전문가는 통계학에 대한 지식과 컴퓨터공학에 대한 이해, 비즈니스 역량이 필요합니다. 데이터 분석에 필요한 모형을 만들고 결과를 도출하는 분석력도 갖추어야 하고, 변화하는 기술과 해외 기술 동향, 관련 기사나 관련 논문 등을 습득하려는 노력이 필요합니다. 데이터 분석 과정에서는 여러 전문가와의 협업으로 작업이 진행되는 경우가 많아 의사소통 능력, 협업 능력, 리더십, 문제 해결 능력 등이 요구됩니다.

대용량의 데이터를 활용하기 위해서는 높은 수준의 분석력을 갖추어야 하고, 빅데이터 분석을 통해 새로운 아이디어를 내야 하기 때문에 창의성도 갖추어야 합니다. 데이터를 분석하는 데 오랜 시간이 걸리기도 하므로 인내심과 끈기가 필요합니다. 데이터를 분석하기 위한 수리 능력과 데이터를 분석하는 데 사용하는 솔루션을 가동하기 위한 공학적인 능력도 필요합니다.

빅데이터전문가에 관심이 있다면 컴퓨터 분야에 관심을 갖고, 컴퓨터를 다루는 능력을 키워야 합니다. 다양한 분야에 대한 지식을 쌓고, 신문 기사와 논문 자료 등을 통해 빅데이터와 관련된 최신 정보 및 기술을 습득하는 데 노력을 기울여야 합니다.

빅데이터전문가 커리어맵

관련 학과 및 자격증은?

→ 관련 학과: 빅데이터공학과, 빅데이터경영학과, 빅데이터응용학과, 빅데이터융합학과, 수리빅데이터학과, AI빅데이터융합학과, 인공지능빅데이터학과, 통계학과, 데이터사이언스학과, 데이터과학과, 컴퓨터공학과, 소프트웨어학과, 소프트웨어공학과, 컴퓨터소프트웨어공학과, 항공소프트웨어공학과, 경영학과, 수학과, 데이터마이닝학과, 산업공학과, 문헌정보학과 등

→ 관련 자격증: 데이터분석전문가, 데이터분석준전문가, 데이터아키텍처전문가, 데이터아키텍처준전문가, 사회조사분석사, 정보처리기사, 정보처리산업기사, 정보처리기능사, 재무위험관리사, 자산관리사, 투자분석사 등

Jump Up

데이터랭글러에 대해 알아볼까요?

데이터랭글러는 비전문적인 인터페이스를 사용하여 데이터 소스를 탐색하고, 그 데이터에 숨겨진 의미 있는 데이터를 발견하는 사람이에요. 일반적으로 기술적인 감각으로 무장한 비즈니스 사용자인 데이터랭글러는 빅데이터개발자가 스케치한 것을 산업화할 수 있도록 프로토타이밍 모드에서 작업을 진행해요.

진출 방법은?

빅데이터전문가로 활동하기 위해서는 높은 수준의 지식과 기술이 필요하므로 대학에서 컴퓨터공학, 산업공학, 통계학 등을 전공하는 것이 도움이 됩니다. 최근에 빅데이터 분야가 관심을 끌면서 여러 대학에서 인력 양성을 위해 노력하고 있습니다. 몇몇 대학에서는 석사 및 박사 과정을 개설하거나 새로운 교육 과정을 만들어 빅데이터전문가를 양성하기 위해 노력하고 있습니다.

빅데이터분석가는 경영, 마케팅 분야에서 지식과 경험을 쌓으면 더 전문적인 능력을 발휘할 수 있습니다. 단순한 빅데이터 분석에 머무르지 않고, 경영학이나 마케팅 분야의 기술을 융합하게 되면 수준 높은 결과물을 얻을 수 있습니다. 경영학 분야의 CRM 관련 자격증이나 데이터베이스, 빅데이터 관련 자격증을 취득하면 도움이 됩니다. 최근에는 인문학을 전공하고 통계학을 부전공한 다음, 대학원에 진학하여 빅데이터 관련 학문을 공부하거나 단기 교육 과정이 개설된 기관에서 교육을 받고 빅데이터전문가로 진출하기도 합니다.

빅데이터 관련 분야를 전공한 다음 금융, 통신, 유통, 제조, 엔터테인먼트 등 빅데이터 활용이 필요한 포털, 게임, 쇼핑몰 등 인터넷 업체와 공무원, 국가 출연 연구 기관 등으로 진출하거나 빅데이터 관련 회사를 창업할 수 있습니다.

관련 직업은?

수학 및 통계연구원, 데이터분석가, 데이터아키텍트, 데이터베이스관리자,
데이터랭글러, 데이터모델러, 데이터샤먼, 데이터인터프리터, 데이터위스퍼러,
데이터과학자, 시장 및 여론조사전문가, 데이터베이스개발자,
데이터웨어하우스분석가, 시스템소프트웨어개발자, 응용소프트웨어개발자,
정보시스템운영자, 경영정보시스템개발자, 웹프로그래머 등

미래 전망은?

빅데이터 관련 기술은 디지털 시대의 발전을 이끌고 있는 핵심 기술입니다. 4차 산업 혁명 시대에는 기술보다 정보 즉, 데이터가 중요합니다. 또한 빅데이터는 서비스, 소프트웨어, 하드웨어 등 관련 산업에 미치는 영향도 매우 큽니다. 우리나라에서도 국가 차원에서 4차 산업 혁명 시대를 이끌어 갈 기술 중 하나로 빅데이터를 선정할 만큼 큰 관심을 가지고 있고, 국내 빅데이터 시장도 매년 20~30%씩 높은 성장률을 보이고 있습니다. 국가와 기업이 생산성 향상을 위해 빅데이터를 적극 활용하면서 국내 시장에서 얻은 경제적 이익이 10조 원 이상이 될 거라는 연구 결과가 발표될 정도로 전망이 밝습니다.

이러한 업계 동향으로 보아 빅데이터전문가의 고용은 더욱 증가할 것으로 전망됩니다. 또한 경영학, 통계학, 컴퓨터공학 등 다양한 분야와의 기술 융합을 통해 업무 영역이 확장될 가능성이 크므로 산업 전반에 빅데이터전문가들이 배치되어 산업을 발전시키는 데 크게 기여할 것으로 예상됩니다.

통계학과
빅데이터전문가 전공 분석

어떤 학과인가?

컴퓨터 기술의 발달로 대량 자료를 신속하게 처리할 수 있게 됨에 따라 통계학은 많은 발전을 이루었습니다. 어려운 이론에서 나온 복잡한 계산도 쉽게 처리할 수 있게 되었으며, 실용적인 통계적 방법들이 패키지로 만들어져서 보급됨에 따라 기초 과학을 비롯해 IT·의학·통신·경제·사회 과학 분야 등 사회의 모든 분야에서 통계학이 활용될 수 있게 되었습니다. 통계학은 의미 있는 연구 결과를 얻고자 하는 모든 방면에 적용 가능한 학문으로, 모든 학문 분야에서 중요한 역할을 합니다.

통계학과에서는 자연 현상, 사회 현상, 경제 현상 등의 여러 분야에서 얻은 다양한 정보를 과학적 분석 방법을 통해 현재의 현상을 파악하고, 이를 바탕으로 미래를 예측하는 방법을 배웁니다.

교육 목표와 교육 내용은?

통계학과는 통계학 전반에 걸친 이론과 실습을 깊이 있게 연구하고, 그 방법론을 올바르게 적용하는 능력을 갖추어, 정보화 시대의 사회적·과학적 문제를 해결할 수 있는 인재를 양성하는 것을 교육 목표로 합니다. 사회에서 요구하는 통계학 지식을 갖추기 위해 통계학의 기초에서 심화 과정까지 교육하고, 데이터의 과학적인 분석 방법을 익히며, 이를 바탕으로 사회 각 분야에서 활용할 수 있는 응용성과 실용성을 갖추도록 교육합니다.

학과에 적합한 인재상은?

통계학을 전공하려면 수학 관련 과목에 흥미가 있어야 하고, 사회, 경제, 자연 및 일상생활에 깊은 관심을 갖고, 이와 관련하여 발생하는 여러 현상을 분석하거나 탐구하는 것에 흥미가 있어야 합니다.

통계학은 컴퓨터를 활용한 통계 분석 기법이 많이 사용되기 때문에 컴퓨터 활용 능력을 갖추어야 하고, 집중력과 논리력도 필요합니다. 통계학에서는 수식 계산을 많이 하므로 수리적인 사고 능력과 분석적 능력, 꼼꼼함, 인내심을 갖추는 것이 필요합니다. 평소 언론에서 나오는 통계 자료에 대해 관심을 갖고, 다른 학문과 융합할 수 있는 지적 능력과 합리적인 사고를 바탕으로 논리적으로 의사를 표현할 수 있는 능력을 갖춘 사람에게 적합합니다. 수학이나 과학 관련 동아리 활동, 주제 탐구 활동 등을 통해 인문학적 사고 능력과 자연 과학적 사고 능력을 키울 것을 권장합니다.

> » 여러 현상에서 합리적 결론을 찾아내기 위해 과학적 방법론에 대한 지식을 갖춘 인재를 양성합니다.
> » 데이터에 바탕을 둔 실증적 사고를 지닌 창의적인 인재를 양성합니다.
> » 방대한 데이터를 효과적으로 분석하기 위해 컴퓨터를 이용한 통계 자료 처리 능력을 지닌 인재를 양성합니다.
> » 문제의 해결을 위해 토론 능력과 합리적인 결론 도출 능력을 지닌 인재를 양성합니다.
> » 사회적·과학적 문제를 해결하는 데 통계학 원리를 응용할 수 있는 능력을 지닌 인재를 양성합니다.

관련 학과는?

응용통계학과, 정보통계학과, 데이터정보과학부, 데이터정보
물리학과, 빅데이터응용통계학과, 수학통계학과, 데이터정보
학과, 데이터과학과, 데이터사이언스학과, 수리빅데이터사이
언스학과, 통계데이터사이언스학과, 인공지능데이터사이언스
학과, 빅데이터공학과, 금융정보공학과, 통계컴퓨터과학과, 컴
퓨터통계학과 등

주요 교육 목표

통계 분야의 기초 능력을
지닌 인재 양성

정보화 능력을 지닌
통계 분야의 인재 양성

창의적 통계 처리 능력을
갖춘 인재 양성

통계 분야의 응용 능력을
지닌 인재 양성

토론 능력, 결론 도출 능력을
지닌 인재 양성

국제 경쟁력을 갖춘
통계 전문 인재 양성

 ### 취득 가능 자격증은?

- ☑ 보험계리사
- ☑ 사회조사분석사
- ☑ 손해사정사
- ☑ 정보처리기사
- ☑ 정보처리산업기사
- ☑ 재무위험관리사
- ☑ 자산관리사
- ☑ 품질관리사
- ☑ 투자분석사 등

진출 직업은?

빅데이터전문가, 수학 및 통계연구원, 시장 및 여론조사전문가, 통
계사무원, 금융 관련 사무원, 금융상품개발원, 보험관리자, 보험사
무원, 보험인수심사원, 마케팅사무원, 통계 및 설문조사원, 보험계
리사, 데이터베이스개발자, 시스템소프트웨어개발자, 응용소프트
웨어개발자 등

추천 도서는?

- 통계 속의 재미있는 세상 이야기(통계청, 구정화 외)
- 생활 속의 통계(북스힐, 오홍준)
- 지속가능한 세상을 위한 통계 이야기(이상북스, 박재용)
- 애아기로 읽는 확률과 통계(이지북, 정완상)
- 피셔가 들려주는 통계 이야기(자음과모음, 정완상)
- 통의보감(리딩엔리딩, 죄은식)
- 스토리가 있는 통계학(신한출판미디어, Andrew Vickers, 이근백 역)
- 누워서 읽는 통계학(한빛아카데미, 와쿠이 요시유키 외, 권기태 역)
- 시험, 생활, 교양 상식으로 나눠서 배우는 통계학대백과 사전(동양북스, 이시이 도시아키, 안동현 역)
- 통계학, 빅데이터를 잡다(한국문화사, 조재근)
- 세상에서 가장 재미있는 통계학 (궁리, 울코트 스미스 외, 전영택 역)
- 통계의 미학(동아시아, 최제호)
- 빅데이터를 지배하는 통계의 힘 (비전코리아, 니시우치 히로무, 신현호 외 역)
- 세상에서 가장 쉬운 통계학 입문 (지상사, 고지마 히로유키, 박주영 역)
- 빅데이터가 만드는 세상 (21세기북스, 빅토르 마이어 쇤버거 외, 이지연 역)
- 빅데이터, 경영을 바꾸다(삼성경제연구소, 함유근 외)
- 벌거벗은 통계학(책읽는수요일, 찰스 윌런, 김명철 역)
- 통계 속의 재미있는 세상 이야기 (휴먼컬처아리랑, 구정화 외)
- 괴짜 통계학(한국경제신문사, 김진호)

학과 주요 교과목은?

기초 과목	통계수학, 선형대수학, 표본조사론, 미분적분학, 통계적 사고, 기초통계학, 행렬이론, 프로그래밍언어 및 실습 등
심화 과목	응용확률론, 통계적방법론, 보험통계학, 수리통계학, 비모수통계학, 회귀분석, 표본설계론, 계량경제학, 분산분석론, 데이터마이닝, 기초확률론, 행렬과 대수, 통계데이터구조, 금융통계, 베이지안통계학, 이산자료분석, 통계조사론, 의학통계학, 전산통계학, 통계자료분석, 캡스톤디자인 등

졸업 후 진출 분야는?

기업체	보험 회사, 증권 회사, 은행, 여론 및 마케팅 조사 업체, 신용 정보 회사, 기업체의 고객 정보 관련 부서 등
연구 기관	통계 관련 연구소, 사설 통계 전문 연구소, 통계 상담소 등
정부 및 공공 기관	통계청, 세무서, 고용노동부, 대법원, 농림수산식품부, 보건복지부, 식품의약품안전처, 국립암센터, 국립중앙의료원, 한국보건사회연구원, 한국전력공사 등

전공 관련 선택 과목은?

▶ 국어, 영어 교과는 모든 학문의 기초적인 성격을 가진 도구교과로 모든 학과에 이수가 필요하여 생략함.

수능 필수	화법과 언어, 독서와 작문, 문학, 대수, 미적분 Ⅰ, 확률과 통계, 영어 Ⅰ, 영어 Ⅱ, 한국사, 통합사회, 통합과학, 성공적인 직업생활(직업)		
교과군	선택 과목		
	일반 선택	진로 선택	융합 선택
수학, 사회, 과학	대수, 미적분 Ⅰ, 확률과 통계, 물리학	기하, 미적분 Ⅱ, 경제 수학, 경제, 역학과 에너지, 전자기와 양자	실용 통계, 수학과제 탐구, 융합과학 탐구
체육·예술			
기술·가정/정보	정보	데이터 과학	소프트웨어와 생활
제2외국어/한문			
교양		논리와 사고	인간과 경제생활, 논술

학교생활기록부 관리는?

출결 사항	• 출결 사항은 학교생활의 성실성, 근면성, 자기 관리 능력을 평가하는 항목이므로 미인정(무단) 출결 사항이 없도록 관리하세요.
자율·자치활동	• 수동적인 자세로 단순 참여한 기록은 의미가 없어요. • 스스로 목표를 설정하고, 계획을 세우며 실행하는 모습이 드러나게 하는 것이 좋고, 다양한 활동에 참여하여 자신의 활동 내용과 그 활동을 통해 배우고 느낀 점 등이 드러나도록 하세요.
동아리활동	• 통계 관련 동아리 활동에 참여하세요. • 동아리 가입 동기, 진로에 동아리 활동이 미친 영향, 동아리 내 자신의 역할, 동아리 활동으로 변화된 자신의 모습, 전공과 관련된 자신의 소질 계발 경험 등 구체적인 활동 내용이 기록되도록 하세요. • 학교내에서 타인을 위해 할 수 있는 지속적인 봉사 활동을 하세요. • 학교에서 주관하는 보건소, 병원, 재활원, 사회 복지 시설 등 사회 소외 계층 및 약자를 대상으로 하는 봉사 활동에 참여하세요.
진로 활동	• 통계학 관련 학과 및 직업에 대한 정보 탐색 활동을 권장해요. • 통계학 관련 학과 및 직업에 대한 체험 활동을 통해 희망 전공에 대한 노력과 열정이 드러나도록 하세요. • 학교 내 다양한 진로 활동 프로그램에 참여해 자신의 진로를 탐색하고, 진취성, 적극성, 능동적 참여, 노력 등이 드러나도록 하세요.
교과학습발달 상황	• 수학, 과학, 정보 등 통계 관련 교과의 성적은 상위권으로 유지하고, 수업 활동에서 발휘한 역량, 창의력, 문제 해결 능력, 전공 적합성 등이 기록될 수 있도록 수업에 적극 참여하세요. • 수업 활동에서 자기 주도성, 노력과 의지, 도전 정신, 실험 정신, 진로에 대한 열정 등이 드러나도록 하세요.
독서 활동	• 독서 이력을 통해 학생의 관심 분야, 전공 적합성, 학문 탐구에 대한 열정과 자기 주도적 학습 능력 등을 확인해요. • 통계학, 컴퓨터공학, 기초 과학, 인문학 등 다양한 분야의 독서를 통해 통계학에 대한 관심이 드러나도록 하세요. • 독서의 양보다는 수학, 과학, 컴퓨터 교과 시간에 배운 내용을 전공 분야와 연계시켜 지적 깊이를 확장하는 것이 중요해요.
행동 발달 특성 및 종합 의견	• 자신의 장점을 총체적으로 이해할 수 있도록 발전 가능성, 전공 적합성, 인성, 학업 능력, 창의력, 자기 주도적 학습 능력, 문제 해결 능력, 변화 모습 등이 드러나도록 하세요. • 학교생활에서 자기 주도성, 경험의 다양성, 성실성, 나눔과 배려, 학업 태도와 학업 의지 등 자신의 장점이 기록되도록 관리해야 해요.

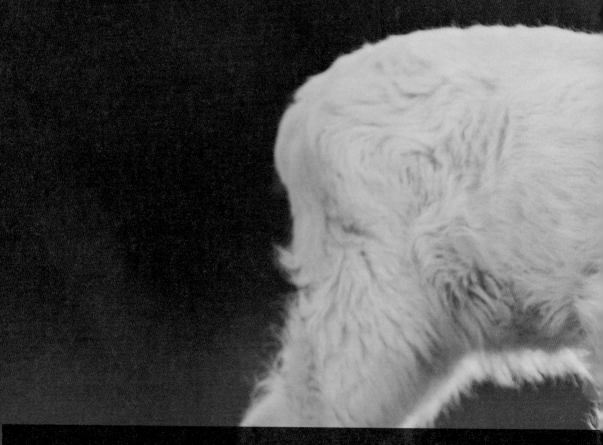

생명공학연구원이란?

　1996년 7월 5일, 생명공학 역사상 가장 충격적인 일이 영국에서 일어났습니다. 영국의 이언 윌머트라는 연구원이 체세포 복제 기술을 통해 세계 최초의 복제 동물 '돌리'를 탄생시킨 것입니다. 돌리는 어미 양과 생김새와 목소리, 몸을 구성하는 요소 하나하나까지 똑같 았습니다. 체세포 복제 기술은 어떤 동물을 현재 상태 그대로 똑같이 만들 수 있는 기술인데, 이 기술이 사람에게도 성공적으로 적용된다면, 나와 똑같은 사람을 만들 수도 있을 것입니다. 돌리의 복제 성공을 시작으로 쥐, 소, 염소, 돼지, 고양이까지 복제하는 데 성공하였고, 덕분에 생명 공학 기술은 빠른 속도로 발전하게 되었습니다.

　생명공학은 생명과 관련 있는 현상이나 생물의 여러 가지 기능을 연구하여 의료나 환경 보존 등 인류 복지에 활용하는 종합 과학입니 다. 생명체의 형질, 기능, 형태 등을 결정하는 유전자를 인공적으로 조작해 생명체를 개조하거나 새로 만들어 내는 기술입니다. 인류는 아 주 오래 전부터 인간에게 유익한 것을 찾아 생물체의 다양한 특징을 분석하여 인간에게 적용하려는 노력을 계속해 왔습니다.

생명공학연구원
생명과학과

생명공학 기술의 출발점은 잡종 옥수수 등의 농작물이나 인슐린 및 페니실린 등의 의약품에서 찾을 수 있지만, 오늘날과 같은 새로운 의미의 생명 공학 기술은 1973년에 스탠포드 대학의 코헨과 보이어가 DNA 재조합 실험에 성공함으로써 본격적인 연구가 시작되었습니다. 생명공학은 영역이 매우 광범위하기 때문에 분자생물학, 세포생물학, 유전학, 생리학 등 생명 현상의 본질을 미시적으로 파악하는 연구 분야와 분류학, 생태학, 환경생물학, 진화학 등 생명 현상을 생명의 다양성과 환경의 관계로 해석하는 거시적 연구 분야, 그리고 의약학 및 농수산 분야와 같은 응용 생물학 분야로 크게 분류하고 있습니다.

생명공학연구원은 의학, 약학, 수의학, 환경학, 농학, 수산학 등 여러 분야에서 활동합니다. 예를 들면, 의학이나 약학 분야에서는 암 치료에 사용되는 인터페론, 당뇨병 치료제인 인슐린, 소인병 치료제인 성장 호르몬 등을 개발하고, 농학 분야에서는 질병에 강하고 더 많은 열매를 맺는 식물을 개발합니다.

생명공학연구원이 하는 일은?

생명공학연구원은 생명공학을 통해 인간의 건강을 유지하고 생명을 연장하는 데 목표를 두고, 생명공학 분야의 새로운 제품이나 기술을 개발하고, 현재 개발된 기술을 더욱 발전시키기 위한 연구를 합니다.

최근 생명공학은 수명 연장, 불치병 치료 등 인간의 건강한 삶에 긍정적인 영향을 미치고 있지만, 인간 존엄성의 문제가 대두되면서 기술 발달에 대한 찬반 논란이 뜨거워지고 있습니다. 생명공학의 발전은 건강한 삶을 살아갈 수 있도록 도와주기도 하지만, 우리의 삶을 위협할 수 있는 요소도 가지고 있음을 알아야 합니다.

생명공학연구원은 연구실이나 실험실에서 주로 연구를 합니다. 그러나 에너지, 자원, 농업, 해양 분야를 연구하기 위해서는 외부에서 연구하는 경우도 많습니다. 실험 과정을 지속적으로 관찰해야 하기 때문에 밤을 새우기도 하며, 계속되는 연구 활동으로 정신적 스트레스를 받기도 합니다. 또한 질병에 걸린 생물을 연구하거나 독극물을 다루는 실험도 많아, 감염에 대한 위험으로부터 안전할 수 있도록 신경을 써야 합니다.

> » 인체, 동물, 미생물, 식물 등 생명체를 해부하고 분석하는 일을 합니다.
> » 인체, 동물, 식물, 미생물 등의 세포 내에서 진행되는 생명체 활동의 기본 현상과 원리를 찾아내는 연구를 합니다.
> » 다양한 실험과 연구를 통해 생명체의 현상을 연구하고, 인간에게 필요한 이론 등을 만들어 냅니다.
> » 사람이 살아가는 데 필요한 식량, 에너지, 환경 등의 문제를 해결하기 위한 연구를 합니다.
> » 동물을 복제하거나 인간의 DNA를 연구하여 병을 치료하는 방법을 개발합니다.
> » 예방 주사약을 개발하거나 새로운 약을 개발합니다.
> » 유전자 조작으로 씨 없는 수박을 만들거나 크기가 매우 큰 감자를 만듭니다.
> » 인체의 유전자를 해석하고 기능을 연구하며, 난치병을 예방하기 위한 치료 기술을 개발합니다.
> » 폐수 속에 들어 있는 오염 물질을 분해하는 미생물, 가축 분뇨에서 심한 냄새를 제거하는 미생물, 중금속을 흡수하는 식물 등을 만듭니다.
> » 곰팡이와 같은 미생물이 분비하는 물질을 이용해 미생물 농약을 개발합니다.
> » 유전자를 재조합하여 각종 유전 질환과 암, 노화, 치매, 에이즈 등 질병이 발생하는 원인과 치료에 대한 연구를 합니다.

Jump Up

생명과학연구원에 대해 알아볼까요?

생명과학연구원은 살아 있는 생물체를 자세히 살펴보고 연구하는 일을 담당하는데, 업무 분야에 따라 크게 인체 전문가, 동물 전문가, 미생물 전문가, 식물 전문가 등으로 구분돼요. 인체 전문가는 사람의 유전자를 해석하고, 암과 같은 난치병을 예방·치료하는 기술을 개발하며, 의료 기기와 생체 재료를 만드는 기술 등을 연구해요. 동물 전문가는 동물을 복제하거나 실험용 동물을 생산해요. 유전자를 조작하여 큰 쥐를 만들거나 곤충을 이용해 실험 연구를 하기도 해요. 미생물 전문가는 인간에게 유익한 미생물을 농업, 환경, 식품에 이용할 수 있도록 연구하고, 병이나 곰팡이를 일으키는 해로운 미생물을 없애는 연구를 해요. 식물 전문가는 식물의 세포 등으로 조직 배양 기술 등을 연구해요. 병충해에 강하고 생산량이 많은 식물을 만들어 식량 문제를 해결하는 데 기여해요.

생명공학연구원 커리어맵

생명공학연구원

관련기관
- 한국생명공학연구원 www.kribb.re.kr
- 한국생명과학회 www.jls.or.kr
- 한국미생물·생명공학회 www.kormb.or.kr

준비방법
- 수학, 과학 교과 역량 키우기
- 생명공학 관련 학과 탐방
- 생명공학연구원 직업 탐방 및 체험 활동
- 생명공학, 자연과학 등 다양한 분야의 독서 활동

관련직업
- 생명과학연구원
- 바이오의약품연구원
- 유전공학연구원
- 생명과학시험원
- 생명정보학자
- 생물학연구원
- 중등학교 교사
- 변리사

관련자격
- 생물공학기사
- 대기환경기사
- 생물분류기사
- 수질환경기사
- 자연생태복원기사
- 수산질병관리사
- 식물보호기사
- 종자기사

관련교과
- 수학
- 과학
- 환경

흥미유형
- 탐구형
- 현실형

적성과 흥미
- 생명 현상에 대한 호기심
- 인내심
- 창조력
- 개방적 사고 능력
- 체력과 끈기
- 문제 해결 능력
- 분석력
- 논리적 사고 능력
- 정확한 판단력
- 성실성
- 윤리 의식

관련학과
- 생명과학과
- 생명공학과
- 생명자원융합학과
- 분자유전공학과
- 의생명과학과
- 의생명공학과
- 미생물학과
- 분자생명과학과
- 생물학과
- 생명시스템학부
- 바이오산업공학부
- 원예생명과학과
- 해양생명과학과
- 화학생명과학과

적성과 흥미는?

생명공학연구원은 생명 본질에 대한 탐구 정신이 있어야 하고, 지구 상에 존재하는 다양한 형태의 생명 현상에 대해 관심이 있어야 하며, 생명을 대상으로 하여 실험 연구를 진행하므로 생명의 고귀함을 알고, 자연을 소중하게 생각하는 마음을 가져야 합니다.

유전공학, 생물학, 의학, 약학 등 관련 학문에 대한 지식이 있어야 하고, 전통 과학 기술과 첨단 기술을 융합하여 변화에 대응할 수 있는 창의적이고, 개방적인 사고 능력이 요구됩니다. 오랜 시간 동안 연구를 진행하기 때문에 이를 견딜 수 있는 체력, 끈기, 인내심은 물론, 문제 해결을 위한 논리적 사고력, 분석력, 정확한 판단력, 자기 주도적 문제 해결 능력이 필요합니다. 전자 현미경과 같은 최첨단 실험 도구나 다양한 컴퓨터 프로그램을 능숙하게 운용하거나 활용할 수 있는 능력이 요구됩니다.

생명공학연구원은 과학 기술을 이용해 인류의 건강 및 생명과 관련된 문제를 해결하고자 하는 박애 정신, 인간애가 요구됩니다. 생명과 관련된 일을 하므로 직업 윤리 의식, 생명 현상에 대한 경외심, 도덕심을 갖추어야 합니다.

생명공학연구원에 관심이 있다면 수학, 과학 교과의 기본 지식을 쌓고, 생명공학, 생물학, 의학 등 관련 분야의 독서를 하며, 생명공학 관련 분야의 동아리 활동에도 적극 참여하는 것이 좋습니다. 생명공학연구원 직업 체험 활동, 직업인 인터뷰, 생명공학 관련 기관 탐방 등을 통해 직간접적으로 진로 탐색 활동을 하는 것도 권장합니다.

생명공학연구원 커리어맵

관련 학과 및 자격증은?

→ 관련 학과: 생명과학과, 생명공학과, 분자유전공학과, 의생명과학과, 의생명공학과, 생물학과, 미생물학과, 분자생물학과, 분자생명과학과, 생명시스템학부, 바이오시스템공학부, 줄기세포재생공학과, 의료생명공학과, 원예생명과학과, 해양생명과학과, 화학생명과학과, 식물생명과학과 등

→ 관련 자격증: 생물공학기사, 생물분류기사, 수질환경기사, 수질환경산업기사, 식품기사, 자연생태복원기사, 자연생태복원산업기사, 수산질병관리사, 식물보호기사, 종자기사, 종자산업기사, 종자기능사등

Jump Up

유전공학연구원에 대해 알아볼까요?

유전공학연구원은 생명 현상의 기본 물질인 유전자를 인위적으로 재조합하여 인류에게 유익한 의약 물질, 기능성 물질, 공업 원료 물질 등을 값싸게 생산하거나 이에 필요한 새로운 형질의 생명체를 발견하고, 실제로 사용 가능한 첨단 기술을 연구하는 직업이에요. 사람을 포함한 동물, 식물 그리고 미생물 등의 세포 내에서 수행되는 생명체 활동의 기본 현상과 원리를 밝히는 연구를 수행해요.

진출 방법은?

생명공학연구원이 되려면 대학에서 생명과학, 생명공학, 생체공학, 생명정보학, 유전공학, 분자생물학, 미생물학, 분자유전학을 전공한 후 대학원에 진학하여 생명공학 분야의 석·박사 학위를 취득하는 것이 일반적입니다. 규모가 큰 연구소로 진출하려면 우선 박사 학위가 있어야 하고, 다양한 연구 프로젝트에 참여하거나 연구소에서 보조 연구원으로 활동한 경력이 있으면 취업에 도움이 됩니다.

생명공학연구원은 공개 채용이나 특별 채용을 통해 정부 기관, 정부 출연 연구소, 기업 부설 연구소, 생명공학 관련 벤처 기업, 의약품 제조 업체, 식품 제조 업체, 화학 제품 제조 업체 등 다양한 분야의 연구원으로 진출합니다. 정부 출연 연구소 연구원의 경우 연초나 연말에 연구원 홈페이지나 인터넷 구인 사이트를 통해 충원 계획을 공개하고 채용합니다. 생명공학 관련 분야의 학위와 연구 경력이 채용하는 데 중요한 평가 기준이 됩니다.

관련 직업은?

생명과학연구원, 바이오의약품연구원, 유전공학연구원, 생명과학시험원, 생명정보학자, 생물학연구원, 환경 및 보건직 공무원, 교사, 변리사, 학예사, 환경관리사 등

미래 전망은?

생명공학의 발전으로 인간의 유전자 정보와 같은 생명 현상에 대한 다양한 정보들이 밝혀지면서 건강한 삶을 살아가는 데 해결해야 할 각종 질병 퇴치, 수명 연장, 인간의 뇌 분석 등이 가능할 것으로 예측됩니다. 생명공학은 신소재 개발, 신약 개발, 유전자 칩 개발 등과 같은 무한한 가능성에 도전하고 있습니다. 최근에는 의약학 신기술·신제품 개발 분야뿐만 아니라 인구 증가에 따른 식량 부족, 천연자원의 고갈, 자연 파괴에 따른 환경 오염 등과 같이 인류의 생존을 위한 문제 해결의 실마리를 제공함에 따라 생명공학이 인류의 미래를 바꿀 수 있는 첨단 과학의 한 분야로 자리하고 있습니다.

생명 현상 연구가 인간의 삶에 유용하게 응용되고, 산업에도 이용 가능하게 됨에 따라 미래 성장 동력으로써 생명공학의 발전 가능성은 무궁무진하다고 볼 수 있습니다. 전 세계적으로 생명공학 분야에 대한 교육과 연구에 집중적인 투자가 이루어지고 있고, 우리나라도 국가 유망 산업으로 집중 지원하고 있습니다. 생명공학연구원은 인류의 생명 연장과 건강 유지에 대한 관심이 지속되는 한 그 역할과 인력 수요는 꾸준하게 증가할 것으로 전망됩니다.

생명과학과
생명공학연구원 전공 분석

어떤 학과인가?

생명과학은 생명과 관계되는 현상이나 생물의 여러 가지 기능을 연구하여, 의료나 환경 보존 등 인류 복지에 활용하는 종합 과학입니다. 생명이 탄생하는 과정, 생명체가 구성되는 방식, 살아가는 데 필요한 물질대사 과정 등과 생명체를 구성하는 세포와 같이 아주 작은 분야에서부터 살아 있는 생명체를 포함하는 생태계까지 전반적인 지식을 탐구합니다.

생명과학과 전공 과정은 작게는 분자의 세계에서 크게는 하나의 생태계까지 매우 광범위하게 생명의 원리를 배울 수 있습니다. 생명과학의 여러 가지 이론과 다양한 실험·실습 과정을 통해 얻은 생명과학 지식을 이용하여 질병이 생기는 경로를 연구하여 치료법을 개발하거나 생태계 복원, 바이오 에너지 생산, 물질대사의 규명 등의 기술을 배울 수 있습니다.

생명과학 분야에 대한 기본 개념과 전문 지식을 습득하기 위해 다양한 실험과 실습 과정을 통해 생명의 이치를 밝혀내고, 그 원리를 탐구하고 응용함으로써 첨단 생명과학을 연구할 수 있는 인재를 양성하는 학과입니다.

교육 목표와 교육 내용은?

생명과학과는 다양한 이론 및 전공 실험 등을 통해 생명과학 전반에 대한 최신의 지식을 쌓고, 동시에 창의적 문제 해결 능력을 함양하는 것을 교육 목표로 하고 있습니다. 분자생물학, 생화학, 면역학, 유전학, 신경생물학, 발달생리학, 바이러스학 등을 전반적으로 교육함으로써 생명과학의 창의적 연구 능력을 갖추고, 국가 과학 기술 발전에 선도적인 역할을 수행할 전문 인재를 양성합니다.

» 현대 생명과학의 핵심 내용을 이해하고, 학문 발전에 기여할 생명과학자를 양성합니다.
» 생명 현상의 이해에 기초한 과학적인 사고력과 독창적인 탐구력을 통해 생명과학 시대를 선도할 수 있는 창의적 인재를 양성합니다.
» 생명 산업 현장에 필요한 문제 해석 능력, 종합적 사고력, 분석력, 문제 해결 능력을 갖춘 전문 인재를 양성합니다.
» 세계적 수준의 연구 능력을 갖춘 생명과학 분야의 전문 인재를 양성합니다.
» 다른 분야의 학문과 융합을 통해 새로운 지식을 습득하여 생명과학 발전에 기여할 인재를 양성합니다.
» 지역 사회와 국가에 이바지할 수 있는 올바른 가치관과 높은 수준의 지식, 미래 지향적인 국제적 감각을 지닌 인재를 양성합니다.

학과에 적합한 인재상은?

생명과학과는 병균이나 인체 세포와 같은 생명체를 대상으로 연구하기 때문에 세포를 배양하는 것에서부터 실험 결과가 나오기까지 많은 시간을 기다려야 합니다. 따라서 인내심, 끈기, 성실성, 침착성을 지닌 사람에게 적합합니다. 실험 및 연구를 실패하였을 때 문제의 원인을 분석하고 반복하여 실험을 진행할 수 있는 탐구 능력, 문제 해결 능력, 추진력이 필요합니다.

생명의 본질을 찾기 위해서는 생명 현상에 대한 지적 호기심이 있어야 하며, 생명을 대상으로 실험하기 때문에 생명을 소중히 여기는 마음과 자연을 아끼는 마음이 필요합니다. 생물, 화학, 수학 등의 과목에 대한 관심과 기초 지식이 있어야 하고, 탐구심과 모험심이 있는 사람에게 적합합니다.

생명 현상을 연구하기 위해서는 과학적 사고력, 창의적인 문제 해석 능력, 자기 주도적 문제 해결 능력을 지닌 사람, 환경 문제, 질병 치료 등에 대한 관심이 있는 사람에게 유리합니다.

관련 학과는?

생명공학과, 의생명과학과, 의생명공학과, 생물학과, 미생물학과, 분자생물학과, 분자생명과학과, 분자유전공학과, 생명시스템학부, 바이오산업공학부, 줄기세포재생공학과, 의료생명공학과, 응용생물공학과, 응용생물학과, 식물생명과학과, 농생명과학과, 생명건강공학과, 생명환경공학과, 수산생명의학과, 원예생명과학과 등

진출 직업은?

생명공학연구원, 바이오의약품연구원, 생명과학시험원, 생명정보학자, 생물학연구원, 환경 및 보건직 공무원, 교사, 변리사, 학예사, 환경관리사 등

주요 교육 목표

생명과학 분야의 전문적 지식을 갖춘 인재 양성

사회 리더로서 통솔력과 리더십을 갖춘 인재 양성

지역 사회와 국가 발전에 기여하는 인재 양성

생명 산업 현장에 필요한 능력을 갖춘 인재 양성

생명 현상에 대한 과학적 사고력을 지닌 인재 양성

국가적 경쟁력을 갖춘 생명과학인 양성

 ### 취득 가능 자격증은?

- ☑ 생물공학기사
- ☑ 생물분류기사
- ☑ 대기환경기사
- ☑ 대기환경산업기사
- ☑ 수질환경기사
- ☑ 수질환경산업기사
- ☑ 식품기사
- ☑ 식품산업기사
- ☑ 자연생태복원기사
- ☑ 폐기물처리기사
- ☑ 수산질병관리사
- ☑ 식물보호기사
- ☑ 식물보호산업기사
- ☑ 종자기사
- ☑ 종자산업기사 등

추천 도서는?

- 생명과학 교과서는 살아 있다
  (동아시아, 유영제 외)
- 톰슨이 들려주는 줄기세포 이야기
  (자음과모음, 황신영)
- 바람에 실려 온 페니실린(지성사, 권오길)
- 퀴네가 들려주는 효소 이야기
  (자음과모음, 이흥우)
- 바이오테크 시대
  (민음사, 제레미 리프킨, 전영택 역)
- 진화학 원리 그리고 과정
  (홍릉과학출판사, Brian K. Hall 외, 김경호 역)
- 유전자 전쟁의 현대사 산책
  (사이언스북스, 이병훈)
- 왓슨이 들려주는 DNA 이야기
  (자음과모음, 이흥우)
- 내 몸 안의 작은 우주 분자생물학
  (전나무숲, 하기와라 기요후미, 황소연 역)
- 판스워스 교수의 생물학 강의
  (도솔, 프랭크 H. 헤프너, 윤소영 역)
- 이기적 유전자
  (을유문화사, 리처드 도킨스, 홍영남 외)
- 생활 속의 생명과학(바이오사이언스, 김재근 외)
- 줄기세포 발견에서 재생 의학까지
  (다섯수레, 샐리 모건, 최강열 역)
- DNA 생명의 비밀
  (까치, 제임스 D. 왓슨, 이한음 역)

학과 주요 교과목은?

기초 과목	기초미생물학, 생명과학, 물리화학, 바이오물리학, 유기화학, 미생물학, 세포생물학, 유전학개론, 일반화학, 일반생물학, 일반물리학, 환경생물학 등
심화 과목	유전학, 분석화학, 생리학, 생태학, 식품생명공학, 발생생명공학, 분자생물학, 식물생명과학, 생화학, 신경생물학, 생물정보학, 세포와 조직공학, 바이러스학, 대사공학, 동식물분류학, 동물생리학, 동물행동학, 발생학, 세포학, 진화생물학, 세균학, 진화학, 면역학, 계통진화학, 유전체학, 종양생물학 등

졸업 후 진출 분야는?

기업체	의약, 환경, 식품, 비료, 화장품 등의 제조·판매 업체, 바이오 기기 회사, 특허 전문 업체, 제약 회사, 병원, 생명공학 업체, 바이오 벤처 업체, 생물 기기 업체 등
연구 기관	생명공학 연구소, 보건 환경 연구소, 의약 관련 연구소, 농림 수산 관련 연구소, 해양 연구소, 국립 과학 연구소, 화학 연구소, 한국과학기술연구원, 독성 연구소 등
정부 및 공공 기관	식품의약품안전처, 질병관리본부, 한국식품연구원, 식품위생안전연구소, 농촌진흥청, 국립보건원연구원 등

전공 관련 선택 과목은?

▶ 국어, 영어 교과는 모든 학문의 기초적인 성격을 가진 도구교과로 모든 학과에 이수가 필요하여 생략함.

수능 필수	화법과 언어, 독서와 작문, 문학, 대수, 미적분Ⅰ, 확률과 통계, 영어Ⅰ, 영어Ⅱ, 한국사, 통합사회, 통합과학, 성공적인 직업생활(직업)		
교과군	선택 과목		
	일반 선택	진로 선택	융합 선택
수학, 사회, 과학	대수, 미적분Ⅰ, 확률과 통계, 현대사회와 윤리, 화학, 생명과학	미적분Ⅱ, 윤리와 사상, 물질과 에너지, 화학 반응의 세계, 세포와 물질대사, 생물의 유전	사회문제 탐구, 기후변화와 지속가능한 세계, 기후변화와 환경생태, 융합과학 탐구
체육·예술			
기술·가정/정보	정보	데이터 과학	지식 재산 일반
제2외국어/한문			
교양	생태와 환경	보건	논술

학교생활기록부 관리는?

출결 사항	• 출결 상황은 학교생활 충실도를 평가하는 기본 사항이므로 미인정(무단) 출결 기록이 없도록 자기 관리를 잘하세요.
자율·자치활동	• 생명과학, 환경, 과학 분야에 대한 관심과 흥미를 바탕으로 다양한 교내외 활동에 참여하여 자기 주도성, 성실성, 진취성, 리더십 등이 드러나도록 하세요.
동아리활동	• 생명과학 관련 동아리 활동에 참여하세요. • 동아리 가입 동기, 동아리 내 자신의 역할, 동아리 활동으로 변화된 자신의 모습, 전공과 관련된 자신의 소질 계발 경험 등이 드러나도록 하세요. • 학교에서 주관하는 장애인, 다문화 가정 학생 돕기, 양로원 봉사 활동 등 사회 소외 계층을 대상으로 하는 봉사 활동을 하세요. • 봉사 시간을 늘리는거 것보다 양질의 봉사를 꾸준하게 하세요.
진로 활동	• 생명과학 관련 학과 및 직업에 대한 정보 탐색 활동을 권장해요. • 생명과학 관련 학과에 대한 체험 활동을 권장해요. • 생명공학 관련 기관이나 식물원, 동물원 탐방 등 경험을 쌓는 것을 권장해요.
교과학습발달 상황	• 생명과학, 화학, 과학, 수학 교과의 성적은 상위권으로 유지하고, 수업 활동에서 발휘한 역량이 기록될 수 있도록 수업에 적극 참여하세요. • 수업 활동에서 성실성, 적극성, 전공 적합성, 진로에 대한 열정 등이 드러나도록 하세요.
독서 활동	• 생물학, 생명공학, 자연과학, 환경 등 다양한 분야의 책을 읽으세요. • 관련 분야의 지식과 교과 시간에 배운 내용을 연계시켜 지적 수준을 넓고 깊게 확장하는 것이 중요해요.
행동 발달 특성 및 종합 의견	• 자신의 장점이 총체적으로 표현될 수 있도록 발전 가능성, 전공 적합성, 인성, 학업 능력, 창의력, 자기 주도적 학습 능력, 문제 해결 능력, 변화 모습 등이 드러나도록 하세요. • 학교생활에서 자기 주도성, 경험의 다양성, 성실성 ,나눔과 배려, 학업 태도와 학업 의지 등 자신의 장점이 기록되도록 관리해야 해요.

Jump Up

법의생물학에 대해 알아볼까요?

➡ 인체에서 채취한 생물학적 증거물에서 DNA 프로필
을 분석하거나 혈액형 등을 감정하는 분야에요. 법의
학에서 검사 대상이 되는 혈액(혈흔), 모발, 타액, 땀,
대소변 등의 증거물을 감정하는 것은 개인을 식별하
는 데 그 목적이 있으며, 증거물을 채취하는 수준에 따
라 감정하는 속도와 감정 결과의 정확도가 결정되기
때문에 주의해서 채취해야 해요.

생물학연구원이란?

　근대 생물학의 발전에 가장 큰 영향을 미친 사람은 다윈입니다. 1859년 다윈은 자신의 저서인 '종의 기원'에서 생물은 진화한다는 이론
을 발표하여 세계 생물학계를 놀라게 했습니다. 다윈의 주장은 생물은 주변 환경에 적합한 개체만 살아남고 부적합한 것은 사라지며, 생
물 개체들 간에는 항상 경쟁이 일어나고 자연의 영향에 의해 선택되고 진화가 이루어진다는 것입니다. 다윈의 주장은 창조론을 믿던 당시
사회 분위기에 큰 거부감을 일으켰지만, 그의 이론은 널리 보급되어 생물학은 물론 사회 전반에 걸쳐 큰 영향을 미쳤습니다.

　생물학은 생명과 생물을 연구하는 자연 과학의 한 분야로, 대상 생물의 종류에 따라 동물학, 식물학, 미생물학 등으로 나눕니다. 생물의
구조, 기능, 성장, 진화, 분포, 분류 등을 연구하는 데 있어 다른 학문과 융합하여 발전되어 현대 생물학의 범위는 매우 넓어지고 있습니다.

　생물학과 관련된 학문은 이미 고대부터 연구가 시작되었습니다. 생물학(Biology)이라는 용어는 그리스어의 '생명'을 뜻하는 'Bios'와

생물학연구원

생물학과

'연구'를 뜻하는 '-logia'에서 나왔습니다. 생물학의 시조는 아리스토텔레스로 알려져 있으며, 그는 수많은 연구 내용을 실증적으로 관찰하였고, 생명의 본질에 대한 그의 생각은 인류에게 많은 영향을 미쳤습니다.

현대 생물학은 농학, 의학의 기초 학문으로서 뿐만 아니라, 인간을 위한 학문으로서 식량 문제, 인구 문제, 의약품 생산, 공해 물질의 제거, 생물 에너지의 개발 등 다양한 문제를 해결하는 데 중요한 역할을 담당하고 있습니다. 이로써 생물학은 자연 과학 분야뿐만 아니라 사회 과학 분야까지 아우르면서 생물과학으로 발전하게 되었습니다.

생물학연구원은 생물체의 특성을 이용해 인간 생명에 도움이 되는 것을 연구하고, 다양한 연구와 실험을 통해 새로운 기술과 제품을 개발하는 사람입니다. 전문 연구 분야에 따라 크게는 동물학자와 식물학자로 구분되고, 세부적으로는 동물분류학자, 식물분류학자, 생태학자, 세포학자, 유전학자, 생물물리학자로 구분됩니다.

생물학연구원이 하는 일은?

생물학연구원은 모든 생명체의 변화 과정과 생명체와 환경의 관계, 그리고 생명체 간의 상호관계에 대해 연구를 수행하는 사람입니다. 생명체의 기원과 발달, 해부, 기능 관계 등을 연구하고, 그 결과를 의학이나 농업 분야 등에 적용하거나 응용하는 방법을 개발합니다.

생물학연구원은 다른 자연 과학 분야의 연구원에 비해 임금이 높은 편에 속합니다. 근무 시간이 규칙적인 편이고, 근무 환경이 쾌적해서 육체적 스트레스는 적은 편이지만, 긴 실험 기간과 실험 결과에 대한 책임감으로 인해 정신적 스트레스가 많은 편에 속합니다. 직업 전문성으로 인해 업무에 대한 자율성이나 권한이 많고, 고용에서 있어 성별이나 연령에 따른 차별이 없는 직업입니다.

> » 생물종의 기원, 생물의 진화, 성장, 생식, 구조, 기능, 분포 상태 및 기타 생명 현상에 대해 현지 조사 및 실험 연구를 수행합니다.
> » 생명체와 환경과의 관계 및 기타 생활 방식에 대해 조사·연구합니다.
> » 해부기, 현미경, 화학적 염색 및 기타 과학 장비를 사용하여 실험실에서 생물 표본을 연구하고 실험합니다.
> » 자연환경에서의 생물의 생태적 특징과 행동을 관찰하며, 생명체에 대한 실험 결과를 분석해 보고서를 작성합니다.
> » 통계학적 기술을 이용하여 획득한 자료를 조정·분석·평가하고, 의학, 농업, 약품 제조 등의 분야에 사용하기 위한 심화 연구를 수행합니다.
> » 생물을 확인하고 분류하며, 각종 표본을 수집·검사·분류·보관하고, 질병 및 기타 문제의 연구를 보조합니다.
> » 자연환경에서 각종 생물의 생태적 특징과 행동을 관찰합니다.

Jump Up

생물학 분야에 대해 알아볼까요?

생물학의 분야는 연구하는 생물의 크기와 종류, 연구 방법에 따라서 나뉘어요. 생화학은 생명의 화학적 기초를 연구하고, 분자생물학은 생물 분자들 간의 복잡한 상호 작용을 연구해요. 식물학은 식물의 생물학을 연구하고, 세포생물학은 모든 생명의 기본적인 구성 성분들을 연구해요. 생리학은 생명체의 조직과 기관, 기능을 연구하고, 진화생물학은 생명의 다양성이 만들어지는 과정을 연구하며, 생태학은 생물과 환경이 상호 작용하는 방식을 연구하지요.

생물학연구원

커리어맵

- 한국생물학연구원 www.kribb.re.kr
- 한국미생물·생명공학회 www.kormb.or.kr
- 생물학연구정보센터 bric.postech.ac.kr
- 한국생물공학회 www.ksbb.or.kr

- 수학, 과학 교과 역량 키우기
- 생물학 관련 학과 탐방
- 생물학연구원 직업 탐방 및 체험 활동
- 생물학, 자연과학 등 다양한 분야의 독서 활동

- 강인한 추진력
- 풍부한 상상력
- 체력과 끈기
- 인내심
- 꼼꼼함
- 생명 현상에 대한 흥미
- 객관적 관찰 능력
- 논리적 사고 능력
- 도전 정신
- 분석력
- 창의력
- 개방적 사고 능력

- 탐구형
- 현실형

관련기관

준비방법

적성과 흥미

관련학과

생물학연구원

흥미유형

관련교과

관련자격

관련직업

- 생물학과
- 생명자원학과
- 분자유전공학과
- 생명공학과
- 의생명공학과
- 미생물학과
- 분자생물학과
- 생명시스템학부
- 바이오산업공학부
- 줄기세포재생공학과
- 생명과학특성학과

- 수학
- 과학
- 기술·가정
- 환경

- 생물공학기사
- 생물분류기사
- 식품기사
- 식품산업기사
- 자연생태복원기사
- 자연생태복원산업기사
- 수산질병관리사
- 식물보호기사
- 식물보호산업기사
- 종자기사
- 종자산업기사
- 중등학교 2급 정교사(생물)

- 생물학자
- 생태학자
- 유전학자
- 생명과학연구원
- 바이오의약품연구원
- 유전공학연구원
- 생명정보학자
- 변리사
- 환경관리사
- 생명공학연구원
- 생물 교사

적성과 흥미는?

생물학연구원은 장시간의 실험과 분석 과정을 거치는 업무 특성상 끈기, 인내심, 꼼꼼함, 추진력, 체력적 강인함 등이 필요합니다. 무엇보다 자연 법칙과 과학적 연구 방법을 이해하고, 이를 실험 과정에 적용할 수 있는 논리적 분석력과 추론적 판단력, 창의적인 사고력이 필요합니다. 생명체와 생명 현상에 대한 관심과 흥미를 지닌 사람, 과학 기술을 통해 인류 복지 문제를 해결하고자 하는 박애 정신을 지닌 사람, 객관적이고 정확한 관찰 능력을 지닌 사람에게 유리합니다. 귀중한 생명을 대상으로 연구하기 때문에 생명의 고귀함과 자연의 소중함을 아는 것이 중요합니다.

생물학연구원이 되려면 유전공학, 의학, 약학 등 관련 학문에 대한 지식이 있어야 하고, 전통 과학 기술과 첨단 기술을 융합하여 기술 변화에 대처할 수 있는 학습 능력과 전자 현미경과 같은 실험 장비를 다룰 수 있는 기계 조작 능력, 다양한 컴퓨터 프로그램을 다룰 수 있는 컴퓨터 활용 능력도 필요합니다.

생물학 전문 용어의 의미를 파악하고, 실험 결과를 분석해 보고서를 작성하며, 구두나 서면으로 효과적인 의사를 교환하기 위해서는 언어 능력이 필수적입니다. 또한 실험 과정에서 여러 변수 관계를 알아내기 위한 수학적 모형을 구성하고 결과를 평가하며, 유기체의 다양한 단계를 조정하거나 주기를 설명하기 위해서는 고등 수학을 이해하고 응용할 수 있는 수리 능력도 필요합니다. 탐구형과 현실형의 흥미를 가진 사람에게 적합한 직업입니다.

생물학연구원 커리어맵

관련 학과 및 자격증은?

➡ 관련 학과: 생물학과, 생명자원학과, 분자유전공학과, 생명공학과, 의생명공학과, 미생물학과, 분자생물학과, 생명시스템학부, 바이오산업공학부, 줄기세포재생공학과, 의료생명공학과, 응용생물학과, 응용생물공학과, 식물생명과학과, 농생명과학과, 바이오환경과학과, 분자생명공학과 등

➡ 관련 자격증: 생물공학기사, 생물분류기사, 수질환경기사, 수질환경산업기사, 자연생태복원기사, 자연생태복원산업기사, 수산질병관리사, 식물보호기사, 식물보호산업기사, 종자기사, 종자산업기사, 중등학교 2급 정교사(생물) 등

Jump Up

유전학자에 대해 알아볼까요?

생명 현상 중 하나인 '유전'이라는 현상을 가시적(예, 완두콩의 색깔 변화 등), 현미경적(DNA 수준의 유전 현상), 이론적(수학이나 통계를 이용하여 유전 현상이 어떻게 일어나는지, 그리고 어떤 결과가 앞으로 발생할 것인지 등을 추측)으로 연구하는 학자예요.

진출 방법은?

생물학연구원이 되려면 생물학과, 생물공학과, 생명과학과, 생명공학과, 유전공학과, 농업생명과학과 등 관련 학과에서 석사 이상의 학력을 갖추어야 합니다.

관련 학과에 진학하면 주로 자연 과학 관련 기초 지식을 배우고, 고학년이 되면 생물학 분야의 전문적인 지식을 쌓게 됩니다. 대학원 과정에서는 분자생물학, 생리학, 생태학, 분류학, 면역학, 미생물학, 유전학 중에서 자신의 관심 분야를 선택하고, 집중적으로 연구한 후에 생물학연구원으로 진출할 수 있습니다. 대학 재학 중에 다양한 프로젝트에 참여하거나 관련 논문을 학술지에 발표하는 등의 경력을 쌓으면 생물학연구원으로 취업하는 데 유리합니다.

생물학연구원은 공개 채용이나 특별 채용을 통해 생물 관련 기업이나 연구소, 의과 대학 병원의 기초 실험실 등에 취업할 수 있습니다. 정부 출연 연구소의 경우 연초나 연말에 연구소 홈페이지나 인터넷 구인사이트를 통해 충원 계획을 공개하고 채용합니다. 생물학 관련 분야의 학위와 연구 경력이 채용하는 데 중요한 평가 기준이 됩니다.

관련 직업은?

생물학자, 생태학자, 유전학자, 유전공학연구원, 생명과학연구원, 바이오의약품연구원, 생명과학시험원, 생명정보학자, 변리사, 학예사, 환경관리사 등

미래 전망은?

오늘날 생물학은 기존의 영역을 넘어 의학, 약학, 농학, 축산학, 임학, 수산학 등으로 학문적 범위가 넓어지고 있습니다. 또한 생물학은 이제 생명과학, 생명공학, 유전공학 등 다양한 분야로 세분화되면서 우리 생활 속 깊숙이 들어와 있습니다. 특히 산업 분야로의 응용은 갈수록 확대되고 있습니다. 현대 생물학은 의학, 농업, 수산업, 식품 산업, 공업, 우주 산업, 컴퓨터 등 거의 모든 분야에 영향을 미치고 있으며, 생물학, 미생물학, 생화학, 분자생물학, 유전학, 화학 및 생물공정공학, 심지어 기계공학과 컴퓨터공학을 포괄하는 복합적인 성격의 학문으로 발전하고 있습니다.

생물학에 의해 가장 큰 영향을 받고 있는 산업은 인간과 동물의 식품 생산, 석유 화학을 대체할 화학 연료의 공급, 대체 에너지원, 폐기물 재순환, 오염 제어, 농업, 수산 양식, 임업 분야이며, 의학 분야에서는 화학 물질을 대신할 생물학적 화합물의 개발에 중점을 두고 있습니다. 이처럼 생물학의 응용 분야가 확대되어 생명공학, 유전공학이라는 용어가 새롭게 등장하는 것을 보면 생물학의 발전 가능성은 매우 크며, 생물학연구원의 고용도 증가할 것으로 전망됩니다.

관련 시장 규모도 매년 높은 성장률을 보이면서 발전하고 있고, 수준 높은 국내 생물학 분야의 기술이 해외로 진출할 것으로 예상되어 전문 연구 인력에 대한 수요도 꾸준히 늘어날 것으로 전망됩니다.

생물학과
생물학연구원 전공 분석

어떤 학과인가?

앞으로 세계 산업에서 바이오 분야가 차지하는 비중이 커질 것이며, 국가 경제 발전에 중요한 성장 동력이 될 것이라고 전망하고 있습니다. 따라서 모든 자연 과학 및 공학, 의학, 약학, 컴퓨터공학을 아우르는 종합 학문으로 자리 잡은 생물학은 차세대 국가 산업을 이끌어 갈 기초 학문이라 할 수 있습니다.

생물학은 생명체에서 일어나는 여러 현상을 연구하고, 그것을 실생활에 적용할 수 있도록 이론과 기술을 연구하는 학문입니다. 생물학은 인류의 생존을 위협하는 문제를 해결하는 데 열쇠가 되어, 우리 인류가 앞으로 해결해야 할 환경 변화 문제, 생명과 건강 유지, 난치성 질병의 치료, 신소재 개발에 도전하고 있으며, 인류의 미래를 바꿀 수 있는 첨단 과학의 한 분야로 성장하고 있어 그 중요성이 커지고 있습니다.

생물학과에서는 세포학, 분류학, 발생학, 생리학 등을 기반으로 생명 현상을 탐구하며, 그 원리에 대해 교육합니다. 생물에 대한 기초 지식과 이론을 체계적으로 이해하고, 자연 생태계와 생명 현상을 탐구하는 전문 인재를 양성합니다. 최근 생물학과에서는 생명 현상의 본질을 깊고 넓게 탐구하기 위해 첨단 과학 학문인 분자생물학, 유전공학, 면역학 등의 생명과학과 DNA 마이크로칩, 생명정보과학, 조직재생공학 등의 의생명과학 및 생태환경과학과도 학문적으로 융합하고 있습니다.

교육 목표와 교육 내용은?

생물학과에서는 동물, 식물, 미생물을 대상으로 분류학, 세포학, 유전학, 미생물학, 생리학, 발생학, 면역학, 생태학, 분자생물학, 생화학 및 환경생물학, 유전공학에 관한 이론을 체계적으로 공부할 수 있습니다. 다양한 실험을 통해 생명 현상의 기본 원리를 이해하고, 과학적 해석 방법과 최신 기법을 접목해 의학, 약학, 수의학, 농학 분야에 적용하여 식량, 에너지, 자원, 공해 문제 등을 해결할 수 있는 인력을 양성합니다.

» 과학적이고 창조적이며 합리적인 사고를 할 수 있는 인재를 양성합니다.
» 융합생물학이나 합성생물학과 같은 첨단 분야에 능동적으로 대처할 수 있는 인재를 양성합니다.
» 생물학에서 파생된 응용과학 분야에서 주도적 역할을 담당할 수 있는 생물학 전문 인재를 양성합니다.
» 생물학 분야의 국가적 경쟁력을 갖추고, 관련 산업 분야의 우수한 인재를 양성합니다.
» 생명 현상에 대한 거시적인 안목을 갖춘 생물학 전문 인재를 양성합니다.
» 생물학 분야의 연구를 통해 인류의 평화와 복지를 증진시키는 데 기여하는 인재를 양성합니다.

학과에 적합한 인재상은?

생물학과는 평소 첨단 과학에 대한 흥미가 있고, 실험에 많은 흥미와 관심이 있으며, 어떤 문제에 대해 논리적으로 해석할 수 있는 능력을 가진 사람에게 적합합니다. 의학, 농학, 환경 등 여러 분야에 대해 공부하고, 나아가 인류의 건강, 복지, 환경을 보호하는 데 큰 역할을 담당하는 인재를 양성하는 것을 목표로 하기 때문에 평소에 생명을 존중하는 마음을 가진 사람로 적합합니다. 식물, 동물 등 생명체와 생명 현상에 대한 관심과 흥미를 지닌 사람, 생명 현상에 대한 의문을 갖고 그것을 밝혀내고자 하는 탐구 능력, 논리적 분석력, 추론적 판단력, 창의적 사고력, 객관적이고 정확한 관찰 능력을 지닌 사람에게 유리합니다.

특히 수학, 물리학, 화학, 생물, 생명과학 등 기초 과학 관련 과목에 흥미와 소질이 있어야 하고, 실험 장비와 기구를 다룰 수 있는 기계 조작 능력, 다양한 컴퓨터 프로그램을 다룰 수 있는 컴퓨터 활용 능력도 필요합니다. 생물학은 팀을 구성하여 진행하는 실험이 많기 때문에 대인 관계 능력, 의사소통 능력, 리더십 등이 필요합니다.

관련 학과는?

해양생물자원학과, 응용생물학과, 응용생물공학과, 의생명과학과, 의생명공학과, 식물의학과, 생물과학과, 생물공학과, 분자생물학과, 분자생명과학과, 미생물학과, 생명시스템학부, 생명시스템과학과, 바이오산업공학부 등

진출 직업은?

생물학연구원, 생명정보학자, 수산학연구원, 바이오에너지연구 및 개발자, 생명과학시험원, 환경공학기술자, 환경영향평가원, 친환경제품인증심사원, 생명과학연구원, 보건위생 및 환경검사원, 곤충컨설턴트, 의약품영업원, 특허사무원, 변리사, 생물 교사 등

주요 교육 목표

과학과 산업 기술 개발의 핵심 인재 양성

창조적 사고 능력을 갖춘 생물학자 양성

인류의 평화와 복지 증진에 기여하는 인재 양성

생물학 연구 분야의 창의적인 인재 양성

첨단 기술에 대처할 수 있는 인재 양성

국제적 경쟁력을 갖춘 생물학 전문 인재 양성

 ## 취득 가능 자격증은?

- ☑ 생물공학기사
- ☑ 수질환경기사
- ☑ 식물보호기사
- ☑ 대기환경기사
- ☑ 식물보호산업기사
- ☑ 대기환경산업기사
- ☑ 종자기사
- ☑ 종자산업기사
- ☑ 식품기사
- ☑ 식품산업기사
- ☑ 식물보호기사
- ☑ 식물보호산업기사
- ☑ 수질환경산업기사
- ☑ 자연생태복원기사
- ☑ 자연생태복원산업기사
- ☑ 자연환경관리기술사
- ☑ 생물(동물·식물)분류기사
- ☑ 폐기물처리기사
- ☑ 폐기물처리산업기사
- ☑ 중등학교 2급 정교사(생물) 등

추천 도서는?

- 퀴네가 들려주는 효소 이야기(자음과모음, 이흥우)
- 생명과학 교과서는 살아 있다(동아시아, 유영제 외)
- 하라하라의 생물학 카페(궁리, 이은희)
- 노화의 생물학(탐구당, 오상진)
- 생물학의 쓸모(더퀘스트, 김응빈)
- 생물학의 ABC(책세상어린이, 크리스 페리 외)
- 아주 특별한 생물학 수업
  (휴머니스트, 장수철 외)
- 생물학 이야기(행성B, 김웅진)
- 생물과 무생물 사이
  (은행나무, 후쿠오카 신이치, 김소연 역)
- 이기적 유전자(을유문화사, 리처드 도킨스, 홍영남 외 역)
- 과학공화국 생물 법정10(자음과모음, 정완상)
- 이일하 교수의 생물학 산책(궁리, 이일하)
- 바람에 실려 온 페니실린(지성사, 권오길)
- 생물학 명강2: 생명의 탁월성,
  그 원리를 찾아서(해나무, 강봉균 외)
- 이타적 유전자(사이언스북스, 매트 리들리, 신좌섭 역)
- 엔트로피(세종연구원, 제레미 리프킨, 이창희 역)
- 춤추는 술고래의 수학 이야기
  (까치, 레오나르드 믈로디노프, 이덕환 역)
- 진화학 원리 그리고 과정
  (홍릉과학출판사, Brian K. Hall 외, 김경호 역)
- 이것이 생물학이다
  (바다출판사, 에른스트 마이어, 최재천 외 역)

학과 주요 교과목은?

기초 과목	물리화학, 유기화학, 미생물학, 세포생물학, 유전학개론, 계통분류학, 생물화학, 생명과학기초연구, 생태학, 일반화학, 일반생물학, 일반물리학, 환경생물학 등
심화 과목	세포분화학, 인체생리학, 식물계통학, 신경과학, 해부학, 조류학, 식물형태학, 세포분자발생학, 식물분자생리학, 유전체학, 식물분자발생학, 동물계통분류학, 분자유전학, 분자생물학, 생리학, 생물지리화학, 세균학, 환경독성학, 미생물생태학, 바이러스학, 발생생물학, 생물정보학, 분류학실험, 생물통계학, 담수생물학, 분자세포생물학, 면역학, 분자신경생물학, 응용미생물학, 자원식물학, 행동과학, 내분비학, 생명공학 등

졸업 후 진출 분야는?

기업체	생명과학 분야 기업, 생명과학 분야 벤처 기업, 환경 관련 전문 기업, 제약 회사, 식품 회사, 비료 관련 회사, 종묘 회사, 농약 회사, 주류 관련 회사, 농자재 생산 회사, 농산물 무역 회사, 바이오 업체 등
연구 기관	생명과학 분야 국가 및 민간 연구소, 한국생명공학연구원, 한국과학기술원, 국립과학수사연구원, 대학 병원 연구소 등
정부 및 공공 기관	농촌진흥청, 국립농업과학원, 국립식량과학원, 국립원예특작과학원, 농업생명공학연구원, 국립식물검역원, 국립산림과학원, 국립농산물품질관리원, 국립환경과학원, 국립생물자원관, 각 시도 농업기술원, 각 시도 농업기술센터, 국립보건연구원, 특허청, 수자원공사 등

전공 관련 선택 과목은?

▶ 국어, 영어 교과는 모든 학문의 기초적인 성격을 가진 도구교과로 모든 학과에 이수가 필요하여 생략함.

수능 필수	화법과 언어, 독서와 작문, 문학, 대수, 미적분Ⅰ, 확률과 통계, 영어Ⅰ, 영어Ⅱ, 한국사, 통합사회, 통합과학, 성공적인 직업생활(직업)		
교과군	선택 과목		
	일반 선택	진로 선택	융합 선택
수학, 사회, 과학	대수, 미적분Ⅰ, 확률과 통계, 현대사회와 윤리, 화학, 생명과학	미적분Ⅱ, 윤리와 사상, 인문학과 윤리, 물질과 에너지, 화학 반응의 세계, 세포와 물질대사, 생물의 유전	윤리문제 탐구, 기후변화와 지속가능한 세계, 기후변화와 환경생태, 융합과학 탐구
체육·예술			
기술·가정/정보			
제2외국어/한문			
교양	생태와 환경	보건	

학교생활기록부 관리는?

출결 사항	• 출결 상황은 학교생활 충실도를 평가하는 기본 사항이므로 미인정(무단) 출결 기록이 없도록 자기 관리를 잘하세요.
자율·자치활동	• 생물학 관련 분야에 대한 관심과 흥미를 바탕으로 다양한 교내외 활동에 참여하여 자기 주도성, 성실성, 진취성, 리더십 등이 드러나도록 하세요.
동아리활동	• 수학, 과학, 생명과학 관련 동아리 활동에 꼭 참여하세요. • 동아리 가입 동기, 동아리 내 자신의 역할, 동아리 활동으로 변화된 자신의 모습, 전공과 관련된 자신의 소질 계발 경험 등이 드러나도록 하세요. • 학교내에서 타인을 위해 할 수 있는 지속적인 봉사 활동을 하세요. • 학교에서 주관하는 보건소, 병원, 재활원, 사회 복지 시설 등 사회 소외 계층 및 약자를 대상으로 하는 봉사 활동에 참여하세요.
진로 활동	• 생물학 및 생명공학 관련 학과 및 직업에 대한 정보 탐색 활동을 권장해요. • 생물학과 및 관련이 있는 학과에 대한 체험 활동을 권장해요. • 동물원, 식물원 등을 방문하여 자연 환경에 대한 관찰 경험을 쌓는 것을 권장해요.
교과학습발달 상황	• 수학, 과학 교과 성적을 상위권으로 유지하고, 수업 활동에서 발휘한 역량이 기록될 수 있도록 자기 주도적으로 적극 참여하세요. • 수업 활동에서 성실성, 적극성, 전공 적합성, 진로에 대한 열정 등이 드러나도록 하세요.
독서 활동	• 자연과학, 철학, 환경 문제 등 다양한 분야의 책을 읽으세요. • 생물학이나 생명 현상과 관련된 도서를 읽어야 해요. • 관련 분야의 지식과 교과 시간에 배운 내용을 연계시켜 지적 수준을 넓고 깊게 확장하는 것이 중요해요.
행동 발달 특성 및 종합 의견	• 자신의 장점이 총체적으로 표현될 수 있도록 발전 가능성, 전공 적합성, 인성, 학업 능력, 창의력, 자기 주도적 학습 능력, 문제 해결 능력, 변화 모습 등이 드러나도록 하세요. • 학교생활에서 자기 주도성, 경험의 다양성, 성실성, 나눔과 배려, 학업 태도와 학업 의지 등 자신의 장점이 기록되도록 관리해야 해요.

워터소믈리에에 대해 알아볼까요?

➡ 워터소믈리에는 물의 맛과 냄새를 전문적으로 평가
하고 판별하는 물맛 감별 전문가예요. 워터웨이터, 워
터매니저, 워터어드바이저라고도 불리며, 점차 전문
직업으로 인정받고 있어요. 워터소믈리에는 건강하고
맛있는 물을 시간과 상황에 따라 추천하고 서비스해
요. 물의 종류와 특성을 전문적으로 공부하여 물에 대
해 조언할 수 있어야 하며, 물과 관련된 전문 지식, 경
영 마인드와 긍정적인 서비스 마인드, 리더십 등을 갖
추어야 해요.

소믈리에란?

  영화나 TV 드라마를 보면, 레스토랑에서 검은색 바지에 흰색 와이셔츠, 나비넥타이와 앞치마를 착용하고, 와인 오프너를 들고 와인을
서비스하는 사람을 종종 보게 됩니다. 이렇게 복장을 갖추고 품격 있게 와인 서비스를 제공하는 사람을 소믈리에라고 합니다.

  프랑스에서 소믈리에라는 말은 1700년대 이전에는 왕궁에서 '식탁을 차리고, 와인과 음식을 준비하는 사람'이라는 뜻으로 사용되었
고, 그 후에는 '와인과 음식을 준비하는 사람'이라는 뜻으로 사용되었으며, 오늘날은 레스토랑에서 '와인을 책임지는 사람'이라는 뜻으
로 사용되고 있습니다. 18세기 말에는 프랑스, 이탈리아 등 유럽에서 호텔이나 레스토랑이 많이 생겨나면서 소믈리에의 역할도 중요해
지기 시작했습니다. 소믈리에라는 단어는 '소를 이용하여 식음료를 나르는 사람', '동물들에게 짐을 지우는 사람'을 뜻하는 프로방스어
'saumalier'에서 파생되었고, 영어로는 'Wine Steward', 'Wine Captain' 등으로 표현합니다. 19세기경 프랑스의 한 음식점에서 와인
을 전문으로 담당하는 사람이 생겨나면서 지금과 같은 형태의 직업으로 발전하였습니다.

  소믈리에는 호텔, 레스토랑 등에서 고객을 대상으로 와인을 포함한 각종 음료에 대한 지식을 전달하고, 선택을 도우며, 음료를 서비
스하는 일을 합니다.

소믈리에
식품영양학과

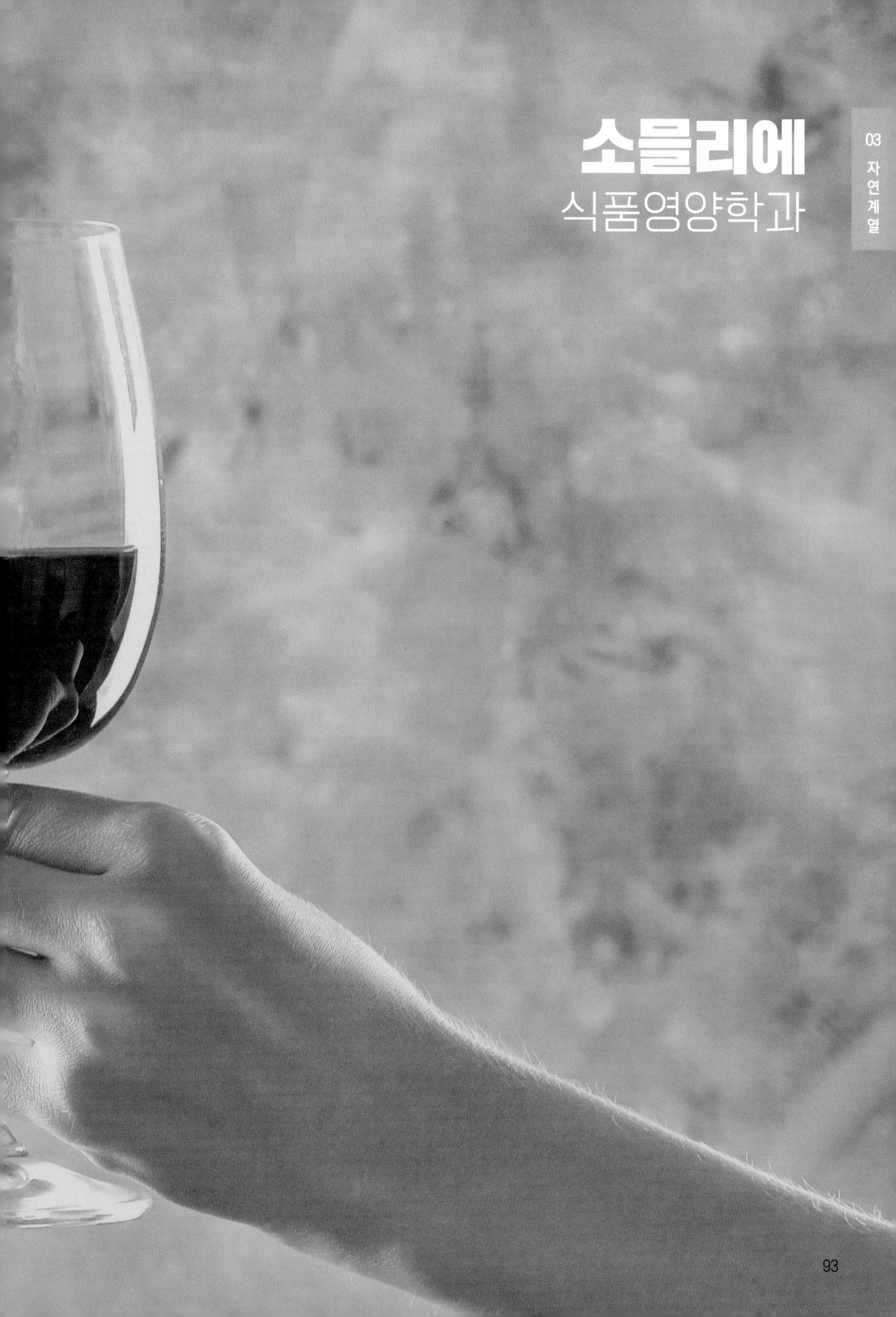

소믈리에가 하는 일은?

소믈리에는 와인을 서비스하는 호텔이나 레스토랑, 와인 전문점에서 고객이 주문한 요리에 어울리는 와인을 추천하거나 고객의 취향을 파악하여 고객이 원하는 와인을 감정하고 골라 주는 일을 담당합니다. 맛이 좋으면서도 값이 저렴한 와인을 선택할 수 있는 능력이 소믈리에의 경쟁력입니다. 최근 들어 와인을 즐기는 문화가 보편화되면서 대중들도 와인에 대해 상당한 지식을 갖추고 있는 경우가 많아, 고객들에게 와인의 원산지, 양조 기법, 기후적 특성, 품종 등에 대해 상세하게 안내해야 하는 부담감도 생겼습니다.

소믈리에는 자격 시험에 합격한다고 해서 실력을 인정받는 분야가 아닙니다. 그래서 선진국에서도 국가 공인 자격 제도라는 것이 없습니다. 소믈리에가 업무를 수행하는 데 있어 가장 중요한 것은 풍부한 경험으로, 오랜 기간 동안 와인 서비스를 제공함으로써 체득되는 노하우입니다.

소믈리에는 임금이 비교적 낮은 편이고, 근무 환경이 열악한 편이나 정신적·육체적 스트레스는 심하지 않은 것으로 나타납니다.

> » 고객이 주문한 요리에 적합한 와인을 추천하고, 와인의 맛과 특징, 원산지 등을 설명합니다.
> » 와인의 품목을 선정하고, 이에 따른 와인 리스트를 작성하며, 와인의 보관과 관리를 책임집니다.
> » 맛을 보고 포도의 품종, 숙성 방법, 원산지, 수확 연도 등을 맞추는 블라인드 테스트를 통해 고객의 입맛에 맞는 와인을 골라 줍니다.
> » 요리사와 함께 일하면서 와인과 음식이 조화를 이루는 방법에 대해 연구합니다.

Jump Up

테이블아티스트에 대해 알아볼까요?

테이블아티스트는 테이블을 세팅하고, 파티 공간을 감각적이고 예술적으로 표현하는 일을 해요. 식사 공간을 아름답게 표현하기 위해 요리와 식기, 소품 등에 관한 자료를 수집하고 분석하며, 메뉴와 모임에 따라 어울리는 소품을 준비해요. 또한 요리의 특징과 고객이 원하는 구성에 맞춰 테이블을 연출해야 하는 업무를 담당해요. 최근 유망한 직업으로 주목받고 있으며, 꾸준히 발전하고 있는 외식 산업에서 중요한 역할을 담당하고 있어요.

소믈리에
커리어맵

준비방법
- 수학, 과학, 기술·가정 교과 역량 키우기
- 와인에 대한 지식 습득
- 소믈리에 직업 탐방 및 체험 활동
- 식품학, 요리학, 자연과학 등 다양한 분야의 독서 활동

관련기관
- 한국소믈리에협회 www.somme.co.kr
- 한국국제소믈리에협회 www.winekisa.com

흥미유형
- 탐구형
- 현실형

적성과 흥미
- 와인에 대한 지식
- 서비스 정신
- 의사소통 능력
- 관찰력
- 감정 조절 능력
- 뛰어난 후각과 미각
- 에티켓

관련학과
- 식품영양학전공
- 식품영양학과
- 식품조리학과
- 식품외식산업학과
- 외식산업조리학과
- 외식산업학부
- 외식조리학과
- 해양바이오식품학과
- 바이오식품공학과
- 영양식품학과
- 식품산업관리학과
- 글로벌조리학과
- 호텔외식조리학과
- 호텔조리학과

소믈리에

관련교과
- 수학
- 과학
- 기술·가정
- 미술
- 보건

관련자격
- 조리산업기사
- 소믈리에
- 제과제빵사
- 컬러리스트
- 푸드코디네이터
- 와인소믈리에
- 커피바리스타
- 티마스터
- 영양사
- 위생사
- 영양 교사
- 식품기술사
- 식품기사
- 식품산업기사

관련직업
- 푸드코디네이터
- 푸드스타일리스트
- 테이블코디네이터
- 테이블아티스트
- 테이블데코레이터
- 패키지소믈리에
- 식공간연출자
- 푸드컨설턴트
- 푸드저널리스트
- 푸드테라피스트
- 전시연출가

적성과 흥미는?

소믈리에는 각종 와인의 종류와 맛에 대해 알고 있어야 하고, 각 음식과 어울리는 와인도 알아야 합니다. 이를 위해 포도의 품종, 숙성 방법, 원산지, 수확 연도 등 와인의 특징과 보관 방법에 대해 지식을 습득해야 합니다. 와인을 제공하는 데 사용하는 장비나 기구들을 잘 다룰 줄 알아야 하고, 와인을 최상의 상태로 마실 수 있도록 온도나 마시는 시기를 확인해 고객이 맛있게 즐길 수 있도록 해야 합니다.

호텔이나 레스토랑 등에서 고객을 상대하여 음식과 어울리는 와인에 대해 설명할 수 있어야 하기 때문에 의사소통 능력과 언어 구사 능력, 대인 관계 능력, 친절하고 공손한 태도를 갖추는 것이 중요합니다. 와인을 판매할 경우에는 고객과 충분한 대화를 통해 취향 등을 파악해

야 하므로 관찰력, 감정 조절 능력을 갖추는 것도 필요합니다.

와인 시장의 세계적인 동향을 파악하여 고객들에게 정보를 전달할 수 있어야 합니다. 와인에 대해 항상 공부하고, 원산지 방문, 와인 제조자와의 만남, 와인 세미나 참석 등을 통해 자신이 갖고 있는 와인에 대한 정보를 업그레이드하고 확인하는 노력을 해야 합니다.

또한 와인을 감별해야 하기 때문에 후각과 미각을 유지해야 합니다. 따라서 독한 술, 커피, 담배 등은 하지 않는 것이 좋습니다. 대부분 호텔이나 레스토랑에서 근무하므로 서비스 매너와 식탁 예절도 익혀야 하고, 고객 수준에 맞는 몸가짐을 갖추는 것도 중요합니다.

소믈리에 커리어맵

관련 학과 및 자격증은?

➡ 관련 학과: 소믈리에과, 식품영양학과, 식품영양학전공, 조리영양학과, 영양식품학과, 식품외식산업학과, 외식산업조리학과, 외식산업학부, 외식조리학과 식품조리학과, 외식산업과, 해양바이오식품학과, 바이오식품공학과, 식품생명공학과, 식품생명학과, 영양식품학과, 외식조리영양학과, 식품산업관리학과, 한식조리학과, 식품발효학과, 건강기능식품학과, 글로벌조리학과 등

➡ 관련 자격증: 소믈리에, 조리산업기사, 제과제빵사, 컬러리스트, 푸드코디네이터, 커피바리스타, 티마스터, 영양사, 위생사, 식품기술사, 식품기사, 식품산업기사, 중등 2급정교사(영양교사) 등

진출 방법은?

소믈리에가 되는 데 학력의 제한은 없으나 최근에는 대학 졸업자의 비율이 증가하고 있습니다. 직업의 특성상 외국인을 많이 상대하기 때문에 학력이나 전공보다는 영어, 일본어, 중국어 회화에 능통하면 유리합니다. 공개 채용이나 추천, 소믈리에 양성 교육 기관의 소개를 통해 주로 호텔이나 레스토랑, 와인 전문점 등으로 진출합니다.

국내에는 현재까지 소믈리에 국가 공인 자격증은 없지만, 한국소믈리에협회에서 주관하는 민간 소믈리에 자격 시험이 있습니다. 현재 소믈리에로 활동하고 있는 사람들은 주로 호텔에서 근무하면서 와인에 대해 공부하는 사람들이 대부분입니다. 드물지만 외국에서 소믈리에 양성 과정을 수료하거나 외국에서 전문적으로 와인 공부를 한 사람을 채용하는 경우도 있습니다. 최근에는 와인 아카데미나 대학의 평생 교육원, 사회 교육원 등에서 소믈리에를 양성하는 경우가 많습니다.

관련 직업은?

푸드코디네이터, 푸드스타일리스트, 테이블코디네이터, 테이블아티스트, 테이블데코레이터, 패키지소믈리에, 식공간연출자, 푸드컨설턴트, 잡지소믈리에, 방송소믈리에, 광고소믈리에, 영화음식감독, CF소믈리에, 메뉴개발자, 푸드저널리스트, 전시연출가, 푸드테라피스트 등

미래 전망은?

유럽, 미국 등 와인 산업이 발전한 나라에서 일상생활에서 중요하게 생각하는 것 중의 하나가 와인과 매너입니다. 와인에 대한 대중의 관심이 높아지면서 와인의 소비 형태가 레스토랑뿐만 아니라 가정으로까지 확대되고 있는 가운데 전문 와인바의 등장은 와인 산업이 본격적인 성장기에 접어들었다는 것을 말해 주고 있습니다.

와인이 대중화되면서 소믈리에 또는 와인어드바이저의 역할이 중요해지고 있어 소양과 자질, 실력을 갖춘 소믈리에에 대한 수요가 높아질 것으로 예상됩니다. 글로벌 시대의 흐름에 맞춰 기업체에서 직장인을 대상으로 와인과 테이블 매너 교육 프로그램이 확대될 것으로 예상되고, 와인 동호회 등의 증가로 회원들을 대상으로 하는 와인 강의 프로그램도 증가할 것으로 보여, 소믈리에의 직업 전망은 좋다고 볼 수 있습니다.

Jump Up

와인감별사에 대해 알아볼까요?

와인감별사는 레스토랑이나 바 등에서 와인을 구입하고 보관하는 일을 하고, 고객에게 와인을 추천하여 고객이 와인을 선택하는 데 도움을 줘요. 와인을 구입할 때 포도의 품종, 숙성 방법, 원산지, 수확 연도의 일조량 등을 고려하여 품질과 가격에 맞는 와인을 선택해요. 구입한 와인을 최상의 상태로 저장하고, 재고를 관리하며 와인 메뉴판을 작성하는 일을 해요. 고객에게는 메뉴판에 적힌 포도주의 각 특징에 대해 설명하고, 고객이 주문한 음식과의 조화, 고객의 기호, 연회나 파티의 성격 등을 고려하여 적합한 와인을 추천해요. 고객이 선택한 와인의 마개를 개봉하여 시음을 권한 후 술잔에 따라 주는 서비스를 해요.

식품영양학과
소믈리에 전공 분석

어떤 학과인가?

식품영양학은 식생활과 관련한 기본적인 현상을 과학적인 방법으로 찾아내고, 건강과 복지 증진을 연구하는 학문입니다. 식품영양학은 식품의 생산, 취급, 소비의 전 과정을 연구하는 식품학 분야와 식품을 소비할 때 우리 몸 안에서 일어나는 생리학적·생화학적 현상을 연구하는 영양학 분야로 구분합니다. 식품학에서는 식품을 생산하는 과정을 포함해 소비자들에게 식품을 공급하는 급식 경영자의 역할까지 다양한 분야를 연구를 합니다. 영양학에서는 인체의 발달과 성장, 그리고 그와 관련한 식품의 기능 등 식품의 영양학적 역할을 연구합니다.

식품영양학과에서는 각종 식품 재료의 성분과 성질을 파악하고, 조리 과정에서 일어나는 변화와 반응에 대한 실험을 통해 합리적인 조리 방법을 배웁니다. 식품 재료의 가공 처리 방법과 가공 식품의 취급·저장·유통·소비 등을 종합적으로 배웁니다. 사람의 몸에서 식품을 소화하고 대사하는 과정을 이해하기 위한 인체생리학, 생화학에 대한 지식도 배우게 됩니다. 이를 바탕으로 식품 성분이 인간의 몸에서 어떤 기능을 담당하는지를 찾아내고, 영양소의 불균형, 유전적 이상 유무, 대사 과정 이상 등으로 발생할 수 있는 문제들을 포괄적으로 탐구하는 학과입니다.

교육 목표와 교육 내용은?

식품영양학과는 사람이 살아가는 데 필요한 영양과 맛, 기호를 넘어서 건강과 관련 있는 식품 및 영양 과학의 지식을 전달하고, 관련 기술을 연구·개발·교육할 수 있도록 하는 것이 교육 목표입니다. 또한 사람들의 건강과 관련된 다양한 영역의 연구를 통해 질병을 예방하고 건강을 증진시키며, 산업 정보화 사회에 기여할 수 있는 식품영양학 분야의 전문가를 양성하는 데 목표를 두고 있습니다.

학과에 적합한 인재상은?

식품영양학과에서는 식생활에 대한 다양한 이론을 배우고, 이를 실제 생활에 적용하는 실천적인 성격을 지닌 학문을 교육합니다. 그러므로 생명과학, 화학에 대한 흥미가 있으며, 각종 실험을 통해 결과를 도출하고, 실험 과정을 통해 문제를 해결하는

» 시대 흐름에 맞춰 합리적인 식생활을 영위할 수 있는 인재를 양성합니다.
» 식생활의 과학화와 합리화, 건강 증진을 도모하기 위한 전문 지식을 갖춘 인재를 양성합니다.
» 식품영양학 이론을 통해 배운 지식을 실험, 실습으로 체험하고, 그것을 응용할 수 있는 전문적 기술을 지닌 인재를 양성합니다.
» 식품 영양 산업과 외식 산업 분야의 문제 해결 능력을 갖춘 인재를 양성합니다.
» 국가의 식품 영양 정책 수립과 실천에 기여할 수 있는 인재를 양성합니다.
» 전통의 식생활 문화를 바탕으로 식품 영양과 외식 분야의 학문을 선도할 글로벌 인재를 양성합니다.

데 흥미가 있는 사람에게 적합합니다. 식품이 사람들의 건강에 미치는 영향과 중요성에 대해 관심을 갖고, 새로운 식품을 개발하거나 가공 방법을 개선하거나 조리 방법을 개발하는 등 창의적인 작업을 하는 데 흥미가 있는 사람들에게 추천합니다.

식품 개발 작업은 다양한 임상 실험과 수많은 시행착오를 거치면서 진행되기 때문에 논리적인 사고력, 분석력과 결과물을 객관적으로 관찰하고 평가할 수 있는 능력을 지닌 사람에게 적합합니다. 평소 식품에 관심이 많고, 빠르게 변화하는 식품 트렌드와 새로운 영양 정보를 적극적으로 수용하려는 자세가 필요하고, 사람들에게 식생활과 영양에 대한 올바른 정보를 전달하고 교육하는 것을 좋아하는 사람에게 추천합니다. 다른 사람들을 잘 이해하고 배려하며, 리더십을 갖추고, 창의적인 시각으로 세상을 바라볼 줄 아는 사람에게 유리합니다.

관련 학과는?

영양식품학과, 식품영양학전공, 식품영양학부, 식품조리학부, 외식조리영양학부, 영양식품학과, 식품생명공학과, 호텔외식조리학과, 외식조리학과, 한식조리학과, 바이오식품영양학부, 바이오식품외식산업학과, 해양바이오식품학과, 바이오식품공학과 등

주요 교육 목표

식품 영양 분야의 종합적인
이론과 기술을 지닌 인재 양성

창조성을 갖춘
식품 영양 분야의 인재 양성

국민의 영양과 건강에
기여하는 인재 양성

식품 영양 분야의
전문성을 지닌 인재 양성

식품 영양 산업의
문제 해결 능력을 지닌 인재 양성

국제적 경쟁력을 갖춘
식품 영양 분야의 인재 양성

취득 가능 자격증은?

☑ 영양사   ☑ 위생사
☑ 영양 교사   ☑ 식품기술사
☑ 식품기사   ☑ 식품산업기사
☑ 조리산업기사   ☑ 조주기능사
☑ 유통관리사   ☑ 보건교육사
☑ 식품가공기능사   ☑ 한식조리기능사
☑ 한식조리산업기사
☑ 양식조리기능사
☑ 양식조리산업기사
☑ 중식조리기능사
☑ 중식조리산업기사
☑ 일식조리기능사
☑ 일식조리산업기사
☑ 식품경영관리사
☑ 푸드코디네이터 등

진출 직업은?

영양사, 소믈리에, 제과제빵사, 조리사, 푸드스타일리스트, 식품학연구원, 위생사, 영양 교사, 영양정보분석가, 바이오식품개발전문가, 기능성식품관리사, 전통음식문화상품 기획자, 식생활전문기자, 식문화컨텐츠기획자, 외식 및 식품MD, 외식컨설턴트, 외식상품기획자, 건강상담사, 식공간연출가, 식품 위생직 공무원, 보건 행정직 공무원 등

추천 도서는?

- 이해하기 쉬운 기초영양학(파워북, 구재옥 외)
- 알고 먹자, 유산균(양병원출판부, 양형규)
- 장내세균의 역습(비타북스, 에다 아카시, 박현숙 역)
- 식탁 위의 미생물(현대지성, 캐서린 하먼 커리지, 신유희 역)
- 플랜트 패러독스(쌤앤파커스, 스티븐 R 진드리, 이영래 역)
- 영양의 비밀(브론스테인, 프레드 프로벤자, 안종설 역)
- 식사에 대한 생각(어크로스, 비 윌슨, 김하현 역)
- 향신료 과학(북드림, 스튜어트 페리몬드, 배재환 역)
- 개인맞춤 영양의 시대가 온다(클라우드나인, 김경철 외)
- 식약방(파워북, 한영설 외)
- 항암 컬러푸드 색깔의 반란(행복에너지, 유화송 외)
- 몸에 좋은 색깔음식 50(고려원북스, 정이안)
- 인류 역사에 담긴 음식문화 이야기
  (린, 린다 비시델로, 최정희 역)
- 옥스퍼드 음식의 역사(따비, 제프리 N. 필처, 김병순 역)
- 전쟁이 요리한 음식의 역사(시대의창, 도현신)
- 비만의 진화(컬처룩, 제이 슐킨 외, 김성훈 역)
- 내 몸 안의 지식 여행 인체 생리학
  (전나무숲, 다나카 에츠로, 황소연 역)
- 생각이 필요한 건강과 식생활(수학사, 노봉수 외)
- 바다에서 찾은 희망의 밥상(지성사, 김혜경 외)
- 천연 발효식품: 세계 편
  (전나무숲, 산도르 엘릭스 카츠, 김소정 역)
- 식품에 대한 합리적인 생각법(예문당, 최낙언)
- 인간이 만든 위대한 속임수 식품 첨가물
  (국일미디어, 아베 쓰카사, 안병수 역)

학과 주요 교과목은?

기초 과목	식품학, 영양생화학, 영양학, 식품위생학, 조리과학, 미생물학, 생화학, 식품재료학, 건강식품학, 식품영양과 체형, 인간과 생활환경, 현대사회와 소비자 등
심화 과목	운동영양학, 식품화학, 발효공학, 식품가공학, 식품저장학, 식품가공 및 저장학, 식품품질관리학, 식품물리학, 식품물리화학, 곡류과학, 영양화학, 분자생물학입문, 생물공학, 영양유전체학, 인체영양학, 식사요법, 임상영양학, 영양판정, 식품미생물학, 식품생화학, 식생활과 문화, 실험조리 및 식품개발, 급식경영학, 단체급식관리 및 실습, 고급식품학, 생애주기영양학, 지역사회영양학, 영양교육 및 상담, 식생활관리, 식문화사 등

졸업 후 진출 분야는?

기업체	식품 제조 업체, 특급 호텔, 외식 업체, 단체 급식소, 사회 복지 시설, 제과 제빵 전문점, 와인·커피 전문점, 식품 회사, 요리 학원, 해외 호텔 및 레스토랑 등
연구 기관	한국식품연구원, 한국과학기술연구원, 식품영양학 연구소, 식품 제조 업체의 연구소, 식품 생명 관련 대학원 등
정부 및 공공 기관	식품의약품안전처, 보건복지부, 농림수산식품부, 농촌진흥청, 서울시청, 보건소, 학교, 한국능률협회컨설팅 등

🔍 전공 관련 선택 과목은?

▶ 국어, 영어 교과는 모든 학문의 기초적인 성격을 가진 도구교과로 모든 학과에 이수가 필요하여 생략함.

수능 필수	화법과 언어, 독서와 작문, 문학, 대수, 미적분Ⅰ, 확률과 통계, 영어Ⅰ, 영어Ⅱ, 한국사, 통합사회, 통합과학, 성공적인 직업생활(직업)		
교과군	선택 과목		
	일반 선택	진로 선택	융합 선택
수학, 사회, 과학	대수, 미적분Ⅰ, 확률과 통계, 사회와 문화, 현대사회와 윤리, 물리학, 화학, 생명과학	미적분Ⅱ, 정치, 법과 사회, 윤리와 사상, 물질과 에너지, 화학 반응의 세계, 세포와 물질대사, 생물의 유전	수학과제 탐구, 융합과학 탐구
체육·예술			
기술·가정/정보	기술·가정, 정보	생활과학 탐구	아동발달과 부모
제2외국어/한문			
교양		인간과 심리, 보건	인간과 경제활동

학교생활기록부 관리는?

출결 사항	• 출결은 학교생활 충실도를 평가하는 기본적인 항목이므로 미인정(무단) 출결 사항이 없도록 관리하세요.
자율·자치활동	• 식품 영양 분야에 대한 관심과 흥미를 바탕으로, 다양한 교내외 활동에 참여하여 자기 주도성, 성실성, 진취성, 리더십 등이 드러나도록 하세요.
동아리활동	• 식품, 요리 관련 동아리 활동에 참여하세요. • 식품 및 요리 관련 분야에서 적극적인 활동 내용이 구체적으로 드러나도록 하세요. • 동아리 가입 동기, 동아리 내 자신의 역할, 동아리 활동으로 변화된 자신의 모습, 전공과 관련된 자신의 소질 계발 경험 등이 드러나도록 하세요. • 학교내에서 타인을 위해 할 수 있는 지속적인 봉사 활동을 하세요. • 학교에서 주관하는 보건소, 병원, 재활원, 사회 복지 시설 등 사회 소외 계층 및 약자를 대상으로 하는 봉사 활동에 참여하세요.
진로 활동	• 식품 영양 관련 학과 및 직업에 대한 정보 탐색 활동을 권장해요. • 식품영양학과, 식품조리학과 등 관련 학과에 대한 체험 활동을 권장해요. • 음식 회사, 식품 관련 기관에서 주관하는 진로 활동 프로그램이나 요리 경연 대회 등에 참여하여 경험을 쌓는 것을 권장해요.
교과학습발달 상황	• 기술·가정, 생명과학, 화학 등의 교과 성적은 상위권으로 유지하고, 수업 활동에서 발휘한 역량이 기록될 수 있도록 수업에 적극 참여하세요. • 수업 활동에서 성실성, 적극성, 전공 적합성, 진로에 대한 열정 등이 드러나도록 하세요.
독서 활동	• 가정학, 식품영양학, 요리, 조리, 음식 등 다양한 분야의 책을 읽으세요. • 독서의 양이 중요한 것이 아니라 교과 시간에 배운 내용과 전공 분야를 연계시켜 지적 수준을 높일 수 있는 독서를 하는 것이 중요해요.
행동 발달 특성 및 종합 의견	• 자신의 장점을 총체적으로 이해할 수 있도록 발전 가능성, 전공 적합성, 인성, 학업 능력, 창의력, 자기 주도적 학습 능력, 문제 해결 능력, 변화 모습 등이 드러나도록 하세요. • 학교생활에서 자기 주도성, 경험의 다양성, 성실성, 나눔과 배려, 학업 태도와 학업 의지에 대한 장점이 기록되도록 관리해야 해요.

카오스 이론에 대해 알아볼까요?

➡️ 최근 20년 사이에 발전하기 시작한 학문 분야로, 상대성 이론, 양자 역학과 함께 20세기 과학의 3대 혁명으로 일컬어지고 있어요. '카오스(Chaos)'는 '혼란'을 의미하는 단어예요. 카오스 이론은 작은 변화가 예측할 수 없는 엄청난 결과를 낳는 것처럼 안정적으로 보이면서도 안정적이지 않고, 안정적이지 않은 것처럼 보이면서도 안정적인 현상을 설명해요. 또한 겉으로 보기에는 한없이 무질서하고 불규칙해 보이면서도, 나름대로 어떤 질서와 규칙성을 가지고 있는 현상을 설명하려는 이론이에요.

$$A^2 + B^2 = C$$

수학자란?

　브라질에 있는 작은 나비의 날갯짓이 미국 텍사스 주에 강한 태풍을 일으킬 수 있다는 '나비 효과'와 무질서하게 보이는 혼돈 상태에도 논리적 법칙이 존재한다는 '카오스 이론'은 매우 잘 알려진 과학 이론입니다. 그러나 많은 사람들은 카오스 이론이 물리학에서 출발한 과학적 이론이라고 알고 있지만, 실제로 이 이론을 처음 주장한 이는 앙리 푸앵카레라는 프랑스 수학자입니다. 18세기 말 푸앵카레는 기상 현상을 수학을 응용한 '대기 방정식'으로 설명하려 했습니다. 이 카오스 이론을 먼 훗날에 나비 효과를 통해 세상 사람들에게 알린 사람도 에드워드 로렌즈라는 수학자입니다. 1963년 로렌즈는 컴퓨터로 기상 모의실험을 하다가 초기 조건의 아주 작은 차이가 나중에는 엄청나게 증폭돼 전혀 다른 결과를 가져온다는 것을 발견했습니다. 이처럼 수학자들은 다양한 수학적 지식을 활용해 규칙성을 찾아냅니다.

　수학이라는 학문은 고대 문명이 시작되기 전부터 존재해 왔습니다. 그 당시에는 우리가 생각하는 수학이 아닌 산수 즉 더하기, 빼기, 나누기, 곱하기 수준으로 아주 초보적인 단계였습니다. 즉 수학은 인류와 함께 발전해 온 학문이라 할 수 있습니다. 이런 초보적인 수학을 체계적인 학문으로 만든 사람이 탈레스이며, 유명한 피타고라스 정리를 증명한 피타고라스라는 수학자도 있습니다.

　　최근 세계적으로 널리 알려진 IT 기업들은 수학을 전공한 인재들을 많이 채용하고 있습니다. 마이크로소프트 사의 창업자인 빌 게이츠는 하버드 대학 수학과 출신이며, 미국의 유명한 컴퓨터 개발 회사에서는 수학자 400명이 인문, 문학, 철학 전문가들과 함께 일하고 있으며, 다른 기업에서도 많은 수학자들이 활동하고 있습니다.

　　수학자는 최근에 생겨난 직업이 아니고 우리 인류의 역사와 함께했던 아주 오래된 직업입니다. 흔히들 수학은 기초 학문이어서 실제 생활에서는 별로 활용될 일이 없다고 생각하는데, 점차 사회가 전문화되면서 다양한 분야에서 수학이 활용되고 있어 수학자는 최고의 직업으로 인정받고 있습니다. 수학자는 수학적 전문 지식을 가지고 연구 활동을 하며, 다양한 분야에서 발생하는 문제 해결을 위한 이론과 학문을 연구하는 사람을 말합니다.

수학자가 하는 일은?

　　수학자가 하는 일은 매우 다양합니다. 여러 가지 수학적 이론과 계산 기술, 알고리즘, 높은 수준의 컴퓨터 지식을 이용하여 경제나 과학, 공학, 물리 등에서의 문제를 해결합니다. 예를 들면, 비행기 항로를 결정할 때 가장 효율적인 항로 과정을 계산한다든지, 새로운 약품이나 제품이 개발이 되었을 때 수학적 분석 기법을 활용하여 영향과 안전성 등을 분석하는 일을 합니다.

　　수학자는 다른 직업에 비해 임금이 높은 편입니다. 수학자들의 근무 시간은 규칙적이고, 근무 환경도 쾌적하여 육체적 스트레스는 심하지 않으나 연구 수행 과정에서 정신적 스트레스가 심한 편입니다. 직업 전문성을 바탕으로 업무에 대한 자율성이나 권한이 높고, 사회적 평판이 좋으며, 사회적인 기여도나 소명 의식이 높은 편입니다.

» 새로운 수학 이론을 만들어 내고, 수학 이론들 간에 알려지지 않는 새로운 관련성을 찾아내는 일을 합니다.

» 대수, 기하, 진법 이론, 논리학, 위상 수학 등 수학 분야의 기초 이론을 연구하고, 가설 또는 선택 이론을 시험하고 연구합니다.

» 과학, 공학, 군사 계획, 전산 자료 처리, 경영학 등 다양한 분야의 수학적 적용 가능성을 개발합니다.

» 물리학, 공학, 천문학, 생물학, 경제학, 산업경영학 및 기타 기능적 분야에서 수학적 지식을 적용합니다.

» 수학적 지식을 이용하여 암호학, 컴퓨터공학이나 엔지니어링, 금융 수학 등에 적용하는 과정을 연구합니다.

» 수학적 이론이나 기술을 이용하여 일상생활에서 발생하는 문제들을 해결합니다.

» 다양한 분야의 문제 해결을 위한 논리학 및 응용 수학 기술과 같은 분야에서 수학적 지식을 확장하기 위한 연구를 합니다.

» 수학적인 방법 및 응용과 관련된 연구자들에게 조언을 합니다.

수학자

커리어맵

관련기관
- 대한수학회 www.kms.or.kr
- 수리과학연구정보센터 www.mathnet.or.kr
- 국가수리과학연구소 www.nims.re.kr

준비방법
- 수학, 과학, 정보 교과 역량 키우기
- 수학 관련 학과 탐방
- 수학자 직업 탐방 및 체험 활동
- 컴퓨터 관련 지식 습득

적성과 흥미
- 호기심
- 집중력
- 논리적 사고력
- 분석력
- 의사소통 능력
- 문제 해결 능력
- 창의력

흥미유형
- 탐구형
- 관습형

관련학과
- 수학과
- 응용수학과
- 통계학과
- 데이터응용수학과
- 수학교육과
- 수학통계학과
- 수리데이터사이언스학과
- 수리빅데이터학과
- 응용수리과학부
- 정보수학과
- 수리과학부
- 수리금융학

관련교과
- 수학
- 과학
- 정보

수학자

관련자격
- 중등학교 2급 정교사(수학)
- 손해 사정인
- 보험 계리사
- 정보처리기사
- 정보처리산업기사

관련직업
- 순수수학자
- 응용수학자
- 수학연구원
- 자연과학연구원
- 수학교사
- 보험계리사
- 경제학자
- 통계학자
- 회계사
- 컴퓨터 프로그래머
- 펀드매니저
- 애널리스트

적성과 흥미는?

수학자에게 가장 필요한 것은 호기심으로, 당연하다고 생각되는 것도 항상 의문을 갖고, 더 근원적인 것을 찾기 위해 수시로 질문을 던질 수 있어야 합니다. 수학적 현상에 대해 원리를 생각해 보고, 자신만의 방법으로 문제를 풀어 나가는 자세가 필요합니다. 또한 문제를 찾아내고 해결하는 과정에서 집중력과 논리적 추론력, 분석력, 창의적 문제 해결 능력이 필요하며, 문제 해결 과정에서 많은 사람들과 대화를 하기 때문에 원활한 의사소통 능력을 갖추는 것도 중요합니다. 기존에 없는 새로운 방법으로 문제 해결을 시도할 수 있는 창의력도 필요합니다.

특히 컴퓨터 공학 분야에 지식이 많을수록 문제 해결에 도움이 되기 때문에 컴퓨터 관련 지식을 쌓는 것을 권장합니다.

수학을 비롯한 자연 과학 분야에 대한 전문적 지식을 갖추고, 실제 생활에 응용하고 적용할 수 있는 능력을 갖추는 것이 필요합니다. 탐구형과 관습형의 흥미를 가진 사람에게 적합합니다.

수학자가 되고자 한다면 수학에 대한 흥미가 있어야 하고, 호기심과 상상력을 키우기 위해 다양한 독서와 체험 활동을 할 것을 추천합니다.

수학자 커리어맵

관련 학과 및 자격증은?

➡ 관련 학과: 수학과, 통계학과, 정보수학과,
   데이터응용수학과, 수학교육과,
   수학통계학과, 수리데이터사이언스학과,
   수리빅데이터학과, 응용수리과학부,
   정보수학과, 응용수학과, 수리금융학,
   수리과학부 등

➡ 관련 자격증: 중등학교 2급 정교사(수학), 손해
   사정인, 보험 계리사, 정보처리기사,
   정보처리산업기사 등

Jump Up

순수 수학과 응용 수학에 대해 알아볼까요?

수학은 학문의 성격에 따라 순수 수학과 응용 수학 두 가지로 나뉘어요. 순수수학자들은 수학의 새로운 이론을 만들어 내고, 수학 이론 간에 알려지지 않는 새로운 관련성을 찾아내는 일을 해요. 순수수학자들이 연구하는 수학 이론은 과학이나 공학적인 분야 등 우리 사회가 발전하는 데 바탕이 돼요. 응용수학자들은 수학적 이론이나 기술을 이용하여 일상생활은 물론 공학, 물리, 사회 과학 분야 등의 문제들을 해결해요.

진출 방법은?

수학자로 활동하기 위해서는 수학 관련 학과인 수학과, 정보수학과, 응용수학과 등에 입학하여 수학적 지식을 활용한 문제 해결 방법과 응용 방법에 대한 지식을 체계적으로 배우는 것이 좋습니다. 대학 재학 중에는 다양한 수학 관련 연구 프로젝트에 참여하는 것이 필요하고, 수학 관련 연구 보조원이나 인턴 연구원으로 참여한 경험이 수학자가 되는 데 많은 도움이 됩니다.

수학자들은 주로 공개 채용이나 특별 채용을 통해 국내외 대학의 교수와 수학 연구원, IT 기업의 전산실, 금융 기관 등의 회계 및 경제 관련 부서로 진출하게 됩니다. 수학 관련 연구 분야로 진출하기 위해서는 수학 관련 대학원에 진학하여 석사 또는 박사 학위를 취득하는 것이 유리합니다. 최근 IT 분야에서 중요성이 커지고 있는 인공 지능, 정보 보호, 영상 처리, 컴퓨터 그래픽 분야에 진출하기도 하고, 금융 분야의 보험계리사, 펀드매니저로 활동하거나 파생 상품 설계, 금융 위험 분석 등의 업무를 하는 경우가 많습니다.

중고등학교의 수학 교사가 되려면 대학 재학 중에 교직 과목을 이수하거나 교육대학원을 졸업하여 중등 2급 정교사 자격증을 취득한 후 임용고사에 합격해야 합니다.

관련 직업은?

순수수학자, 응용수학자, 수학연구원,
자연과학연구원, 수학 교사, 보험계리사, 경제학자,
통계학자, 회계사, 컴퓨터 프로그래머, 펀드매니저,
애널리스트 등

미래 전망은?

수학은 공학, 경제학, 사회학과 같이 사회 모든 분야의 기초가 되는 학문이므로 수학자는 전망이 밝을 것으로 예상됩니다. 최근 미국에서는 수학자가 최고의 직업으로 선정되었다는 발표가 있었습니다. 미국의 취업 정보 사이트는 미국 내 200개 주요 직업을 대상으로 연봉, 미래 전망, 근무 환경, 스트레스 정도, 육체노동 수준, 이 5개 요소에 각각 점수를 매겨 합산한 결과를 발표했는데, 그중에서 수학자가 최고의 직업 1위로 선정되었다는 내용입니다.

과거에는 기하학, 대수학, 위상 수학, 해석학 등 순수 수학 분야가 대부분이었으나, 최근에는 인공 지능, 빅데이터 분석, 부호 이론, 금융 수학, 통신 수학, 수치 해석 등 응용 수학 분야의 진출이 활발해지면서 수학자의 인력 채용도 더욱 증가할 것으로 예상됩니다. 또한 4차 산업 혁명 시대로 접어들면서 앞으로 수 년 이내에 선진국 등 15개국에서 710만 개 이상의 일자리가 사라지는 반면, 새로 생기는 일자리는 200만 개 정도에 그친다는 보고서도 발표되었습니다. 그런데 새로 생기는 200만 개 일자리 중 컴퓨터와 수학 분야에서 40만 5,000개의 일자리가 생길 것으로 예측되면서 수학자의 전망을 밝게 해 주고 있습니다.

앞으로 수학자는 수학을 이용한 새로운 비즈니스 모델을 만들고, 경제, 통계, 정보 산업 및 컴퓨터 과학 등 다양한 기술들과 연계하여 새로운 분야를 개척할 것으로 보여, 미래 사회와 산업을 이끌 핵심적인 직업이 될 것입니다.

수학과
수학자 전공 분석

어떤 학과인가?

수학은 모든 분야에서 가장 기초가 되는 가장 오래된 학문으로, 물리, 화학, 생명 과학, 천문학 등의 자연 과학과 기계, 전자, 화공, 전산, 의학, 경제학 등의 응용과학을 포함합니다. 이렇게 다양한 분야에 적용되는 수학은 여러 자연 현상이나 사회 현상을 설명하고 분석하는 데 활용됩니다.

수학과에서는 현대 사회에서 발생하는 복잡한 문제들을 수학적인 지식과 분석 방법, 수학적 창의성과 사고 능력으로 해결할 수 있는 인재를 양성합니다.

수학과에서 배우는 수학은 크게 순수 수학과 응용 수학으로 나뉩니다. 순수 수학은 자연 현상을 관찰하여 알게 되는 것들을 하나의 수학적 모형으로 만들고, 그 모형을 분석하여 이론을 만들어 내는 과정을 다룹니다. 응용 수학은 순수 수학에서 만들어 낸 이론을 실제 생활에 접목하여 문제들을 해결하는 과정을 다룹니다.

현재 우리가 살고 있는 정보화 시대에서는 정보 통신, 컴퓨터, 정보 보안, 금융 등의 분야에서 한 차원 높은 수준의 수학적 이론이 필요하게 되었고, 수학적 능력이 기업 및 국가의 경쟁력을 좌우하게 되었습니다. 특히 정보 기술, 나노 기술, 생명 과학 기술 등의 급격한 발전과 함께 나타나는 다양한 수리적 문제의 해결을 위해 수학과의 중요성은 더욱 커지고 있습니다.

교육 목표와 교육 내용은?

사회가 다양해지고 복잡해짐에 따라 수학적인 문제 해결 방법은 이공계열 뿐만 아니라 인문 및 사회계열 분야에서도 여러 가지로 활용되고 있습니다. 이와 같은 수학의 특징에 따라 수학과는 수학 및 수리과학의 이해를 바탕으로 논리적이고 합리적이며, 정확성과 보편성을 갖춘 인재 양성을 통하여 사회에 공헌하는 것을 교육 목표로 하고 있습니다.

> » 지식 정보화 시대에 중추적 역할을 할 세계적 수준의 고급 수학 인재를 양성합니다.
> » 현대 기술 사회의 복잡한 문제들을 해결할 수 있는 유능한 인재를 양성합니다.
> » 수학자로서 갖추어야 할 인성과 품성을 지닌 인재를 양성합니다.
> » 다양한 수학의 학습 과정을 통해 창조적이고 논리적인 사고 능력과 분석 능력을 지닌 인재를 양성합니다.
> » 수학의 역할을 이해하고, 현상이나 문제를 수학적으로 관찰·조직·분석·해결할 수 있는 문제 해결 능력을 지닌 인재를 양성합니다.
> » 국제 경쟁력이 있는 수학적 전문 지식과 창조적이고 논리적인 사고 능력, 문제 해결 능력을 지닌 인재를 양성합니다.
> » 21세기 정보화 사회에서 요구하는 논리적이고 종합적인 사고 능력을 갖춘 합리적인 인재를 양성합니다.

학과에 적합한 인재상은?

수학과에서는 어떤 문제를 해결하는 데 있어 정답을 얻는 것보다 문제를 해결하고 증명해 나가는 과정을 더 중요하게 생각합니다. 따라서 문제의 해결 과정에 흥미를 갖고, 수학 문제가 풀릴 때까지 고민하면서 해결하려고 하는 끈기와 일상생활에서 수학이 적용되는 사례를 찾아보는 수학적 호기심이 필요합니다.

주어진 문제나 현상을 해결하기 위한 논리적인 사고력, 분석력, 창의력을 갖추어야 합니다. 현대 수학은 컴퓨터를 많이 활용하기 때문에 컴퓨터 활용 능력을 갖춘다면 도움이 됩니다. 다양한 공학적 문제들이 수학 계산에서 출발하여 해결되고, 금융 상품을 만들 때에도 수학이 활용되기 때문에 수학적 사고력을 갖추는 것이 매우 중요합니다. 일상생활에서 주변 상황을 자신의 언어로 해석하고, 어려운 문제에 부딪히더라도 포기하지 않고 목적을 성취하려고 하는 자세와 정보를 분석하고 종합하여 추론하는 능력이 필요합니다.

관련 학과는?

정보수학과, 데이터응용수학과, 수학교육과, 수학통계학과, 수리데이터사이언스학과, 수리빅데이터학과, 응용수리과학부, 정보수학과, 응용수학과, 수리과학부 등

진출 직업은?

수학자, 응용수학자, 순수수학자, 금융자산운용가, 수학 교사, 인공위성개발자, 자연과학시험원, 금융공학자, 보험계리사, 보험사무원, 보험인수심사원, 금융상품설계사, 펀드매니저, 금융분석가, 사회조사분석사, 손해사정사, 시스템소프트웨어개발자, 응용소프트웨어개발자, 데이터베이스개발자, 컴퓨터보안전문가, 빅데이터전문가, 시장조사연구원 등

주요 교육 목표

수학의 전문적 지식과
소양을 갖춘 인재 양성

- - - - - - - - - - - - - - - -

수학자로서 인성과
품성을 지닌 인재 양성

- - - - - - - - - - - - - - - -

현대 기술 사회의 문제를
해결할 수 있는 인재 양성

- - - - - - - - - - - - - - - -

지식 정보화 시대에 맞는
고급 수학 인재 양성

- - - - - - - - - - - - - - - -

수학적 문제 해결 능력을
지닌 인재 양성

- - - - - - - - - - - - - - - -

창조적·논리적 사고력을
지닌 인재 양성

취득 가능 자격증은?

☑ 중등학교 2급 정교사(수학)

☑ 보험계리사

☑ 회계사

☑ 세무사

☑ 정보처리기사

☑ 사회조사분석사

☑ 손해사정사 등

추천 도서는?

- 파이의 역사(경문사, 버트런드 러셀, 박영훈 역)
- 수학, 문명을 지배하다(경문사, 모리스 클라인, 박영훈 역)
- 현대 수학의 아버지 힐베르트
  (사이언스북스, 콘스탄스 라드, 이일해 역)
- 통계의 미학(동아시아, 최제호)
- 소설처럼 아름다운 수학 이야기(혜다, 김정희)
- 수학이 필요한 순간(인플루엔셜, 김민형)
- 수학의 기쁨 혹은 가능성(김영사, 김민형)
- 역사를 품은 수학, 수학을 품은 수학(21세기북스, 김민형)
- 교과서를 만든 수학자들(글암출판, 김화영)
- 위대한 수학문제들(반니, 이언 스튜어트, 안재권 역)
- 위대한 수학자의 수학의 즐거움
  (베이직북스, 레이먼드 플러드 외, 이윤혜 역)
- 수학의 천재들(경문사, 윌리엄 던햄, 조창수 역)
- 오지랖 넓은 수학의 여행(경문사, 이규봉)
- 수학으로 생각하기(포레스트북스, 스즈키 긴타로, 최지영 역)
- 프로그래머 수학으로 생각하라(프리렉, 유키 히로시, 안동현 역)
- 어느 수학자의 변명(세시, G.H하디, 정희성 역)
- 딱 하루만 수학자의 뇌로 산다면
  (위즈덤하우스, 크리스 워링, 고유경 역)
- 미술관에 간 수학자(어바웃어북, 이광연)
- 내가 사랑한 수학자들(푸른들녘, 박형주)
- 재미있어서 밤새 읽는 수학자들 이야기
  (더숲, 사쿠라이 스스무, 조미량 역)
- 수학자들(궁리, 마이클 아티야 외)
- 수학자가 들려주는 진짜 논리 이야기(다산초당, 송용진)
- 페르마의 마지막 정리(영림카디널, 사이먼 싱, 박병철 역)
- 춤추는 술고래의 수학 이야기
  (까치, 레오나르드 믈로디노프, 이덕환 역)
- 문명, 수학의 필하모니(효형출판, 김홍종)

학과 주요 교과목은?

기초 과목	선형대수학, 미분방정식, 집합론, 기하학, 이산수학, 정수론, 고등미적분학, 응용미적분학, 미적분학 및 연습, 기초수학과 미적분학과 행렬 및 연습, 수리학과의 방법론, 수학의 언어와 패턴의 과학, 인문사회학을 위한 수학, 우리수학사와 현대수학 등
심화 과목	해석학, 실해석학, 해석학특강, 해석학 및 연습, 확률통계학, 확률론특강, 확률과 통계 및 연습, 확률과정개론, 수치해석학, 수치해석 및 연습, 실변수함수론, 수리통계학, 선형대수 및 연습, 기하학개론, 미분기하학, 미분방정식론, 미분방정식 및 연습, 복소해석학, 대수학Ⅰ, Ⅱ, 대수학특강, 위상수학, 위상수학특강, 응용정수론, 응용수학특강, 조합론, 기하학특강, 편미분방정식 및 연습, 금융수학, 보험수학 등

졸업 후 진출 분야는?

기업체	중소기업 및 대기업의 전산실, 금융 기관, 보험 회사, 증권 회사, 은행, 정보 통신 기술 업체, 정보 처리 업체, 통계 관련 리서치 업체, 인터넷 정보 통신 업체, 출판사 등
연구 기관	수학 관련 연구소, 한국기초과학지원연구소, 국방과학연구소 등

🔍 전공 관련 선택 과목은?

▶ 국어, 영어 교과는 모든 학문의 기초적인 성격을 가진 도구교과로 모든 학과에 이수가 필요하여 생략함.

수능 필수	화법과 언어, 독서와 작문, 문학, 대수, 미적분Ⅰ, 확률과 통계, 영어Ⅰ, 영어Ⅱ, 한국사, 통합사회, 통합과학, 성공적인 직업생활(직업)		
교과군	선택 과목		
	일반 선택	진로 선택	융합 선택
수학, 사회, 과학	대수, 미적분Ⅰ, 확률과 통계, 물리학	기하, 미적분Ⅱ, 경제 수학, 인공지능 수학, 경제, 역학과 에너지, 전자기와 양자	수학과 문화, 실용 통계, 수학과제 탐구
체육·예술			
기술·가정/정보	정보	데이터 과학	
제2외국어/한문			
교양		인간과 철학, 논리와 사고	인간과 경제활동, 논술

학교생활기록부 관리는?

출결 사항	• 출결 사항은 학교생활 충실도를 평가하는 가장 기본적인 항목이므로 미인정(무단) 출결 사항이 없도록 관리하세요.
자율·자치활동	• 수학, 과학 분야에 대한 관심과 흥미를 바탕으로 다양한 교내외 활동에 참여하여 자기 주도성, 문제 해결 능력, 창의적 사고력, 성실성, 진취성, 리더십 등이 드러나도록 하세요.
동아리활동	• 수학, 과학, 코딩, 컴퓨터, 소프트웨어 관련 동아리 활동에 참여하세요. • 수학, 과학, 컴퓨터 관련 동아리 활동을 통해 전공에 대한 준비와 적극성이 드러나도록 하세요. • 동아리 가입 동기, 진로에 동아리 활동이 미친 영향, 동아리 내 자신의 역할, 동아리 활동으로 변화된 자신의 모습, 전공과 관련된 자신의 소질 계발 경험 등 구체적인 활동 내용이 기록되도록 하세요. • 학교에서 주관하는 장애인, 다문화 가정 학생 돕기, 양로원 봉사 활동 등 사회 소외 계층을 대상으로 하는 봉사 활동을 하세요. • 학교내에서 타인을 위해 할 수 있는 지속적인 봉사 활동을 하세요.
진로 활동	• 수학 관련 직업 탐색 활동을 권장해요. • 수학 관련 학과에 대한 체험 활동 및 탐방을 권장해요. • 수학 관련 연구소 견학, 대학교에서 주관하는 수학 관련 프로그램에 참여하여 경험을 쌓는 것도 좋아요.
교과학습발달 상황	• 수학, 과학, 컴퓨터 관련 교과의 성적은 상위권으로 유지하고, 수업 활동에서 어떤 역량을 발휘했는지, 주어진 문제를 어떻게 해결했는지, 지적 호기심을 어떻게 해결했는지에 대한 활동이 기록될 수 있도록 수업에 적극 참여하세요. • 수업 활동에서 성실성, 적극성, 전공 적합성, 진로에 대한 열정 등이 드러나도록 하세요.
독서 활동	• 수학 및 과학, 컴퓨터와 관련된 책을 읽으세요. • 자연 과학, 철학, 인문학 등 다양한 분야의 책을 읽으세요. • 독서의 양이 중요한 것이 아니라 수학, 과학, 컴퓨터 교과 시간에 배운 내용을 관심 분야와 연계시켜 지적 깊이를 확장하는 것이 중요해요.
행동 발달 특성 및 종합 의견	• 자신의 장점을 총체적으로 이해할 수 있도록 발전 가능성, 전공 적합성, 인성, 학업 능력, 창의력, 자기 주도적 학습 능력, 문제 해결 능력, 변화 모습 등이 드러나도록 하세요. • 학교생활에서 자기 주도성, 경험의 다양성, 성실성, 나눔과 배려, 학업 태도와 학업 의지 등 자신의 장점이 기록되도록 관리해야 해요.

3D프린터식품개발자에 대해 알아볼까요?

식품 3D프린터가 상용화되면, 이 장치로 만들 수 있는 식품을 전문적으로 개발하는 직업이에요. 다양한 식품 재료로 원하는 모양의 먹음직스러운 음식을 3D프린팅 기술로 만드는 방법을 개발하는 직업이지요. 이렇게 만들어진 음식은 품질이 균일하고, 식품의 안전성이 높으며, 다품종 소량 생산이 가능해져 소비자의 체질과 연령, 영양 상태, 취향 등을 고려해 맞춤형으로 제조가 가능해요. 또한 고령화 사회에 접어들면서 직접 요리하기 힘든 노인들을 위해 3D프린터를 이용한 조리법과 재료를 구성하는 일도 해요.

식품공학기술자?

'먹방'이란 '먹는 방송'의 줄임말인데, 최근 들어 차별화된 콘셉트와 '먹방'을 결합한 다양한 프로그램들이 각종 매체를 통해 쏟아져 나오고 있습니다. '먹방'이 대세라 해도 과언이 아닐 만큼 많은 사람들에게 인기를 끌고 있는데, 이처럼 현대인들이 건강한 음식, 맛있는 음식, 추억이 깃든 음식 등 다양한 먹거리를 찾는다는 것은 음식이 이제 인간적 본능을 넘어서 새로운 문화가 되었다는 것을 의미합니다.

인류는 산업 혁명을 거치면서 기계의 발명으로 전 산업 분야에서 수작업으로 이루어지던 공정에서 벗어날 수 있게 되었고, 대량 생산이 가능해졌습니다. 더불어 식량 문제를 해결하기 위해 식재료의 대량 생산과 함께 저장 기술, 품질 향상 기술이 빠르게 발전하였습니다.

최근에는 식품 가공 및 포장 기술의 발달로 유명 레스토랑의 음식을 반조리 상태로 손쉽게 구할 수 있게 되었고, 숙취 해소 음료와 같은 기능성 식품도 편리하게 이용할 수 있게 되었습니다. 이러한 기술의 발달은 '배부르게 먹는 것'보다 건강하게 살면서 삶의 질을 높이기

식품공학기술자
식품가공학과

위한 '잘 먹는 것'으로 패러다임을 바꾸었습니다.

 이와 같이 식품과 공학 기술의 융합으로, 기능이 뛰어나고 영양이 풍부하며 편리하게 이용할 수 있는 식품을 개발하는 데 도움이 되는 학문이 식품공학입니다. 식품공학 기술은 인류의 건강과 환경 문제를 극복할 수 있는 미래 식품을 개발할 핵심 기술이기도 합니다.

 식품공학자는 카레, 스프, 죽과 같은 즉석식품과 적은 양으로 감칠맛을 내는 조미료 등과 같이 자연에서 얻은 재료를 음식물로 가공하고 오래 보존하는 기술들을 개발합니다. 음식의 맛과 영양을 잃지 않으면서도 영양학적으로나 위생적으로도 완전한 식품을 소비자에게 제공하기도 하고, 다이어트 음료나 에너지 음료처럼 영양 보조 식품을 개발하기도 합니다. 소비자의 건강과 영양을 책임지는 식품공학기술자는 식품의 안전, 가공 식품의 품질, 식품 소재의 개발 등 진출할 수 있는 관련 분야가 다양하고, 건강식품에 대한 수요와 관심도 증가하고 있어 발전 가능성이 높은 직업입니다.

식품공학기술자가 하는 일은?

식품공학자는 식품에 대해 조사, 개발, 생산 기술 관리, 품질 관리, 포장 및 가공에 관한 일을 합니다. 식품공학자가 하는 일은 크게 식품 가공(식품 보존 및 포장), 식품 생산(식품의 생산 기술의 개발 및 관리), 식품 위생(식품의 성분 분석 및 안전성 검사) 분야로 나눌 수 있습니다.

식품공학자는 자연에서 얻은 식재료를 기술과 결합해 영양과 편의성을 두루 갖춘 새로운 식품으로 개발합니다. 그런 면에서 식품공학자를 먹거리의 창조자이자 개발자라고 할 수 있습니다.

발효 식품인 우리나라의 김치를 우주에서도 먹을 수 있게 하고, 세계로 수출하여 우리 음식 문화의 우수성을 알릴 수 있는 것은 김치에 식품공학 기술을 적용했기 때문일 것입니다. 발효 식품인 김치를 그대로 수출한다면 도착하기도 전에 맛이 변질되어 외국인들이 김치의 고유한 맛을 느낄 수 없을 것입니다. 때로는 식품의 유해성 논란과 가공 식품의 관리 감독 문제로 오해를 사기도 하지만 바른 먹거리를 책임지는 식품공학자는 여전히 사람들의 건강과 미래 식품 산업을 책임지는 든든한 버팀목입니다.

> » 식품 개발을 담당하는 식품공학자는 자사 및 경쟁 업체의 상품을 분석하여 생산할 제품을 기획합니다. 물리·화학적 구성을 검토하여 식품의 맛과 영양, 식감, 상품 가치 등을 개선할 재료를 선택하고, 소비자들의 취향에 맞는 조리 방법을 연구하여 제품을 개발합니다.
>
> » 식품 생산을 담당하는 식품공학자는 식품의 가공, 생산, 포장, 품질 관리에 관한 기술을 개발합니다. 또한 생산 현장에서 생산 라인의 책임자를 지도하거나 제조 공정을 감독·관리합니다.
>
> » 식품 위생을 담당하는 식품공학자는 각 식품의 특성에 맞는 이화학(물리·화학) 실험, 미생물 실험을 통해 식품의 유해 성분 잔류 여부와 식품 첨가물의 적절성 여부 등을 판별하는 안전 검사를 실시합니다. 실험 검사 결과를 토대로 보고서를 작성하고, 부적합 식품에 대해서는 재검사 및 사후 관리, 위생 점검을 실시합니다.
>
> » 식품공학자 중 식품감시원은 백화점이나 마트에서 판매되는 식품이나 식품 업체에서 생산하여 판매되는 식품이 위생적으로 유통되고 판매되는지를 관리하고 감독합니다.

Jump Up

영양사에 대해 알아볼까요?

영양사는 학교, 병원, 회사, 호텔 등 집단 시설에서 영양 성분, 조리 가능 수준, 비용 등을 고려하여 전체적인 식단을 짜고, 조리사들을 관리하며, 식사를 제공하는 직업이에요. 영양 균형에 맞게 필요한 양을 산출하여 재료를 구입하고, 재료의 품질 및 조리 방법과 위생 상태를 감독해요. 식품공학자가 식품의 안전성 및 생산 공정, 가공 등의 일을 한다면, 영양사는 건강한 삶을 유지하기 위한 효율적인 영양 제공 계획을 수립하고 실행하는 일을 해요.

식품공학기술자 커리어맵

관련기관
- 한국식품의약품안전처 www.mfds.go.kr
- 한국식품산업협회 www.kfia.or.kr
- 한국식품연구원 www.kfri.re.kr

준비방법
- 수학, 과학, 사회, 기술·가정 교과 역량 키우기
- 식품공학 관련 학과 탐방
- 식품 관련 기관 체험 활동
- 식품공학자 직업 탐방
- 식품공학, 식품, 영양, 생물학, 화학 등 다양한 분야의 독서 활동

적성과 흥미
- 식품에 대한 관심
- 호기심
- 탐구 능력
- 기초 과학에 대한 호기심
- 응용력
- 분석적 사고 능력
- 수리 능력
- 꼼꼼함
- 치밀함
- 인내력과 끈기
- 강직함
- 정직성

관련학과
- 식품공학과
- 식품영양학과
- 식품가공학과
- 식품생명공학과
- 식품생명과학과
- 식품과학과
- 식품의약학과
- 응용생물화학과
- 바이오식품공학과
- 바이오식품소재학과
- 해양식품공학과

관련교과
- 수학
- 사회
- 과학
- 기술·가정
- 정보

흥미유형
- 탐구형
- 현실형

식품공학기술자

관련자격
- 식품기술사
- 식품기사
- 식품산업기사
- 수산제조기술사
- 수산물품질관리사
- 분자요리전문가
- 농산물품질관리사
- 품질관리기술사
- 품질경영기사
- 품질경영산업기사
- 주조사

관련직업
- 식품학연구원
- 식품가공검사원
- 전통식품제조원
- 영양사
- 김치제조종사원
- 곤충식품개발자
- 식품 위생 담당 공무원
- 바이오식품 개발 전문가
- 외식 및 식품 마케터
- 외식브랜드 매니저
- 푸드코디네이터

115

적성과 흥미는?

식품공학자는 식품에 대한 관심이 있고, 다양한 맛을 보거나 분석하는 것을 즐겨 해야 합니다. 특정한 맛을 내기 위해 어떤 재료들이 결합되었는지, 어떤 영양소로 구성되었는지 등을 관심 있게 살펴보는 탐구 능력이 있어야 합니다.

무엇보다도 식품공학자가 되기 위해서는 식품공학, 식품미생물학 등의 이론과 개념을 이해하고, 응용할 수 있는 학습 능력이 필요합니다. 따라서 물리학, 화학, 생물 등의 기초 과학에 지적 호기심이 많고, 이를 첨단 과학에 응용하여 분석하고 통계적 방법으로 적용할 수 있는 분석적 사고 능력과 수리 능력도 있어야 합니다. 업무를 잘 수행하고 결과를 도출하기 위해서는 수학적인 모형을 구성하고, 유기체에 대한 설명을 위해 응용할 수 있는 수리 능력이 갖춰져 있다면 더욱 좋습니다.

꼼꼼하고 치밀하며 끈기가 있어야 합니다. 자신의 연구에 대한 뚜렷한 목표 의식과 주관을 갖고, 결과가 나올 때까지 반복되는 연구 개발 과정을 인내할 수 있어야 합니다. 건강과 직결되는 식품과 관련된 일이므로 외부 환경에 쉽게 흔들리지 않는 강직함과 정직한 성품도 요구됩니다.

식품공학기술자
커리어맵

관련 학과 및 자격증은?

➡ 관련 학과: 식품영양학과, 식품공학과, 식품가공학과, 식품생명공학과, 식품과학과, 한방건강식품학과, 미생물학과, 응용생물화학과, 바이오식품공학과, 바이오식품소재학과, 식품의약학과, 해양식품공학과, 생활과학과, 시스템생명공학과, 식품생명과학과 등

➡ 관련 자격증: 식품기술사, 식품기사, 식품산업기사, 수산제조기술사, 수산물품질관리사, 농산물품질관리사, 품질관리기술사, 품질경영기사, 품질산업기사, 분자요리전문가, 품질경영산업기사 등

진출 방법은?

식품공학자가 되기 위해서는 식품공학, 발효공학, 식품미생물학 등과 관련된 이론을 이해하고, 응용하는 능력이 필요합니다. 따라서 전문 대학 또는 4년제 대학교의 식품공학, 식품가공학, 식품과학, 식품영양학 등 식품 관련 전공을 선택하는 것이 일반적입니다. 연구 및 개발 분야에 종사하려면 식품공학 분야의 석사 이상의 학력을 요구하기도 합니다.

졸업 후에는 식품 제조 및 가공 업체, 식품 유통 업체, 식품의약품안전처 등과 같은 정부 기관, 기업체의 식품 관련 연구소, 식품 위생검사 기관, 식품 품질 검사 기관 등으로 진출할 수 있습니다. 또한 유전 공학이나 생명 과학, 제약, 환경 공학 등 다양한 산업 분야로 진출이 가능합니다.

식품 관련 연구원이 되기 위해서는 대학원에 진학하여 연구의 기초를 배우고, 필요한 실험 및 분석 기술을 습득하는 것이 좋습니다. 또한 식품과 관련된 전반적인 이슈들에 대한 지식과 경험을 쌓는 것도 필요합니다.

지역 사회의 보건소 등에서 근무하는 식품 위생 담당 공무원으로 진출할 수도 있는데, 식품 위생사 자격 취득과 더불어 식품학, 식품 위생학, 식품미생물학 등에 대한 지식, 원활한 대인 관계 능력이 필요합니다. 영양 교사로도 진출하는데, 영양사 면허를 취득하고, 대학 재학 중 교직 이수를 하여 영양 교사 교원 자격증을 취득하거나 교육 대학원에서 영양 교육 전공 석사 학위를 이수하여 영양 교사 교원 자격증을 취득해야 합니다. 영양 교사 교원 자격증을 취득한 후 임용 시험에 합격하면 영양 교사가 될 수 있습니다.

관련 직업은?

식품학연구원, 식품가공검사원, 전통식품제조원, 영양사,
김치제조종사원, 곤충식품개발자, 식품 위생 담당 공무원,
바이오식품개발전문가, 외식 및 식품마케터, 외식브랜드매니저,
푸드코디네이터 등

미래 전망은?

생활 수준이 향상되면서 식품과 건강에 대한 관심이 높아지고 있고, 다양한 기능을 가진 식품들이 빠르게 개발되어 판매되고 있습니다. 경제가 발달함에 따른 고령화, 1인 가구 및 맞벌이 가구의 증가로 식품 소비는 꾸준히 증가하고 있고, 식품 관련 산업도 급속히 성장하고 있습니다. 이와 더불어 식품 산업의 인력 수요가 꾸준히 증가하여 일자리 창출도 활발히 진행되고 있습니다.

식품 관련 기술은 나날이 발전하고 있지만, 식품의 안전성에 대한 우려는 좀처럼 가시지 않고 있습니다. 식품과 관련된 뉴스와 정보에 사람들은 민감하게 반응하고 있고, 식품에 대한 정보를 투명하게 공개할 것을 요구합니다. 정부와 지방 자치 단체에서는 사회적 요구에 따라 식품 안정성에 대한 신뢰 회복을 위해 투자를 아끼지 않고 있습니다. 기업의 입장에서도 자사 제품에 유해 성분이 검출되면 기업 이미지에 큰 타격을 입을 수 있기 때문에 관련 부서의 인력을 꾸준히 충원하고 있습니다.

식품 과학의 발달로 고기능성 음식 개발은 물론, 새로운 먹거리에 대한 연구도 활발히 진행되고 있습니다. 해조류나 곤충의 단백질을 이용한 미래 식량에 대한 연구가 꾸준히 진행되고 있으며, 김치나 장류, 인삼, 전통주 등 전통 식품 산업 육성을 위한 국가 정책도 추진되고 있습니다. 또한 세계적으로 한국 음식의 영양학적 가치에 관심이 높아지고 있고, 식품의 저장·포장·유통 분야 등에 첨단 공학 기술이 접목되면서 식품공학자에 대한 수요는 증가할 것입니다.

식품가공학과
식품공학기술자 전공 분석

어떤 학과인가?

식생활은 인간 생활의 가장 기본적인 것으로, 육체적·정신적 성장 발달과 건강에 깊은 관련이 있습니다. 식생활이 서구화되면서 과거에는 없던 여러 가지 건강 문제가 발생하고 있는데 특히, 음식 섭취와 인과 관계가 있는 비만, 당뇨병, 심장 순환계 질환, 암 등과 같은 질병이 날로 증가하고 있습니다. 이러한 질병들을 예방하기 위해 식생활의 중요성이 부각되고 있습니다. 오늘날 식품공학은 인간의 건강 증진, 질병 예방, 치료에 식품 소재를 활용하는 단계까지 발전하였습니다. 분만 아니라 녹색 혁명이라고 표현되는 생명공학의 발전이 식품공학에 많은 영향을 끼쳐 가까운 미래에 인류의 고민거리인 식량 문제를 해결할 수 있을 것으로 기대하고 있습니다.

식품공학과는 기능성 식품의 소재 및 가공 식품의 개발, 수입 농산물의 대체 재료 개발, 생리 활성 물질과 효소의 개발 등 유용한 물질을 탐색하고 개발하는 방법을 배웁니다. 위생적이고 안전한 식품을 생산하기 위해 갖추어야 할 식품공학적 지식과 미생물공학, 식품화학, 식품공학, 식품가공학, 향미화학 등의 분야를 교육하고 연구하는 학과입니다.

교육 목표와 교육 내용은?

식품공학과는 건강한 생활을 위한 질병 예방을 목적으로 식품 생산에 관련된 기술을 개발하고, 제조 장비 등 기계적 기술을 연구하는 학문으로, 식품과 관련된 폭넓은 학문과 기술에 대한 전문 소양을 갖춘 인재를 양성하는 것을 교육 목표로 합니다.

학과에 적합한 인재상은?

식품공학은 화학, 생화학, 생물학(특히 미생물학) 등 자연 과학을 바탕으로 한 공학 분야로서 무엇보다도 사물 현상에 대한 관찰과 실험을 기초로 연구하는 학문입니다. 따라서 식품공학은 평소 과학적이고 합리적인 사고를 하며, 자신이 설정한 목표를 향해 꾸준히 매진하는 사람이 전공하기에 적합합니다. 또한 식품공학과는 식생활에 대한 전반적인 이론을 배우고, 이를 실생활에 적용하는 실천적인 성격의 학문입니다. 각 식품의 특성과 인체에 미치는 영향에 대해 공부하고 배우는 과정에서 많은

» 다양한 분야와 융합 교육을 통해 식품공학 분야의 미래를 창조할 융합형 인재를 양성합니다.
» 우리나라 전통의 식생활 문화를 바탕으로, 식품공학과 관련 산업 분야 학문을 선도할 글로벌 리더를 양성합니다.
» 식품공학 산업 분야의 문제 해결 능력을 갖춘 전문 인재를 양성합니다.
» 식품 가공·제조의 원리 및 방법을 배워, 식품가공제조기사 및 식품 가공 분야의 연구원으로서 자질을 갖춘 인재를 양성합니다.
» 식품공학 분야의 학문적 이론과 현장 실무 능력을 갖춘 인재를 양성합니다.

실험과 실습을 하게 되는데, 문제 해결 능력을 지닌 사람에게 적합합니다.

평소 건강에 좋은 식품을 만드는 것에 관심이 많고, 사물과 식품의 특징에 대해 호기심이 많으며, 호기심을 해소하기 위해 끊임없이 탐구하려는 끈기가 필요합니다. 사람들의 건강 증진에 관심이 있거나, 새로운 식품 소재 및 식품 가공 방법, 조리 방법을 개발하기 위한 창조적 사고 능력을 지닌 사람에게 어울립니다. 더 나은 식품을 만들기 위해 첨단 기술을 식품 개발에 응용할 수 있는 창의력 및 응용력이 필요하고, 자료를 꼼꼼히 분석하여 원인과 결과를 명확히 규명하려는 치밀함과 분석력이 필요합니다. 또한 사람들의 건강을 위해 위생적이고 안전한 식품을 공급한다는 책임 의식, 정직함, 강직함을 갖추어야 합니다.

관련 학과는?

식품영양학과, 미생물학과, 바이오식품공학과, 바이오식품소재학과, 식품의약학과, 해양식품공학과, 생활과학과, 식물식품공학과, 식품생물공학과, 식품생명공학과, 식품생명과학과 등

주요 교육 목표

식품공학 분야의
미래를 창조할 융합 인재 양성

식품공학 분야의 문제 해결
능력을 갖춘 인재 양성

식품공학 분야의 현장 실무
능력을 갖춘 인재 양성

식품공학 분야의 정책 수립과
실천에 기여하는 인재 양성

식품공학 분야의 발전에
기여할 수 있는 인재 양성

식품공학 분야의 학문을
선도하는 글로벌 인재 양성

취득 가능 자격증은?

☑ 식품기사
☑ 식품산업기사
☑ 생물공학기사
☑ 식품가공기능사
☑ 영양사
☑ 위생사
☑ 양식조리기능사
☑ 일식(중식, 한식)조리기능사
☑ 복어조리기능사 등

진출 직업은?

식품공학자, 식품학연구원, 식품 위생 공무원, 영양사, 바이오식품개발전문가, 기능성식품관리사, 창업컨설턴트, 전통음식문화상품기획자, 음식치료식연구가, 식생활전문기자, 식문화컨텐츠기획자, 외식식품마케터, 외식식품MD, 외식컨설턴트, 외식상품기획자, 외식브랜드매니저, 푸드코디네이터 등

추천 도서는?

- 존 로빈스의 음식혁명(시공사, 존 로빈스, 안의정 역)
- 음식 문화의 수수께끼
  (한길사, 마빈 해리스, 서진영 역)
- 맛의 원리(예문당, 최낙언)
- 무엇을 먹을 것인가
  (열린과학, 콜린 캠벨 외, 유자화 역)
- 인간이 만든 위대한 속임수 식품 첨가물 2
  (국일미디어, 아베 쓰카사, 정만철 역)
- 존 로빈스의 100세 혁명
  (시공사, 존 로빈스, 박산호 역)
- 건강기능식품 약일까? 독일까?
  (지식과 감성, 김승환 외)
- 약국에서 만난 건강기능식품(생각비행, 노윤정)
- 건강기능식품 내 몸을 살린다(모아북스, 이문정)
- 혁명의 맛(교양인, 가쓰미 요이치, 임정은 역)
- 음식의 별난 역사
  (레몬컬체, 이안 크로프톤, 김시원 역)
- 인류 역사에 담긴 음식문화 이야기
  (린, 린다 시비텔로, 최정희 역)
- 옥스퍼드 음식의 역사
  (따비, 제프리 M. 필처, 김병순 역)
- 역사로 보는 음식의 세계(크레용하우스, 이은정)
- 글로벌 푸드 한국사(휴머니스트, 주영하)
- 거친 음식이 사람을 살린다(BF북스, 이원종)
- 유산균이 내 몸을 살린다(한언, 김동현)

학과 주요 교과목은?

기초 과목	일반생물학 및 실험, 일반화학 및 실험, 생물통계학, 미적분학, 유기화학, 공업수학 등
심화 과목	식품공학 및 가공학실험, 식품위생학실험, 식품미생물학실험, 식품분석학실험, 식품생화학실험, 식품생물공학실험, 식품안정성실험, 식품과학기초, 식품미생물학, 육가공학, 근육식품학, 식품분석학, 식품생물공학, 식품위생학, 식품안전성, 식품법규, 식품위해요소중점관리학, 식품생화학, 유기화학, 식품공학, 곡류과학, 식중독세균학, 건강기능식품학, 발효산업미생물학, 식품저장학, 과실채소과학, 식품산업현장실습, 식품포장공학, 식품독성학 등

졸업 후 진출 분야는?

기업체	식품 제조 업체, 외식 업체, 급식 업체, 식품 관련 유통 업계, 식품 마케팅 관련 기업 등
연구 기관	식품 제조 업체, 한국식품연구원, 식품 회사의 연구소, 생명 공학 관련 연구소 등
정부 및 공공 기관	식품 관련 공공 기관, 식품의약품안전처, 한국식품연구원, 한국능률협회, 한국과학기술연구원, 농림축산식품부, 국립농산물품질관리원, 농림수산검역검사본부 등

전공 관련 선택 과목은?

▶ 국어, 영어 교과는 모든 학문의 기초적인 성격을 가진 도구교과로 모든 학과에 이수가 필요하여 생략함.

수능 필수	화법과 언어, 독서와 작문, 문학, 대수, 미적분Ⅰ, 확률과 통계, 영어Ⅰ, 영어Ⅱ, 한국사, 통합사회, 통합과학, 성공적인 직업생활(직업)		
교과군	선택 과목		
	일반 선택	진로 선택	융합 선택
수학, 사회, 과학	대수, 미적분Ⅰ, 확률과 통계, 물리학, 화학, 생명과학	미적분Ⅱ, 물질과 에너지, 화학 반응의 세계, 세포와 물질대사, 생물의 유전	수학과제 탐구, 융합과학 탐구
체육·예술			
기술·가정/정보	기술·가정, 정보	생활과학 탐구	창의 공학 설계
제2외국어/한문			
교양			

학교생활기록부 관리는?

출결 사항
• 미인정(무단) 출결 사항이 없도록 관리하세요. 미인정(무단) 결석 등이 있으면 학교생활 충실도나 인성 영역에서 부정적인 평가를 받을 가능성이 높아요.

자율·자치활동
• 학급 및 학교 공동체 활동에서 인성, 리더십 등 역량을 보여 주고, 자신의 활동 내용과 그 활동을 통해 배우고 느낀 점 등이 드러나도록 하세요.

동아리활동
• 전공과 관련된 식품이나 요리 관련 동아리 활동에 참여하세요.
• 동아리 가입 동기, 동아리 내 자신의 역할, 동아리 활동으로 변화된 자신의 모습, 전공과 관련된 자신의 소질 계발 경험 등이 드러나도록 하세요.
• 학교에서 주관하는 보건소, 병원, 재활원, 사회 복지 시설 등 사회 소외 계층 및 약자를 대상으로 하는 봉사 활동에 참여하세요.

진로 활동
• 식품공학 관련 직업과 학과 체험 활동을 자기 주도적으로 하세요.
• 식품 관련 학과 체험 활동으로 식품의 성분을 비교·분석하거나 요리하기를 추천해요.
• 농림축산식품부, 한국식품연구원 등의 기관에서 주관하는 진로 체험 프로그램에 적극 참여하세요.

교과학습발달 상황
• 수학, 과학 등 자연 계열 관련 교과의 학업 성취도를 상위권으로 유지하고, 수업 활동에서 학업 수행 역량, 전공 적합성, 진로에 대한 열정 등이 드러나도록 하세요.
• 공동 과제 수행, 모둠 활동, 단체 활동 등에서 타인의 의견을 경청하고, 자신의 생각이나 의견을 논리적·체계적으로 표현한 경험, 새로운 지식을 적극적으로 습득한 경험 등이 드러나도록 하세요.

독서 활동
• 식품공학, 심리학, 상담학, 생명공학, 인문학, 철학 등 다양한 분야의 독서를 통해 융합적 사고 능력을 키우고, 식품 관련 분야에 대한 지식수준을 높이도록 하세요.

행동 발달 특성 및 종합 의견
• 발전 가능성, 전공 적합성, 인성, 학업 능력, 창의력, 자기 주도적 학습 능력, 문제 해결 능력, 발전된 모습 등 자신의 장점이 표현되도록 관리해야 해요.
• 학교생활에서 자기 주도성, 경험의 다양성, 성실성, 나눔과 배려, 학업 태도와 학업 의지 등 자신의 장점이 기록되도록 관리해야 해요.

원예기술자란?

　원예(園藝, Horticulture)의 어원은 라틴어로, 그리스 도시의 성벽 안쪽을 뜻하는 'Hortus'와 재배를 뜻하는 'Cultura'에서 유래되어 이
후에 'Horticulture'로 표현되었는데, 성벽 안쪽의 토지에서 작물을 모아서 한꺼번에 재배하는 것을 의미합니다. 원예(園藝)라는 한자도
해석해 보면, 동산 원(園)은 뜰, 밭, 담, 울타리로 밭을 에워싼 과수원이나 채소원을 뜻하고, 심을 예(藝)는 '재주, 심다'라는 의미가 있어, 식
물을 심기 위해서는 재능이 필요하다는 뜻입니다. 이렇게 볼 때 전통적인 원예의 의미는 울타리를 친 밭에서 작물을 재배한다는 뜻입니다.
　원예는 농업의 일부분으로, 시설을 이용하여 행하는 채소, 과수, 화훼의 집약적인 생산 농업을 일컬으며, 그 생산품을 가공하는 원예
가공이라든지, 화훼를 주재료로 하여 새로운 아름다움을 만들어내는 예술 활동인 화훼 장식, 분재 등도 이에 포함됩니다. 원예는 전통적
으로 채소 원예, 과수 원예, 화훼 원예로 분류하는데, 여기에 조경 및 도시 설계를 한 분과로 분류하기도 하고, 최근에는 시설 원예, 생활

원예기술자

식물자원학과

03
자연계열

원예를 한 분과로 분류하기도 합니다.

　원예학은 원예에 관한 이론, 기술, 이용 범위 등을 연구하는 응용과학의 한 분야입니다. 채소원예학과 과수원예학은 인간의 식생활에 공급되는 부식과 후식의 생산에 관한 학문이고, 화훼원예학은 인간이 식물을 통한 미적 만족을 추구하기 위해 연구하는 학문입니다. 원예의 기원은 청동기 시대부터 유럽에서 포도가 재배되었다는 증거가 스위스, 이탈리아에서 발견되었습니다. 우리나라의 경우 원예의 기원은 신석기 시대까지 거슬러 올라간다고 볼 수 있지만, 본격적인 시작은 비교적 최근의 일로, 1906년에 둑도원예모범장이 설립된 이후라고 할 수 있습니다.

　원예기술자는 식물이 포함된 공간을 식물체로 멋스럽고 조화롭게 설계·시공·제작하고, 수목 등의 식물의 생육을 정기적으로 관리하는 사람입니다.

원예기술자가 하는 일은?

원예기술자는 가꾸거나 재배하고자 하는 식물이나 화훼를 정해진 공간에서 아름답고 조화롭게 설계·시공하고, 각종 수목이나 식물의 성장을 관리해 결실을 맺도록 하는 일을 담당합니다. 여러 품종의 과수, 채소, 화훼 등이 잘 성장할 수 있도록 관리하는 것이 가장 큰 업무입니다.

원예기술자는 원예 작물에 대한 전문 지식이 있어야 합니다. 다른 직업에 비해 임금이 낮은 편이며, 새로운 일자리가 많이 생겨나고, 취업 경쟁이 치열하지 않아 일자리 수요는 양호한 편입니다. 근무 시간이 긴 편이고, 정신적·육체적 스트레스가 어느 정도 있으나, 근무 환경은 매우 좋은 편이며, 양성평등 및 고용 평등이 잘 이루어지고 있는 직업에 속합니다.

» 재배할 화훼 작물의 종류와 양을 결정한 다음, 필요한 종자와 비료, 장비 등을 준비합니다.
» 토양에 화훼 종자를 심고, 꽃의 종류에 따라 이식, 솎아주기, 거름주기 등을 통해 성장을 관리합니다.
» 꽃잎의 구조, 개화 정도, 토양 조건 등을 관찰하고, 잡초, 해충을 제거하기 위해 제초제, 살충제를 살포합니다.
» 작물 특성에 따라 알맞은 기술을 사용하여 수확하고 선별하여 보관합니다.
» 과수, 채소, 화훼 등 새로운 품종의 원예를 육성 재배하기 위해 품종 간 또는 개체 간 교잡, 교접 등의 시험 연구를 합니다.
» 개량된 품종에 적합한 토양, 기온, 습도 등의 재배 조건을 조사합니다.
» 개량된 품종을 생산하고 번식시키기 위해 농약을 살포하거나 비료를 부리는 등의 일을 수행합니다.

원예기술자
커리어맵

- 농촌진흥청 www.rda.go.kr
- 국립식량과학원 www.nics.go.kr
- 농림수산식품부 www.maf.go.kr
- 국립환국자생식물원 nbgk.koagi.or.kr

- 과학, 기술·가정 교과 역량 키우기
- 원예학 관련 학과 탐방
- 원예기술자 직업 탐방 및 체험 활동
- 원예학, 생물학, 자연과학 등 다양한 분야의 독서 활동

적성과 흥미
- 원예에 대한 지식과 기술
- 끈기
- 강인한 체력
- 창의력
- 꼼꼼함
- 도전 정신
- 생명 현상에 대한 관심
- 과학적 사고력
- 문제 해결 능력
- 컴퓨터 활용 능력

관련기관

준비방법

흥미유형
- 탐구형
- 예술형

원예기술자

관련학과
- 식물자원학과
- 원예과학과
- 원예산림학과
- 원예산업학과
- 원예생명과학과
- 원예생명조경학과
- 스마트원예과학과
- 스마트농산업학과
- 스마트팜과학과
- 식물생명과학과
- 원예학과
- 특용식물학과
- 응용식물학과
- 농업계고등학교 원예과
- 전문 대학 원예과

관련교과
- 과학
- 기술·가정
- 환경

관련자격

관련직업

- 시설원예기사
- 시설원예산업기사
- 시설원예기술사
- 식물보호기사
- 식물보호산업기사
- 종자기사
- 종자기술사
- 종자산업기사
- 농산물품질관리사
- 유기농업기사
- 유기농업산업기사
- 중등학교 2급 정교사(식물자원 조경)

- 종자개발전문가
- 원예치료사
- 곡식작물재배자
- 과수작물재배자
- 채소 및 특용작물재배자
- 원예작물환경연구원
- 원예종묘기사
- 시설재배연구원
- 원예장비도매원

적성과 흥미는?

원예기술자는 작물과 원예 재배에 대해 흥미와 관심이 있어야 하며, 재배 방법에 대한 전문 지식과 기술이 요구됩니다. 반복적인 시도와 실험을 통해 원하는 작물을 재배하는 것이 중요한 업무이기 때문에 끈기와 인내심이 필요합니다. 각종 실험을 진행하여 형질이 우수한 새로운 품종을 개발하기 위해 창의력이 요구됩니다.

원예기술자의 주된 업무는 육체노동이므로 신체적으로 건강해야 하며 꼼꼼함, 성취감, 도전 정신을 가진 사람에게 유리합니다. 탐구형과 예술형의 흥미를 가진 사람에게 적합합니다.

원예학은 농업, 환경 등 여러 학문과 연계되어 있어 인류의 건강과 복지, 지구 환경을 보호하는 데 중요한 역할을 담당하는 학문이기 때문에 평소에 생명 현상에 대한 경외심과 호기심, 문제의식을 지닌 사람이 좋습니다. 과학적 사고력과 풍부한 창의력, 문제 해결 능력을 갖추고, 눈에 보이는 현상을 정확하게 볼 수 있는 관찰력, 분석력을 갖추어야 합니다. 최근에는 형질이 뛰어난 작물을 재배하기 위해 정보 통신 기술, 생명 공학 기술 등의 첨단 연구 방법을 활용하므로 컴퓨터 등 공학 및 과학적 지식이 요구됩니다.

원예기술자에 관심이 있다면 평소에 화훼를 키워 보는 것을 권장하고, 화훼 관련 시설을 방문하여 직접 체험해 보는 것도 도움이 됩니다. 원예와 관련된 분야의 독서를 통해 기초 지식을 쌓는 것도 추천합니다.

원예기술자
커리어맵

관련 학과 및 자격증은?

➡ 관련 학과: 식물자원학과, 원예학과, 원예과학과, 원예산림학과, 원예산업학과, 원예생명과학과, 원예생명조경학과, 스마트원예과학과, 스마트농산업학과, 스마트팜과학과, 식물생명과학과, 농업계고등학교 원예학과, 전문대학 원예과 등

➡ 관련 자격증: 시설원예기사, 시설원예산업기사, 시설원예기술사, 식물보호기사, 식물보호산업기사, 종자기사, 종자기술사, 종자산업기사, 농산물품질관리사, 유기농업기사, 유기농업산업기사, 중등학교 2급 정교사(식물자원 조경) 등

Jump Up

종자개발전문가에 대해 알아볼까요?

각종 농작물이나 식물을 대상으로 형질이 뛰어나고 우수한 종자를 개발하는 일을 하는 사람이에요. 종자 개발은 인간의 기본적인 의식주 생활 중 먹거리에 해당하는 분야이기 때문에 미래에도 성장 가능성이 높은 분야에요.

새로운 씨앗을 개발하는 종자개발연구원이 되려면 농업생명공학, 작물과학, 유전과학, 원예학 등을 전공해야 해요. 학과 공부를 통해 농업에 관한 전반적인 이론을 익히고, 실험 설계부터 결과물을 도출하는 것까지 배운 뒤, 졸업 후에 종자 개발 연구 관련 연구소나 기업에서 연구를 시작해요.

진출 방법은?

원예기술자가 되기 위한 학력 조건은 없습니다. 일정 기간 원예 기술이 뛰어난 사람 밑에서 일하면서 경력을 쌓은 다음, 정식 원예기술자가 되는 것이 일반적입니다. 직업 전문 학교에서 원예 관련 분야의 지식과 기술을 배우거나 실업계 고등학교의 원예과나 조경과 등에서 지식과 기술을 배운 다음, 원예 관련 자격을 취득하여 관련 업무를 하기도 합니다.

원예기술자의 경우에는 일반적으로 현장 소장이나 작업반장, 현장 작업원의 추천으로 취업하는 경우가 대부분입니다. 건설 회사의 조경부서나 정원수 및 온실 재배 업체 등에서 근무합니다. 경력이 어느 정도 쌓이면 작업반장이 될 수 있으며, 경력을 쌓거나 학위를 취득한 후 원예기사, 원예기술사 자격을 취득하면 공사를 관리할 수 있는 직급까지 승진할 수 있습니다. 실력이 쌓이면 원예 관련 업체를 창업할 수 있습니다.

관련 직업은?

종자개발전문가, 원예치료사, 곡식작물재배자,
과수작물재배자, 원예기술자, 채소 및 특용작물재배자,
원예작물환경연구원, 원예종묘기사, 시설재배연구원,
원예장비도매원 등

미래 전망은?

농업은 인류 생존에 필수적인 식량을 공급하는 산업입니다. 미래의 농업 분야는 지속적으로 증가하는 수요에 대응해 식량을 안정적으로 생산하고 공급하는 동시에 지구 생태계를 친환경적이고 쾌적한 상태로 만드는 데 초점이 맞추어질 것입니다. 농업 생산은 토지를 확대하는 것뿐만 아니라 토지 이용률을 최적화시켜서 생산 효율을 높이는 것이 중요합니다.

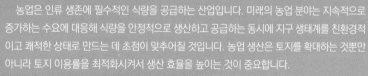

농업 생산성과 농가 소득을 증대시키기 위해 화훼 농가에 대한 지원이 확대되는 상황이라 원예기술자의 수요는 증가할 것으로 예상됩니다. 현대인들의 정신적 안정과 건강한 삶을 위해 화훼 산업이 발전하고, 다양한 원예 작물로 마음의 평온을 얻고자 하는 사람들의 수요가 늘어나고 있다는 것은 원예기술자의 전망이 밝다는 것을 짐작할 수 있습니다.

식물자원학과
원예기술자 전공 분석

어떤 학과인가?

작물은 수억 년의 역사를 가진 식물 중 인간이 선택하여 재배하는 식물로서, 인간에게 식량은 물론 의약용·섬유용·관상용·사료용 원료를 공급하면서 인류의 역사와 함께 공존해 왔습니다. 인류는 생활의 중요한 동반자로 작물을 보존·보호하면서 더 나은 품질로 개량하기 위해 노력하고 있습니다.

식물자원학은 기상, 토양, 잡초, 병해충 등의 환경 요인과 작물 상호 관계의 종합적 이해를 통해 효율적 작물 생산 체계 개발, 전통적 육종 방법과 첨단 생명 공학 기법을 접목시킨 작물 유전 형질 개량 분야에 관한 이론과 응용 방법을 교육하는 학문입니다. 식물자원학은 생화학, 유전학, 통계학과 같은 기초 학문뿐만 아니라 재배학, 작물생리학, 잡초방제학, 식용작물학, 약용작물학 등 작물 재배와 직접적으로 관련이 깊은 학문입니다.

식물자원학과는 인류 복지를 위한 식량 생산의 역할을 담당하는 학과로 수도작, 전작, 공예작물학, 약용작물학, 사료작물학 등의 생리 및 생태학, 유전육종학에 관해 연구합니다. 또한 농산물의 품질 개량, 생산 기술 및 생력 재배 기술의 개발과 함께 환경 보전 기능을 통해 인류 생활에 필요한 식량과 산업에 필요한 식물 자원을 안정적으로 공급하여 사회 발전에 크게 기여하고 있는 학과입니다.

교육 목표와 교육 내용은?

식물자원학과는 첨단 생명 공학을 응용해 식량 생산 증대를 위한 유용 식물 자원 개발, 신품종 육성 및 과학적 기술 개발에 대한 지식과 방법을 교육하여, 식물 자원 산업 분야에서 창의력, 전문성, 리더십을 갖춘 인재를 양성하는 것을 교육 목표로 합니다. 식물 자원의 학문적 연구와 과학화된 이론과 기능으로 식물 자원 분야에서 지도적 역할을 할 수 있는 인재를 양성하는 학과입니다.

» 국가와 국제 사회의 식물 자원 분야에서 지도적 역할을 할 수 있는 인재를 양성합니다.
» 자원 식물의 유전자 조작, 생물공학, 유용물질생산공학, 천연물화학공학 및 이용공학에 필요한 인재를 양성합니다.
» 교양과 리더십을 갖춘 지도자적 인재를 양성합니다.
» 식물 자원 분야의 융·복합적 능력을 지닌 인재를 양성합니다.
» 종합적인 이론과 기술을 지닌, 식물 자원 분야의 지도자적인 인재를 양성합니다.

학과에 적합한 인재상은?

식물자원학과에 진학하고자 한다면 우선 자연과 농업 기술, 식량 문제, 가축, 농촌 문제 등에 대한 관심이 필요합니다. 다른 학문과 달리 연구 성과가 짧은 시간에 나타나지 않고, 기후나 환경 등의 제약 요소가 많으므로, 인내심과 끈기를 가지고 연구하는 자세가 요구됩니다.

인류의 건강과 복지, 지구 환경을 보호하는 데에 큰 역할을 담당하는 인재를 양성하기 때문에 생명 현상에 대한 경외심, 호기심, 탐구심을 바탕으로 문제의식을 지니면 좋습니다. 과학적 사고력과 풍부한 창의력, 문제 해결 능력을 지닌 사람에게 적합하고, 눈에 보이는 현상을 정확하게 볼 수 있는 관찰력이나 분석력을 지녀야 합니다. 최근에는 형질이 뛰어난 작물을 재배하기 위해 정보 통신 기술, 생명 공학 기술 등의 첨단 연구 방법을 활용하므로 공학 및 과학적 지식이 요구됩니다.

평소에 식물, 동물 및 인간의 생명 현상에 관심이 많고, 생명 현상에 대해 의문을 갖고 끝까지 밝혀내고자 하는 강한 의지력이 있어야 하며, 수학, 물리학, 화학, 생물학, 생명 과학 등의 과목에 흥미와 소질이 있다면 전공하는 데 도움이 됩니다.

관련 학과는?

식물생명과학과, 식물생산과학부, 식물자원조경학부, 반려동물학과, 응용식물학과, 특용식물학과, 특용식물학과, 응용식물학과, 식물자원환경전공 등

진출 직업은?

곡식작물재배자, 과수작물재배자, 원예기술자, 채소 및 특용작물재배자, 농업직 공무원, 농업연구사 등

주요 교육 목표

교양과 리더십을 갖춘
식물 자원 분야의 인재 양성

식물 자원 분야의 지도자적
소양을 지닌 인재 양성

국가와 사회에 기여하는
식물 자원 분야의 인재 양성

식물 자원 분야의 이론과
기술을 지닌 인재 양성

식물자원학 분야의 융복합적
전문성을 갖춘 인재 양성

식물 자원 분야의 국제 경쟁력을
갖춘 인재 양성

 ### 취득 가능 자격증은?

- ☑ 종자기사
- ☑ 종자기술사
- ☑ 종자산업기사
- ☑ 시설원예기사
- ☑ 시설원예산업기사
- ☑ 시설원예기술사
- ☑ 식물보호기사
- ☑ 식물보호산업기사
- ☑ 농산물품질관리사
- ☑ 유기농업기사
- ☑ 유기농업산업기사
- ☑ 중등학교 2급 정교사(식물자원 조경)등

추천 도서는?

- 위기의 밥상, 농업(미래아이, 서경석)
- 모두를 살리는 농사를 생각한다
  (목수책방, 녹색연합 외)
- 씨앗 미래를 바꾸다(다림, 진중현 외)
- 독도의 생물다양성
  (휴먼컬처아리랑, 환경부 국립생물자원관)
- 식물이 더 좋아지는 식물이야기 사전
  (목수책방, 찰스 스키너, 윤태준 역)
- 식물의 책(책읽는 수요일, 이소영)
- 식물의 도시(터치아트, 헬레나 도브 외, 박원순 역)
- 처음 읽는 식물의 세계사
  (탐나는 책, 리처드 메이비, 김영정 역)
- 다윈의 식물들(지오북, 신현철)
- 식물 국가를 선언하다
  (더숲, 스테파노 만쿠소, 임희연 역)
- 식물 문답(놀와, 조현진)
- 식물에게 배우는 인문학(학이사, 이동고)
- 푸드 앤 더 시티
  (삼천리, 제니퍼 코크럴킹, 이창우 역)
- 6차 산업을 디자인하라
  (책넝쿨, 현의송)
- 자연은 위대한 스승이다
  (김영사, 이인식)
- 식량 안보, 한민족의 미래
  (씨아이알, 김현영)

학과 주요 교과목은?

기초 과목	식물유전학, 식물형태학, 식물육종학, 식물영양학, 응용식물학, 유기화학, 생화학, 기초화학, 작물생명공학, 일반미생물학, 응용미생물학, 토양비료학, 생물과학의 이해, 식품학, 식품공학, 식품화학, 식품미생물학 등
심화 과목	식물자원학실습, 농업미생물학, 특약용식물학, 농업해충학, 토양화학, 농약화학, 동물유전학, 동물발생학, 동물면역학, 동물육종학, 동물사료학, 생물통계학, 동물생리학, 동물생화학, 동물영양학, 동물자원학, 동물질병학, 동물번식학, 축산경영학, 효소공학, 분자생물학, 유가공학, 유제품분석학, 생물공학, 식품저장학, 단백질공학, 식품가공학, 식품발효공학, 식품위생학 등

졸업 후 진출 분야는?

기업체	농약 회사, 종묘 회사, 원예 조합, 제약 회사, 비료 회사, 농약 관련 회사, 나무 종합 병원, 식물 보호 관련 기관, 식품·물류·유통 관련 회사, 화학 및 생명 공학 관련 회사 등
연구 기관	식물 관련 연구소, 농업 관련 연구소, 원예 연구소, 한의학 연구소, 국제 농업 관련 연구소, 생물공학 관련 연구소 등
정부 및 공공 기관	농림축산식품부, 행정안전부, 환경부, 농촌진흥청, 기상청, 식품의약품안전처, 국립종자원, 농림축산검역본부, 국립농산물품질관리원, 농업 자재 사업소, 식물 검역소, 국립식량과학원, 한국생명공학연구원, 국립자원생물관, 국립수목원, 생태 공원 등

🔍 전공 관련 선택 과목은?

▶ 국어, 영어 교과는 모든 학문의 기초적인 성격을 가진 도구교과로 모든 학과에 이수가 필요하여 생략함.

수능 필수	화법과 언어, 독서와 작문, 문학, 대수, 미적분Ⅰ, 확률과 통계, 영어Ⅰ, 영어Ⅱ, 한국사, 통합사회, 통합과학, 성공적인 직업생활(직업)		
교과군	**선택 과목**		
	일반 선택	진로 선택	융합 선택
수학, 사회, 과학	대수, 미적분Ⅰ, 확률과 통계, 물리학, 화학, 생명과학, 지구과학	미적분Ⅱ, 물질과 에너지, 화학 반응의 세계, 세포와 물질대사, 생물의 유전	기후변화와 지속가능한 세계, 기후변화와 환경생태, 융합과학 탐구
체육·예술			
기술·가정/정보	기술·가정, 정보	생활과학 탐구	
제2외국어/한문			
교양	생태와 환경	보건	논술

학교생활기록부 관리는?

출결 사항	• 출결은 학교생활 충실도를 평가하는 가장 기본적인 항목이므로 미인정(무단) 출결 사항이 없도록 관리하세요.
자율·자치활동	• 환경, 과학 분야에 대한 관심과 흥미를 바탕으로 다양한 교내외 활동에 참여하여 자기 주도성, 성실성, 진취성, 리더십 등이 드러나도록 하세요.
동아리활동	• 환경 및 원예, 과학 관련 동아리 활동에 참여하세요. • 동아리 가입 동기, 진로에 동아리 활동이 미친 영향, 동아리 내 자신의 역할, 동아리 활동으로 변화된 자신의 모습, 전공과 관련된 자신의 소질 계발 경험 등 구체적인 활동 내용이 기록되도록 하세요. • 학교에서 주관하는 장애인, 다문화 가정 학생 돕기, 양로원 봉사 활동 등 사회 소외 계층을 대상으로 하는 봉사 활동을 하세요. • 학교내에서 타인을 위해 할 수 있는 지속적인 봉사 활동을 하세요.
진로 활동	• 원예 관련 학과 및 직업에 대한 정보 탐색 활동을 권장해요. • 식물자원학과, 조경학과 등 관련 학과에 대한 체험 활동을 권장해요. • 환경 보호 단체 활동이나 식물원, 화훼 시장 탐방 등으로 경험을 쌓는 것을 권장해요.
교과학습발달 상황	• 과학 관련 교과 성적은 상위권으로 유지하고, 수업 활동에서 발휘한 역량이 기록될 수 있도록 수업에 적극 참여하세요. • 수업 활동에서 성실성, 적극성, 전공 적합성, 전공 관련 학습 경험, 진로에 대한 열정 등이 드러나도록 하세요.
독서 활동	• 자연 과학, 철학, 환경 문제 등 다양한 분야의 책을 읽으세요. • 꽃이나 식물 등 원예 작물과 관련된 책을 읽으세요. • 독서의 양보다는 교과 시간에 배운 내용을 관심 분야와 연계시켜 지적 깊이를 확장하는 것이 중요해요.
행동 발달 특성 및 종합 의견	• 자신의 장점을 총체적으로 이해할 수 있도록 발전 가능성, 전공 적합성, 인성, 학업 능력, 창의력, 자기 주도적 학습 능력, 문제 해결 능력, 변화 모습 등이 드러나도록 하세요. • 학교생활에서 자기 주도성, 경험의 다양성, 성실성, 나눔과 배려, 학업 태도와 학업 의지 등 자신의 장점이 기록되도록 관리해야 해요.

조경기사 자격에 대해 알아볼까요?

급속한 산업화와 도시화에 따른 환경의 파괴로 인하여 환경문제에 대한 관심과 그 중요 성이 부각됨으로써 전문인력으로 하여금 생활공간을 아름답게 꾸미고 자연환경을 보호 하고자 도입 시행된 자격제도이다. 국토교통부에서 주관하하고 한국산업인력관리공단에서 시행한다.

▶ 관련학과: 대학 및 전문대학 조경학, 원예조경학, 환경조경학, 녹지조경학 관련학과

▶ 시험과목:
- 필기: 조경사, 조경계획, 조경설계, 조경식재, 조경시공구조학, 조경관리론
- 실기: 조경설계 및 시공 실무

▶ 검정방법
- 필기: 객관식 4지 택일형 과목당 20문항(과목당 30분)
- 실기: 복합형(4기간 정도): 작업형(2시간30분)도면작업 60점+필답형(1시간 30분) 40점

▶ 합격기준
- 필기: 100점을 만점으로 과목당 40점 이상, 전과목 평균 60점 이상
- 실기: 100점을 만점으로 하여 60점 이상

조경기술자란?

조경은 단순히 경치를 아름답게 꾸미는 행위를 넘어, 인간과 자연 환경의 조화로운 공존을 위한 학문이라고 할 수 있습니다. 조경은 넓은 의미에서 자연 환경과 인간 환경을 조화롭게 만들기 위한 모든 활동이라고 할수 있고, 좁은 의미에서는 토지와 경관을 계획, 설계, 조성, 관리하는 예술입니다.

조경은 다양한 분야를 아우르며, 아름다운 경관을 조성하여 시각적 즐거움을 제공하고, 놀이나 교육, 생태 보호 등 다양한 기능을 수행하는 공간을 제공하고, 대기 정화, 소음 감소 등 환경을 개선하며, 사회의 공동체 형성 및 문화적 가치를 창출하는 귀중한 역할을 담당합니다. 조경은 아름다움뿐만 아니라 기능성, 지속가능성, 사회적 책임까지 고려하여 건강하고 행복한 삶을 위한 공간을 조성하는 역할

조경기술자
조경학과

을 합니다.

　조경은 오늘날 인구 증가와 도시화로 인한 도시 공간의 부족과 환경 문제 심화, 기후 변화로 인한 극심한 날씨와 자연 재해 증가, 삶의 질 향상 욕구의 증가로 인해 중요성이 날로 커지고 있는 영역입니다.

　자연과 인간이 만든 환경을 조화롭게 결합하여 다양한 공간을 구성하고 관리하는 전문가를 조경기술자라고 합니다. 조경기술자는 조경 계획 및 설계, 식물 관리, 환경 보호, 그리고 고객 상담 및 협의 등의 역할을 수행합니다. 또한 공원, 정원, 캠퍼스, 주택 단지, 도시 재개발 지역 등 다양한 공간의 조경 계획 및 설계를 담당하는 전문가입니다.

　조경기술자는 우리의 일상 생활을 풍요롭고 쾌적하게 만드는데 크게 기여하며, 그들의 역할은 사회에서 매우 중요하게 인식되고 있습니다.

조경기술자가 하는 일은?

조경기술자는 공간을 아름답게 만드는 일을 담당하는 전문가로 그들의 역할은 자연과 인공적 요소를 조화롭게 결합하여 사람들이 살아가는 환경을 향상시키는 것입니다. 조경기술사의 가장 주요한 업무 중 하나는 조경 계획 및 설계입니다. 이는 공원, 정원, 캠퍼스, 주택 단지, 도시 재개발 지역 등 다양한 공간에서 이루어지며, 식물, 조형물, 물의 흐름 등 다양한 요소를 고려하여 공간을 디자인합니다. 이 과정에서 그들은 이러한 요소들이 조화롭게 어우러져 있어서 사람들이 그 공간에서 즐거움과 안락함을 느낄 수 있는 환경을 만드는 것을 목표로 합니다.

> » 토지의 지형, 용도, 환경 등을 고려하여 조경 공간의 계획 및 설계를 수행합니다.
> » 조경 공사의 진행 상황 관리 및 감독, 공사 품질 관리 및 안전 관리를 책임집니다.
> » 조경 시설의 점검,보수,관리를 수행하여 조경 공간의 아름다움을 유지합니다.
> » 고객의 요구 사항을 파악하고, 이에 맞는 조경 계획 및 설계를 제시하며, 공사 진행상황에 대한 정보를 제공합니다.
> » 조경 관련 법규, 기술, 트렌드 등을 지속적으로 조사하고 분석하여 전문성을 유지합니다.
> » 시공계획에 의한 공정관리, 자재품질, 안전, 환경관리 등 공사관련 업무를 수행합니다.
> » 나무, 관목, 정원, 안뜰, 바닥 등과 같은 특성을 반영하여 상세한 제도 작성을 준비하며, 비용 견적을 냅니다.
> » 지형적 위치선정, 토양식물의 성장도 등과 같은 대기 조건에 관한 자료를 수집하고 분석합니다.
> » 조경 공사 관련 행정 절차 처리,예산 관리 등 행정 업무를 수행합니다.

Jump Up

조경 분야의 통섭에 대해 알아볼까요?

조경분야의 통섭은 다양한 전문 분야의 전문가들이 협력하여 조경 프로젝트를 계획하고 구현하는 과정을 나타냅니다. 이는 주로 조경 디자이너, 건축가, 환경 과학자, 도시 계획가 및 기타 관련 분야의 전문가들 간의 협력을 의미합니다. 조경 분야의 통섭은 환경적, 사회적, 경제적 측면을 모두 고려하여 지속 가능하고 효과적인 조경 프로젝트를 만들기 위해 필요한 협업과 의사 소통을 강조합니다. 이를 통해 자연 환경과 도시 공간을 향상시키고 도시 생활의 질을 향상시키는데 기여할 수 있습니다.

조경기술자
커리어맵

• 한국조경학회 www.kila.or.kr
• 한국도시농업조경진흥협회 www.kual.or.kr
• 한국조경사협회 www.ksla.or.kr
• 한국생태복원협회 www.kera.or.kr

• 조경 관련 진로체험 프로그램 참여
• 직업인 인터뷰
• 관련학과 탐방활동
• 직접 식물 기르기
• 주말농장 체험 활동

관련기관

준비방법

• 조경사
• 조경설계사
• 문화재수리조경공
• 옥상조경전문가
• 친환경건축컨설턴트

관련직업

• 탐구형
• 예술형

흥미유형

조경기술자

관련교과

관련학과

• 수학
• 과학
• 기술·가정
• 미술

• 조경과
• 조경학과
• 도시계획및조경학부
• 산림조경학과
• 생태조경디자인학과
• 생태조경학과
• 조경도시학과
• 조경산림학과
• 환경조경학과

관련자격

**적성과
흥미**

• 조경기능사
• 조경기사
• 조경기술사
• 조경산업기사
• 조경수조성관리사
• 자연환경관리기술사
• 자연생태복원기사
• 자연생태복원산업기사

• 창의적 사고
• 디자인 감각
• 창의적 아이디어
• 시각적 감각
• 자연과 식물에 대한 이해
• 공감 능력
• 소통 능력
• 환경에 대한 존중과 보호의식

적성과 흥미는?

조경설계는 조경시설물을 조화롭게 배치하고 설계하여 사람들이 쾌적하고 편안하게 느낄 수 있도록 하는 것입니다. 따라서 조경기술자는 다양한 적성과 흥미가 필요한 직업입니다.

조경기술자가 갖추어야 할 적성과 흥미로는 첫 번째로, 창의적 사고와 디자인 감각이 필요합니다. 조경기술자는 다양한 요소를 조합하여 새로운 공간을 창출하는 업무를 수행하기 때문에, 창의적인 아이디어와 뛰어난 시각적 감각이 필수적입니다.

두 번째로, 자연과 식물에 대한 깊은 이해와 흥미가 있어야 합니다. 조경기술자는 식물의 성장 조건, 종류, 특성 등을 이해하고, 이를 바탕으로 공간을 설계하고 관리해야 하기 때문입니다.

세 번째로, 공감능력과 소통능력이 중요합니다. 고객의 요구사항을 정확히 이해하고, 이를 조경 설계에 반영하기 위해서는 고객과 잘 소통할 수 있는 능력이 필요합니다. 또한, 다양한 이해관계자와 협업하면서 프로젝트를 진행해야 하므로 팀워크 능력도 중요합니다. 네 번째로, 환경에 대한 존중과 보호의식을 가져야 합니다. 조경기술자는 자연 환경을 보호하고 복원하는 역할을 하는 만큼, 환경에 대한 사랑과 존중의 마음, 그리고 지속 가능한 환경을 위한 흥미와 열정이 필요합니다. 마지막으로, 지속적인 학습 의지가 필요합니다. 조경학은 계절, 기후, 식물의 변화 등 다양한 요소에 영향을 받는 분야이므로, 최신의 지식과 정보를 계속해서 습득하려는 자세가 필요합니다.

조경기술자 직업에 관심이 많다면 지역에서 주관하는 조경 관련 진로체험 프로그램에 참여하여 조경 관련 직업에 대해 알아볼 수 있습니다. 또한 수목원 및 생태공원이 어떻게 구성되어 있는지 관심 있게 살펴보고 다양한 나무와 식물, 공원 조성 환경 등을 관찰할 수 있습니다. 집이나 학교에서 틈틈이 식물을 직접 기르거나 주말농장 체험활동도 도움이 됩니다.

조경기술자 커리어맵

Jump Up

친환경 생태조경에 대해 알아볼까요?

친환경 생태조경은 환경을 보호하고 생태계의 지속 가능성을 증진하는 방식으로 조경을 설계하고 관리하는 것을 말합니다. 이는 자연의 생태계를 이해하고 존중하는 것을 기반으로, 조경 설계와 관리 과정에서 환경 친화적인 방법을 선택하는 것을 목표로 합니다.

친환경 생태조경은 다음과 같은 원칙을 가지고 있습니다.

▶ 자연적 요소 활용: 친환경 생태조경은 가능한 한 자연적인 요소를 활용하여 조경을 설계합니다.

▶ 생태계 보호: 조경 설계와 관리 과정에서 생태계의 균형을 유지하고, 생물 다양성을 보호하는 방법을 선택합니다.

▶ 지속 가능성: 친환경 생태조경은 지속 가능한 조경 설계와 관리 방법을 추구합니다.

▶ 사람과 환경의 조화: 친환경 생태조경은 사람들이 자연과 조화롭게 공존할 수 있는 환경을 만드는 것을 목표로 합니다.

친환경 생태조경은 환경 보호와 지속 가능한 발전을 위한 중요한 접근방법입니다. 우리가 살아가는 환경을 아름답게 만드는 데 뿐만 아니라, 지구의 생태계를 보호하고 지속 가능한 미래를 위한 기반을 마련하는 데도 크게 기여합니다.

진출 방법은?

조경기술자가 되기 위해서는 전문대학 및 대학교에서 조경과, 조경학과, 생태조경학과, 조경도시학과, 조경산림학과, 환경조경학과조경학과 등 관련 전공을 한 후 조경산업기사나 조경기사 자격증을 취득한 후 취업하는 것이 일반적입니다. 대학의 조경학과에서는 조경학 원론, 조경사, 조경계획 및 조경설계, 조경시공, 토양학, 지형측량학, 조경구조공학, 조경적산학, 조경소재론, 조경관리학, 실내조경설계, 환경녹지설계, 생태경관론, 관광 및 휴양지설계 등을 배우게 됩니다.

졸업 후에는 주로 조경설계 사무소, 엔지니어링회사, 건설회사의 조경부, 조경 자재업체 등으로 취업할 수 있습니다. 또한 기술직 공무원이 되거나 각종 정부투자기관에 취업할 수 있습니다. 일반적으로 소규모 회사에서 실무를 익힌 후 더 큰 회사로 이직하는 경우도 많습니다. 경력이 많은 조경 기술자는 프리랜서로 활동하기도 하지만 일부는 조경엔지니어링 회사나 설계사무소, 조경시공업체나 자재 생산유통업체를 직접 창업하기도 합니다.

관련 직업은?

조경사, 조경기술사, 조경설계사,
문화재수리조경공, 옥상조경전문가,
친환경건축컨설턴트, 조경관리 기술자,
조경식재 기술자, 정원사 등

Jump Up

자연생태복원기사 자격제도에 대해 알아볼까요?

자연생태복원기사는 환경부가 주관하는 국가기술자격증 중 하나로, 자연환경의 보전과 복원에 대한 전문적인 지식과 기술을 갖추고 있는 인력을 인증하는 자격증입니다. 이 자격증을 취득하게 되면 자연환경의 보전과 복원에 필요한 다양한 업무를 수행할 수 있습니다

▶ 시행처: 한국산업인력공단
▶ 관련학과: 대학 환경생태 관련 학과(생물환경학과, 환경녹지학과, 환경조경학과, 환경생물학과, 생물학과, 생물학전공, 조경학과, 농생물학과, 산림자원학과 등)
▶ 시험과목
  • 필기: 생태환경조사분석, 생태복원계획,
    생태복원설계·시공, 생태복원 사후관리
  • 실기: 환경생태실무
▶ 검정방법
  • 필기: 객관식 4지 택일형 과목당 20문항(과목당 30분)
  • 실기: 복합형(필답형(1시간 30분, 45점) +
    작업형(3시간 정도, 55점))
▶합격기준
  • 필기: 100점을 만점으로 하여 과목당 40점 이상,
    전과목 평균 60점 이상
  • 실기: 100점을 만점으로 하여 60점 이상

관련 학과 및 자격증은?

→ 관련 학과: 조경과, 조경학과, 도시계획및조경학부,
   삼림조경학과, 생태조경디자인학과,
   생태조경학과, 조경도시학과,
   조경산림학과, 환경조경학과
→ 관련 자격증: 조경기능사, 조경기사, 조경기술사,
   조경산업기사, 조경수조성관리사,
   자연환경관리기술사, 자연생태복원기사,
   자연생태복원산업기사,
   문화재수리기술자(조경) 등

미래 전망은?

조경기술자의 미래는 건축경기의 회복에 따른 조경공사가 증가할 것이기 때문에 조경기술사의 고용 도 증가할 것으로 예상됩니다. 장기적으로 생활수준이 향상되면서 생활환경을 중시하는 경향이 강하게 나타나면서 생활환경 개선을 목적으로 투자를 늘어나면서 유락시설의 신축이나 재개발에 따른 조경공사도 지속적으로 발생할 것으로 예상됩니다.

정부차원에서도 신도시를 포함한 공공택지 재개발 및 재건축 확대방으로 인해 신도시 계획과 지방자치단체의 공원 및 녹지 조성계획의 증가도 조경기술자 직업의 미래 전망성을 밝게 하는 요인이 됩니다.

조경학과
조경기술자 전공 분석

어떤 학과인가?

정원을 만드는 역사는 인류 문명과 함께 시작되었으며, 자연을 이해하는 과학인 동시에 문화예술로서 조경은 오랜 역사를 통하여 인간의 쾌적한 삶을 위해 기여해 왔습니다. 산업혁명 이후 도시가 발달하면서 도시인들의 건강한 삶을 위해 대중적인 공원이 조성되기 시작했으며, 공원 및 녹지의 조성, 주거단지 및 산업단지 등 도시 및 국토의 개발에 크게 기여해 왔습니다. 아울러, 20세기 후반 환경문제가 심각해지면서 조경의 역할은 환경보존 및 관리, 생태계획 및 복원의 영역으로 확대되었으며, 최근에는 인간의 삶의 질 향상, 기후변화의 대응, 친환경 사회의 구축에 조경학의 역할이 더욱 커지고 있습니다.

조경학은 인간과 자연 그리고 인간과 환경의 관계에 대한 이해를 바탕으로 토지를 계획 설계 관리하는 기술로서 생활공간에 자연적, 인공적 요소를 도입하여 인간에게 유용하고 쾌적한 환경을 제공하는 것을 목적으로 하는 종합과학이자 응용예술 학문입니다.조경학과는 주로 도시 및 자연 환경을 디자인하고 관리하는 분야입니다. 이 학과는 조경 디자인, 환경 계획, 생태학, 식물학 등 다양한 학문을 포함하고 있습니다. 학생들은 도시 공원, 정원, 랜드스케이프 등을 디자인하고 환경 보전 및 지속 가능성에 대한 연구를 수행합니다.

건물 안팎의 모든 공간을 대상으로 하는 조경은 환경파괴에 따른 생활환경 의식의 전환, 소득의 증가, 여가활동의 증대, 고령화 사회로의 진입 그리고 국토개발에 대한 균형감 있는 정부의 정책 등으로 인하여 조경의 중요성은 매우 높아지고 있는 학과입니다.

교육 목표와 교육 내용은?

조경학 전공은 조경전문인으로서의 인격함양과 함께 국토 및 도시환경 개선에 필요한 지식 및 기술 습득하고 첨단 조경현장 실무능력 배양을 통하여 쾌적한 외부환경 창조에 기여할 수 있는 유능한 조경학도를 양성하는 것을 교육목표로 합니다.

조경전문인으로서의 인격함양과 함께 국토 및 도시환경 개선에 필요한 지식 및 기술 습득하고 첨단 조경현장 실무능력 배양을 통하여 쾌적한 외부환경 창조에 기여할 수 있는 유능한 조경학도를 양성하는 학과입니다.

» 문화와 예술에 대한 이해를 바탕으로 창의적인 조경설계 능력을 갖춘 인재를 양성합니다.
» 환경과 생태에 대한 지식과 기술을 갖추고 합리적인 조경계획 능력을 함양하는 인재를 양성합니다.
» 조경분야 전반에 걸친 디지털 기술 능력을 갖춘 인재를 양성합니다.
» 국제적 감각을 갖추고 의사소통 능력을 갖춘 인재를 양성합니다.
» 지속가능하고 쾌적한 환경 창출을 위한 인재를 양성합니다.
» 넓은 시야를 가지고 다양한 조경사업에 임할 수 있는 인재를 양성합니다.
» 산업사회의 일원으로 서로 협동하고 소통하는 리더쉽을 갖춘 인재를 양성합니다.

학과에 적합한 인재상은?

조경학과는 평소 자연과 생태환경에 관심이 많고, 인공적으로 디자인 설계되어 있는 공원이나 식물, 나무 등에 관심이 많은 경우 도움이 됩니다. 조경은 여러 분야의 사람들의 협업을 통해서 결과물이 완성이 되기 때문에 팀 활동을 위한 협업능력이 필요합니다.

사회를 다양한 관점과 시각으로 볼 수 있는 안목과 최적의 조경환경을 만들기 위해 여러 문제를 논리적으로 분석할 수 있는 능력, 원하는 조경환경을 만들 수 있는 예술적, 미적 감각과 표현능력이 필요합니다. 또한 조경설계시에는 컴퓨터 프로그램을 활용하는 경우가 많기 때문에 전문 컴퓨터 프로그램 배우는데 있어서 기본적인 컴퓨터 활용 능력이 필요합니다.

조경학과 진학에 관심이 많은 학생은 평소에 수목원이나 생태공원 등을 방문하여 공원이 어떻게 구성되어 있는지 탐색해보고, 다양한 나무와 식물, 조경 상황을 살펴보는 것도 좋습니다. 조경 및 정원 관련 박람회 참관도 추천하고, 평소 집이나 학교에서 식물을 직접 키우는 활동도 추천합니다. 조경 관련 각 대학에서 주최하는 학과탐색 프로그램이나 조경기술자 인터뷰 활동 등을 통해 조경학과에 대한 진로 탐색 활동도 추천하는 활동입니다.

관련 학과는?

조경과, 도시계획 및 조경학부, 삼림조경학과, 생태조경디자인학과, 생태조경학과, 조경도시학과, 조경산림학과, 환경조경학과 등

진출 직업은?

조경원, 조경사, 산림 원예 담당 공무원, 중등학교 교사(조경) 등

주요 교육 목표

지속가능하고 쾌적한
환경 창출을 위한 인재

창의적인 조경설계
능력을 갖춘 인재

조경분야 전반에 걸친
디지털 기술 능력을 갖춘 인재

환경 및 문화 변화에 대한
맞춤형 인재

합리적인 조경계획
능력을 함양하는 인재

국제적 감각을 갖추고
의사소통 능력을 갖춘 인재

취득 가능 자격증은?

- ☑ 조경기술사
- ☑ 조경기사
- ☑ 조경산업기사
- ☑ 생태복원기사
- ☑ 생태복원산업기사
- ☑ 자연환경관리기술사
- ☑ 식물분류기사
- ☑ 신물분류산업기사
- ☑ 실내조경기사
- ☑ 중등학교 2급 정교사(식물자원조경) 등

추천 도서는?

- 조경개념사전(집, 김순기 외)
- 조경의 미래를 묻다(한숲, 임승빈 외)
- 최신 동양조경문화사
  (대가, 한국전통조경학회)
- 알기쉬운 전통조경시설사전(동녘, 김영모)
- 100장면으로 익는 조경의 역사
  (한숲, 고정희)
- 건축 도시 조경의 지식 지형
  (나무도시, 정인하 외)
- 정원에서 식물키우기(플로라, 류병열)
- 학교 숲 정원이야기(보민출판사, 이학송)
- 내일을 위한 정원 산책
  (놀궁리, 디디에 코르니유, 최지혜 역)
- 삶의 질을 높이는 도시공원과 조경시설
  (워크디자인북, 워크디자인편집부)
- 처음 만나는 조경학(일조각, 김아연 외)
- 정원의 감동을 디자인하는 가드너
  (토크쇼, 서혜란)
- 전통조경 시공관리
  (문운당, 한국전통조경학회)
- 이어쓰는 조경학개론(한숲, 이규옥 외)
- 자연이 자라는 친환경 정원
  (타임교육C&P, 젠 칠링스워스, 김경영 역)
- 조경(교육서가, 이언H. 톰프슨, 황주영 역)
- 가든 디자인의 발견(궁리, 오경아)

학과 주요 교과목은?

기초 과목	조경학개론, 기초설계, 조경수목의 이해, 기초컴퓨터설계, 조경미학 조경계획, 서양조경문화사 등
심화 과목	지리정보체계, 식재계획 및 기법, 공간환경학개론, 경관조형설계, 조경구조학, 현대조경론, 조경상세설계 및 적산, 조경관련법규, 조경관리학, 도시경관디자인론, 도시계획론, 자연보전 및 관리, 지역재생조경론, 조경수목학, 조경시공, 조경설계 등

졸업 후 진출 분야는?

기업체	조경설계 및 엔지니어링 회사, 건설 회사, 조경 관련 기업, 조경설계 및 엔지니어링회사, 조경컨설팅회사, 조경식재공사업체, 조경시설물설치공사업체, 조경관리업체, 정원수 및 온실재배업체, 건설회사의 조경부서, 골프장 및 리조트 개발업체, 환경 복원 및 시공 회사 등
연구 기관	조경 관련 연구소, 환경정책연구원, 한국농촌경제연구원, 국립생태원 등
정부 및 공공 기관	공공기관(국립공원관리공단, 공항관리공단), 서울연구원, 정부투자기관(한국토지주택공사, 한국도로공사, 수자원공사, 농업기반공사, 지방도시개발공사)

🔍 전공 관련 선택 과목은?

▶ 국어, 영어 교과는 모든 학문의 기초적인 성격을 가진 도구교과로 모든 학과에 이수가 필요하여 생략함.

수능 필수	화법과 언어, 독서와 작문, 문학, 대수, 미적분Ⅰ, 확률과 통계, 영어Ⅰ, 영어Ⅱ, 한국사, 통합사회, 통합과학, 성공적인 직업생활(직업)		
교과군	선택 과목		
	일반 선택	진로 선택	융합 선택
수학, 사회, 과학	대수, 미적분Ⅰ, 확률과 통계, 세계시민과 지리, 물리학, 화학, 생명과학, 지구과학	미적분II, 한국지리 탐구, 세포와 물질대사, 생물의 유전, 지구시스템과학, 행성우주과학	여행지리, 사회문제 탐구, 기후변화와 지속가능한 세계, 기후변화와 환경생태, 융합과학 탐구
체육·예술			
기술·가정/정보	기술·가정	생활과학 탐구	
제2외국어/한문			
교양	생태와 환경	인간과 심리	

학교생활기록부 관리는?

출결 사항	• 미인정 출결 내용이 없도록 관리하세요. 미인정 출결 내용이 있으면 인성, 성실성 영역 등에서 부정적 평가를 받을 가능성이 높아요.
자율·자치활동	• 다양한 교내외 활동에서 자기주도적 참여를 통해서 건강 및 생명, 창의적 문제해결능력, 의사소통능력, 협업능력, 발전가능성 등이 드러나도록 하세요.
동아리활동	• 보건, 생명, 컴퓨터, 코딩 관련 동아리 활동 참여를 통해서 안경광학 분야 전공에 대한 준비를 하세요. • 가입동기, 본인의 역할, 배우고 느낀 점, 안경공학과 진학을 위해 기울인 활동과 노력이 나타날 수 있도록 참여하세요. • 학교내에서 타인을 위해 할 수 있는 지속적인 봉사 활동을 하세요. • 학교에서 주관하는 장애인, 다문화 가정 학생 돕기, 양로원 봉사 활동 등 사회 소외 계층을 대상으로 하는 봉사 활동을 하세요.
진로 활동	• 조경학, 조경디자인 관련 진로 정보 탐색 활동을 권장해요. • 조경 관련 기관 및 관련 학과 체험 활동이 무척 중요해요. • 조경, 식물, 산림, 생태환경 분야에 대한 적극적 진로 탐색 활동을 통해서 자신의 진로 역량, 전공적합성, 발전가능성 등이 나타날 수 있도록 하세요. • 수목원이나 생태공원 탐방 활동을 통해서 진로 역량을 키우세요.
교과학습발달 상황	• 과학, 사회, 정보 등 조경학과와 관련된 교과 성적은 상위권으로 유지시키고, 관련 교과 수업에서 학업 역량, 전공적합성, 자기주도성, 문제해결능력, 창의력, 발전가능성 등의 역량이 발휘될 수 있도록 수업에 적극 참여하세요. • 조경, 산림, 생태환경 관련 분야의 교과 연계 독서활동 내용이 기록되도록 하세요.
독서 활동	• 인문학, 철학, 역사, 과학, 공학 등 다양한 분야의 책을 읽으세요. • 조경, 산림, 환경 등 다양한 분야의 독서 활동을 통해서 소프트웨어공학인의 기본적인 지식을 쌓는 것이 중요해요.
행동 발달 특성 및 종합 의견	• 창의력, 문제해결능력, 의사소통능력, 협업능력, 리더십, 발전가능성, 전공적합성 등이 드러날 수 있도록 하세요. • 자기주도성, 경험의 다양성, 성실성, 나눔과 배려, 학업태도와 학업의지에 대한 자신의 장점이 생활기록부에 기록되도록 관리하세요.

패션머천다이저에 대해 알아볼까요?

⬀ 패션머천다이저(Fashion Merchandiser)는 흔히 패션 MD라고 하며, 패션 동향을 조사하여 패션 상품을 개발, 유통, 영업하거나 구매 과정에 관여하므로 패션 관련 기업에서 중요한 역할을 담당하는 직업이에요. 최근 패션 산업의 화려함 때문에 인기가 높아지고 있는 직업이에요. 패션머천다이저가 관여하는 영역이 넓다보니 업무가 복잡하고, 업무량이 상당히 많은 편이에요. 패션머천다이저가 되기 위해서는 미적 감각이 있어야 하고, 의사소통 능력이 뛰어나야 하며, 섬유 소재에 대한 지식이 있어야 하고, 포토샵, 일러스트, 엑셀, 파워포인트 등의 컴퓨터 프로그램을 다루는 능력이 뛰어나야 해요.

패션디자이너란?

지구상의 모든 생명체 중에서 옷을 입는 것은 인간뿐입니다. 옷은 더위와 추위, 열악한 환경으로부터 신체를 보호하는 수단이며, 동시에 자신을 꾸미고 돋보이게 하는 장식품이기도 합니다. 인류는 '패션'이라는 독특한 문화를 만들고 가꾸어 왔는데, 시대적·지리적 환경과 관습에 따라 끊임없이 변화하고 발전해 온 패션의 역사는 인류의 문화사를 보여 주는 소중한 자산입니다. 패션은 그 시대의 문화를 읽을 수 있는 표본인데, 최근에는 개인의 개성과 독특함을 추구하는 것이 트렌드가 되었습니다.

패션 디자인은 옷과 장신구에 관한 디자인 및 아름다움에 대한 학문 분야입니다. 패션 디자인은 사회의 관습이나 도덕과 관련해 입는 사람이나 보는 사람에게 안정된 느낌을 주고, 입는 사람의 실용적·사회적·심미적·도덕적인 면을 표현하는 수단이라고 할 수 있습니다. 패션의 기능은 인간이 생활하는 데 필요한 기본적인 욕구나 생리적 욕구를 만족시키고, 편안하게 활동할 수 있도록 하며, 패션을 통해 미적

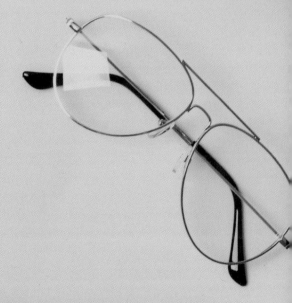

패션디자이너
의류학과

욕구를 충족시키고, 사람들에게 즐거움을 줍니다.

　최근 세계적으로 의류 산업이 무한 경쟁 시대로 접어들면서 패션 디자인은 상상력, 창의력, 감성, 예술 등 문화적 요소가 기초가 되어 상품화되는 지식 문화 서비스 산업으로서 그 중요성이 커지고 있습니다. 패션 디자인은 선과 형태, 색상, 소재, 디테일, 트리밍 등의 패션 디자인 요소와 반복, 평행, 연속, 교차, 점진, 전환, 방사, 집중, 대비, 리듬, 비례, 균형, 강조 등의 디자인 원리를 조화롭게 연관시켜야 효과적으로 표현할 수 있습니다. 또한 사회 문화적인 영향을 받으며, 시간과 장소에 따라 다양하게 나타납니다.

　패션디자이너는 직물, 가죽, 비닐 등 다양한 소재를 활용하여 우리가 입을 수 있는 옷을 디자인하는 사람입니다. 의류 디자인은 크게 양장과 한복으로 분류하고, 성별과 나이에 따라 남성복, 여성복, 캐주얼, 아동복으로 분류하며, 옷의 용도에 따라 유니폼, 운동복, 평상복, 정장 등으로 분류합니다.

패션디자이너가 하는 일은?

현대인들은 자신의 개성을 표현하는 것을 중요하게 생각해 옷, 액세서리, 헤어스타일 등을 적극 활용합니다. 이런 소비자들의 패션 욕구를 충족시키기 위해 패션디자이너는 여러 가지 소재를 활용해 남성복, 여성복, 아동복, 란제리, 신발, 액세서리 등을 디자인합니다.

패션디자이너는 주로 사무실에서 작업하지만 시장 조사, 재료 구입, 제작 현장 방문 등으로 외근을 하기도 하고, 해외의 최신 패션 동향을 파악하기 위해 패션쇼를 참관하러 해외 출장을 가기도 합니다. 개발 과정에서 초과 근무를 하는 경우도 있고, 의상실을 직접 운영하는 경우에는 휴일에도 근무를 해야 하므로 근무 시간이 불규칙적인 편입니다. 또한 매 시즌마다 새로운 제품을 디자인해야 하므로 정신적인 스트레스가 큰 편입니다.

» 해외 패션 동향을 분석하여 트렌드, 소재, 색의 조화 등에 관한 정보를 얻고, 새로운 의상을 기획하고 디자인합니다.
» 기획 단계의 자료를 기초로 디자인하고, 샘플 제작서를 작성하며, 소비자의 성별과 연령에 맞는 디자인을 창조합니다.
» 디자이너가 그린 일러스트를 옷을 만드는 작업장으로 보내 견본 의상을 제작합니다.
» 피팅 모델이 견본 의상을 입고 착용감 등을 파악한 후 디자인의 수정·보완을 거쳐 실제 제작에 들어갑니다.
» 디스플레이나 코디를 조언하는 등 매장 관리를 합니다.
» 상품 전시회나 패션쇼에 의상을 출품하거나 행사를 개최하기도 합니다.

Jump Up

패션테크니컬디자이너에 대해 알아볼까요?

패션테크니컬디자이너는 디자인과 디자인 디테일을 분석해 정확한 스케치 작업이 이루어지도록 돕고, 의복의 핏을 이해한 후 작업 지시서인 테크니컬 패키지의 모든 디테일을 확인하는 일을 해요.

패션테크니컬디자이너는 소속에 따라 자체 브랜드가 있는 의류 업체에 소속된 '바이어테크니컬디자이너', 바이어와 벤더 회사가 원활하게 의사소통을 하도록 돕는 '에이전트테크니컬디자이너', 생산 관리를 하는 의류 무역 회사에 소속되어 일하는 '벤더테크니컬디자이너', 세 종류로 구분해요.

바이어테크니컬디자이너가 디자이너 한 디자인을 바탕으로 테크니컬 패키지를 작성해 에이전트에 전달하면, 에이전트테크니컬디자이너가 바이어로부터 전달받은 테크니컬 패키지를 확인해 불가능한 사항을 바이어에게 미리 알리고, 수정 과정을 거쳐 테크니컬 패키지를 벤더테크니컬디자이너에게 전달해요. 샘플 수정 등을 거쳐 최종 승인이 되면 본격적으로 생산이 이루어지도록 에이전트로 지시 사항을 전달해요.

패션디자이너 커리어맵

준비방법
- 과학, 기술·가정, 미술 교과 역량 키우기
- 패션 관련 학과 탐방
- 패션디자이너 직업 체험 활동
- 패션 관련 잡지 구독 및 의류 분야 독서 활동
- 컴퓨터 및 소프트웨어 활용 능력 배양

관련기관
- 한국패션협회 www.koreafashion.org
- 한국의류산업협회 www.kaia.or.kr

적성과 흥미
- 패션에 대한 열정
- 창의성
- 색채 감각
- 협업 능력
- 원만한 대인 관계 능력
- 강한 체력
- 인내심
- 컴퓨터 활용 능력

흥미유형
- 예술형
- 탐구형

패션디자이너

관련학과
- 의류학과
- 의상학과
- 디자인학부 패션디자인전공
- 의류환경학과
- 의상디자인학과
- 패션디자인학과
- 섬유디자인학과
- 시각디자인학과
- 패션의류학과
- 패션산업학과
- 의류패션학과
- 의류산업학과

관련교과
- 과학
- 기술·가정
- 정보
- 미술

관련자격
- 의류기술사
- 의류기사
- 한복기능사
- 한복기사
- 한복산업기사
- 패션디자인산업기사
- 양장기능사
- 양복기능사
- 섬유디자인산업기사
- 섬유기사
- 섬유산업기사
- 패션머천다이징산업기사
- 자수산업기사
- 편물산업기사
- 컬러리스트기능사
- 컬러리스트기사
- 컬러리스트산업기사

관련직업
- 텍스타일디자이너
- 주얼리디자이너
- 속옷디자이너
- 액세서리디자이너
- 남성복디자이너
- 무대의상디자이너
- 애완동물옷디자이너
- 패션테크니컬디자이너
- 패션에디터
- 패션머천다이저
- 시각디자이너
- 패턴디자이너

적성과 흥미는?

패션디자이너는 항상 새로운 옷을 만들고, 그 옷을 소비자에게 판매해야 하기 때문에 열정이 있어야 합니다. 패션디자이너는 그림 실력뿐만 아니라 바느질, 디자인 실력도 뛰어나야 하며, 패션 업계에 대한 지식도 있어야 하고, 끈기와 인내심도 갖추어야 합니다. 또한 안정적인 패션 포트폴리오를 만들어 두고, 전체적인 사업 내용과 재무에 대한 지식도 갖추어야 합니다.

창의성과 색채 감각, 조형미, 미적 감각, 유행 감각 등이 있어야 하고, 의복에 대한 기초 지식뿐만 아니라 사회, 심리, 인문, 철학 등 다양한 분야에 대한 지식이 필요합니다. 옷을 디자인하고 만드는 과정에서 여러 전문가들과 함께 작업하는 경우가 많기 때문에 협업 능력과 대인 관계 능력, 의사소통 능력을 갖추는 것도 중요합니다. 옷감이나 부재료, 악세서리 등을 다루기 때문에 손재주가 있어야 하고, 초과 근무나 외근을 해야 하는 경우가 많기 때문에 강한 체력이 요구됩니다. 흥미 유형이 예술형과 탐구형인 사람에게 적합합니다. 최근에는 대부분 컴퓨터를 활용해 디자인하기 때문에 컴퓨터 활용 능력을 갖추는 것도 중요합니다.

패션디자이너에 관심이 있다면 평소 패션쇼 참관, 패션 잡지 구독 등으로 패션 감각과 안목을 키울 것을 권장합니다. 패션디자이너들의 작업실을 방문해 직업에 대한 이해를 높이거나 전공 학과와 관련된 체험 활동도 추천합니다.

패션디자이너 커리어맵

관련 학과 및 자격증은?

→ 관련 학과: 의류학과, 의상학과, 디자인학부 패션디자인전공, 의상디자인학과, 패션디자인학과, 패션의류학과, 의류패션학과, 섬유디자인과, 시각디자인학과, 패션산업학과, 패션마케팅학과, 의류환경학과, 의류상품학과, 의류산업학과 등

→ 관련 자격증: 의류기술사, 의류기사, 한복기능사, 한복기사, 한복산업기사, 패션디자인산업기사, 양장기능사, 양복기능사, 섬유기사, 섬유산업기사, 섬유디자인산업기사, 패션머천다이징산업기사, 자수산업기사, 편물산업기사, 컬러리스트기사, 컬러리스트기능사, 컬러리스트산업기사 등

진출 방법은?

패션디자이너가 되기 위해서는 전문 대학 및 4년제 대학교에서 의상디자인학, 패션디자인학, 의류학, 의상학 등을 전공하면 유리합니다. 관련 학과에서는 복식사, 의복재료론, 의상심리학, 코디네이션기법 등의 이론과 디자인 실기 중심의 교육이 이루어집니다. 또한 마케팅, 머천다이징과 관련한 교육 과정이 운영되고 있어 의상 판매 기법 등에 대해서도 배우게 됩니다. 사설 교육 기관에서 패션 디자인이나 의류 제작에 대한 교육을 받을 경우 과정별로 6개월~3년까지 교육 기간이 다양하게 개설되어 있습니다.

패션디자이너는 주로 의류 회사, 섬유 회사 등으로 진출하며, 자신이 직접 의상실을 운영하는 경우도 많습니다. 의류 업체에서의 근무 경력을 살려 외국 유명 브랜드의 상품기획자로 진출하기도 하고, 패션 감각을 살려 스타일리스트로 진출할 수 있습니다. 일부는 자신만의 개성을 살린 브랜드를 개발해 오프라인 매장이나 온라인 쇼핑몰을 운영하는 경우도 있습니다.

패션디자이너는 공개 채용이나, 교육 기관 및 교수에 의한 추천 등을 통해 주로 채용됩니다. 공개 채용의 경우 서류 전형, 필기시험, 포트폴리오, 면접 등을 거치는데, 대기업일수록 전형이 까다로운 편입니다. 일부 회사의 경우 정식 패션디자이너로 채용하기 전에 일정 기간 동안 디자이너가 지녀야 할 자질과 능력을 평가하는 인턴제와 실무 경험의 기회를 제공하는 연수 제도를 운영하기도 합니다. 회사 내규와 개인의 역량에 따라 차이가 있지만, 최소 5년 정도 경력을 쌓으면 팀장 직급으로 승진할 수 있으며, 전체 디자인실을 운영하면서 디자인을 기획하고 브랜드를 관리하는 실장으로도 승진할 기회가 주어집니다.

관련 직업은?

의상디자이너, 텍스타일디자이너, 주얼리디자이너, 속옷디자이너, 액세서리디자이너, 남성복디자이너, 가죽디자이너, 모피의류디자이너, 무대의상디자이너, 애완동물옷디자이너, 패션테크니컬디자이너, 패션에디터, 패션머천다이저, 패션저널리스트, 시각디자이너, 패턴디자이너 등

미래 전망은?

패션디자이너가 근무하는 의류 업계는 경기의 영향을 크게 받습니다. 지난 20여 년간 국내 패션 산업은 성장세였으나 지금은 그 성장세가 꺾이고 있다는 분석이 지배적입니다. 상당 기간 불경기가 지속되면서 패션에 대한 소비 심리가 위축되었고, 해외 유명 브랜드를 선호하는 경향이 늘어나면서 해외 브랜드의 국내 진출이 크게 증가했으며, 인터넷의 발달로 소비자들이 온라인을 통해 직접 해외에서 구매하게 되면서 국내 패션 산업은 더욱 위축되고 있습니다.

소비자의 의류 구매가 오프라인보다 온라인에서 이루어지는 경우가 늘어나면서 패션 전문 대기업들은 사업 규모를 줄이거나 통합하고 있는 추세인 반면, 온라인 중심의 패션 업계는 상대적으로 사업을 확장하고 있어 패션디자이너에 대한 수요가 증가할 것으로 전망되고 있습니다.

Jump Up

텍스타일디자이너, 액세서리디자이너에 대해 알아볼까요?

텍스타일디자이너는 방직 회사, 의류 업체, 벽지 회사 등에서 옷감의 성분, 실의 색상과 종류, 조직의 형태, 무늬 등을 적절히 배합하여 새로운 직물(텍스타일)을 만드는 일을 해요. 액세서리디자이너는 반지, 목걸이, 모자, 머리핀 등과 같은 액세서리의 유행 동향을 분석하고, 소비자의 기호를 파악하여 액세서리를 디자인해요.

의류학과
패션디자이너 전공 분석

어떤 학과인가?

  의류학은 인간이 살아가는 데 필수적인 의생활에 있어 옷을 입는 형식을 사회와 관련시켜 종합적으로 연구하는 학문입니다. 의류학과에서는 의류에 대한 이론과 실습을 통해 의류학 분야의 전문 지식을 교육합니다. 의상을 착용할 때 사람들의 심리 상태나 옷의 변천사, 패션 마케팅 등을 이해하는 인문 사회 영역, 소재를 선택하고 제품을 만드는 피복재료학, 의복구성학 등의 자연 과학 영역, 그리고 패션 디자인이나 패션일러스트와 같은 예술 영역을 교육합니다.

  또한 우리 몸에 어울리는 아름다운 옷을 디자인하고 만들 수 있는 능력을 기르고, 패션 산업에 필요한 지식과 기술을 교육합니다. 의류학과는 의복의 소재부터 의복의 기능적·미적·경제적인 모든 면을 취급한다고 할 수 있습니다. 이러한 상호 관련 있는 다양한 학문적 접근을 통해 패션의 기초 이론을 체계화하고, 의복 문화의 발전을 통해 의생활 수준을 향상시키는 것을 목표로 교육합니다.

교육 목표와 교육 내용은?

  의류학과는 컴퓨터 설계 및 제조 시스템을 활용하여 패션 제품을 생산하고, 유통자동화, 정보 통신 기술을 활용한 스마트 패션 정보 서비스를 제공하며, 다른 나라 기업과의 협력 생산 시스템을 구축하여 한국 패션의 세계화 등 미래 패션 산업 발전에 선도적 역할을 할 수 있는 창조적·통합적 사고 능력을 가진 패션 전문 인재를 양성하는 것을 교육 목표로 합니다.

» 의류 및 패션과 관련한 기본적 이론을 기반으로 관련 산업 발전에 기여할 수 있는 전문 인재를 양성합니다.

» 패션과 관련된 사회, 문화, 기술 등에 관한 기초 지식을 익혀서 패션 전문가로서의 소양을 갖춘 인재를 양성합니다.

» 패션 전문가로서의 유연하고 능동적인 자세를 함양하고, 패션 산업이 요구하는 다양한 실무를 수행하는 데 적합한 인재를 양성합니다.

» 글로벌 인재로서 성장할 수 있는 자질과 능력을 갖춘 인재를 양성합니다.

» 세계화·정보화 시대에 전문인으로서 의류학 분야의 이론과 창의적 사고를 갖춘 인재를 양성합니다.

» 사회 발전에 기여할 수 있는 능력, 국제적 감각을 개발할 수 있는 능력을 지닌 인재를 양성합니다.

학과에 적합한 인재상은?

의류학을 공부하기 위해서는 새로운 것을 만들어 낼 수 있는 창의적인 아이디어와 상상력이 풍부하고, 감성적인 성격을 지니고 있으며, 미적 감각이 풍부하면 좋습니다. 평상시 패션 흐름에 대해 관심이 많고, 머릿속에 상상한 것을 구체적으로 표현해 낼 수 있는 능력을 가진 사람에게 추천합니다. 디자이너들은 정해진 시간 내에 완성도 높은 옷을 만들어야 하고, 패션쇼를 하게 되면 짧게는 2~3일, 길게는 1주일 동안 거의 잠도 못자고 옷을 만들어야 하는데, 이런 상황에서 주어진 일을 끝까지 해낼 수 있는 책임감과 체력을 갖추어야 합니다.

인문, 사회, 자연 과학, 예체능 등의 분야에서 기초 지식을 쌓고, 컴퓨터 및 관련 소프트웨어를 활용하여 의류 관련 지식을 습득하고자 하는 열정이 있어야 합니다. 시각이나 촉각 등 감각이 예민하며, 일상생활에서도 아름다움을 추구하고자 하는 성향의 사람에게 적합합니다.

관련 학과는?

패션학과, 패션의류학과, 패션산업학과, 패션비즈니스학과, 패션마케팅학과, 의류환경학과, 의류패션학과, 의류상품학과, 의류산업학과, 글로벌패션산업학부, 디자인학부 패션디자인전공, 의류학전공, 의류패션산업전공 등

진출 직업은?

패션에디터, 패션머천다이저, 패션저널리스트, 패션디자이너, 스타일리스트, 텍스타일디자이너, 브랜드매니저, 샵마스터, 액세서리디자이너, 컬러리스트, 파티플래너, 시각디자이너, 테크니컬디자이너, 패션정보기획자, 니트디자이너, 비주얼머천다이저, 패션마케터, 패션브랜드관리자, 패션트렌드분석가, 패턴디자이너, 중등학교 교사(가정) 등

주요 교육 목표

의류 산업 발전에
기여하는 인재 양성

창조적 사고 능력을 갖춘
섬유 패션 분야 인재 양성

국가와 지역 사회 발전에
기여하는 인재 양성

합리적인 의생활을 주도하는
인격과 자질을 갖춘 인재 양성

패션 분야의 문제 해결
능력을 지닌 인재 양성

국제적 감각을 지닌 인재 양성

취득 가능 자격증은?

☑ 의류기사   ☑ 섬유기사
☑ 섬유산업기사   ☑ 자수산업기사
☑ 편물산업기사   ☑ 양장기능사
☑ 한복산업기사   ☑ 한복기사
☑ 한복기능사
☑ 섬유디자인산업기사
☑ 패션디자인산업기사
☑ 패션머천다이징산업기사
☑ 컴퓨터그래픽스운용기능사
☑ 컬러리스트기사
☑ 컬러리스트기능사
☑ 컬러리스트산업기사
☑ 섬유제도디자인기능사
☑ 중등학교 2급 정교사(가정) 등

추천 도서는?

- MT 의류학
  (장서가, 채션석)
- 무량수전 배흘림기둥에 기대서서
  (학고재, 최순우)
- 패션 시장을 지배하라
  (시공아트, 정인희)
- 장광효, 세상에 감성을 입히다
  (북하우스, 장광효)
- 세계 유명 패션디자이너 시리즈1~10
  (노라노, 박기완)
- 패션을 보면 세계사가 보인다
  (내인생의책, 피오나 맥도널드, 김현좌 역)
- 샤넬, 미술관에 가다 (아트북스, 김홍기)
- 발거벗은 패션사 (그림씨, 프레데리크 고다르 외)
- 패션 색을 입다 (리드리드출판, 캐롤라인)
- 패션마케팅 (교문사, 김미영 외)
- 패션의 흑역사 (탐나는책, 엘리슨 매슈스 데이비드)
- 패션 나를 표현하는 방법 (키다리, 헬렌 행콕스)
- 운명을 열어주는 퍼스널컬러 (북스터, 박선영)
- 인스타에도 없는 패션 이야기
  (게임나무, 바르지니 알라지디)
- 조선시대 우리옷 한복이야기 (해지원, 글림자)
- 패션스타일리스트 (경춘사, 안현성)
- 패션 영화를 디자인하다 (산지니, 진경옥)
- 스타일 인문학을 입다 (북포스, 이문연)

학과 주요 교과목은?

기초 과목	인체와 의복, 패션과 색채, 한국복식사, 서양복식문화, 서양복식사, 의류소재, 섬유학, 패션컨버세이션, 드로잉, 입체디자인, 평면디자인, 예술과 디자인의 이해, 현대미술사, 디지털디자인 등
심화 과목	직물학, 의상심리, 의복구성, 의상디자인, 의류산업론, 의류상품학, 패션마케팅, 복식염색, 섬유과학, 텍스타일디자인, 패션스튜디오, 의류소재기획, 의류와 환경, 염색 및 염색공예, 의류상품기획, 의류제품품질관리, 직조디자인, 텍스타일CAD, 텍스타일가공과 디자인, 코디디자인, 홈퍼니싱스타일링, 드레이핑, 써피스프린팅, 패턴메이킹, 핸드페인팅과 아트, 아트웨어, 텍스타일경영, 패션산업과 무역, 의류산업현장실습 등

졸업 후 진출 분야는?

기업체	패션 전문 업체, 섬유·의류 제품 생산 업체, 섬유·의류 수출입 업체, 유통 업체, 패션 전문 교육 기관, 패션 전문 잡지사, 패션 전문 방송국 등
연구 기관	패션 연구소, 섬유 관련 연구소, 의류 소재 개발 연구소, 의류 시험 연구소 등

전공 관련 선택 과목은?

▶ 국어, 영어 교과는 모든 학문의 기초적인 성격을 가진 도구교과로 모든 학과에 이수가 필요하여 생략함.

수능 필수	화법과 언어, 독서와 작문, 문학, 대수, 미적분Ⅰ, 확률과 통계, 영어Ⅰ, 영어Ⅱ, 한국사, 통합사회, 통합과학, 성공적인 직업생활(직업)		
교과군	선택 과목		
	일반 선택	진로 선택	융합 선택
수학, 사회, 과학	대수, 미적분Ⅰ, 확률과 통계, 세계사, 사회와 문화, 현대사회와 윤리, 화학	미적분Ⅱ, 동아시아 역사 기행, 경제, 윤리와 사상, 물질과 에너지, 화학 반응의 세계	수학과제 탐구, 여행지리, 사회문제 탐구
체육·예술	미술	미술 창작, 미술 감상과 비평	
기술·가정/정보	기술·가정, 정보	생활과학 탐구	
제2외국어/한문			
교양		인간과 심리	

학교생활기록부 관리는?

출결 사항	• 출결 사항은 학교생활의 성실성, 근면성, 자기 관리 능력을 평가하는 기본 항목이므로 미인정(무단) 출결 사항이 없도록 관리하세요.
자율·자치활동	• 자기 주도적인 목표 설정과 계획 수립을 통해 실천하는 모습이 드러나도록 하는 것이 중요해요. • 미술, 기술·가정 분야에 대한 관심과 흥미를 바탕으로 다양한 교내외 활동에 참여하여 전공 적합성, 성실성, 진취성, 리더십, 열정 등이 드러나도록 하세요.
동아리활동	• 패션 관련 동아리 활동에 참여하세요. • 동아리 가입 동기, 진로에 동아리 활동이 미친 영향, 동아리 내 자신의 역할, 동아리 활동으로 변화된 자신의 모습, 전공과 관련된 자신의 소질 계발 경험 등 구체적인 활동 내용이 기록되도록 하세요. • 학교에서 주관하는 장애인, 다문화 가정 학생 돕기, 양로원 봉사 활동 등 사회 소외 계층을 대상으로 하는 봉사 활동을 하세요. • 학교내에서 타인을 위해 할 수 있는 지속적인 봉사 활동을 하세요.
진로 활동	• 패션 및 의류 관련 직업 정보 탐색 활동을 권장해요. • 패션 및 의류 관련 학과의 체험 활동이 무척 중요해요. • 교내 진로 활동 프로그램에 참여하거나 패션쇼 참관, 기업에서 주관하는 패션 프로젝트에 참여하여 희망 전공에 대한 노력과 열정이 나타나도록 하세요.
교과학습발달 상황	• 기술·가정, 생활과 과학, 과학, 미술 등 패션 및 의류 관련 교과의 학업 성취도를 상위권으로 유지하고, 수업 활동에서 학업 수행 역량, 문제 해결 능력, 전공 적합성, 진로에 대한 열정 등이 드러나도록 하세요. • 학습 과정에서 자기 주도성, 노력과 의지, 도전 정신과 실험 정신, 지적 호기심 해결 방법 등이 구체적으로 드러나도록 참여하세요.
독서 활동	• 독서 이력을 통해서 학생의 관심 분야, 전공 적합성, 학문 탐구에 대한 열정과 자기 주도적 학습 능력 등을 확인해요. • 패션, 의류, 가정학, 사회·문화, 역사, 세계사 등 다양한 분야의 독서를 통해 희망 전공에 대한 관심과 호기심이 드러나도록 하세요. • 독서의 양보다 교과 시간에 배운 내용을 관심 분야와 연계시켜 지적 수준을 높이는 것이 중요해요.
행동 발달 특성 및 종합 의견	• 자신의 장점을 총체적으로 이해할 수 있도록 발전 가능성, 전공 적합성, 인성, 학업 능력, 창의력, 자기 주도적 학습 능력, 문제 해결 능력, 변화 모습 등이 드러나도록 하세요. • 학교생활에서 자기 주도성, 경험의 다양성, 성실성, 나눔과 배려, 학업 태도와 학업 의지 등 자신의 장점이 기록되도록 관리해야 해요.

**푸드테라피스트에 대해
알아볼까요?**

푸드테라피는 음식(Food)과 치유(Therapy)의 합성
어로, 음식으로 건강을 치유한다는 의미예요. 최근 들
어 미국이나 독일, 프랑스, 스위스, 일본 등 선진국의
과학자들이 활발히 연구를 진행하고 있지요. 젊음과
건강, 장수를 가져다주는 음식에 대한 관심과 음식을
통한 치료는 우리 삶의 중요한 부분이 되었어요. 푸드
테라피스트는 이러한 푸드테라피를 토대로 음식에 대
해 연구하고 처방하며 치료하는 직업이에요.

푸드스타일리스트

식품조리학과

푸드스타일리스트란?

'보기 좋은 떡이 먹기도 좋다.', '이왕이면 다홍치마'라는 말이 있듯이 같은 음식이라도 어떤 음식은 아름답고 먹음직스럽게 보이는데, 어떤 음식은 맛이 없어 보이는 경우를 종종 접하게 됩니다. 이는 음식을 가능하면 먹음직스럽고 아름답게 보이도록 어울리는 그릇에 담고, 소품과 자연스럽게 배치해 분위기를 연출하려는 이유입니다.

생활 수준이 높아지면서 음식은 단순히 '먹는 것'을 넘어 '문화'와 '예술'까지 포함하는 개념으로 변화하고 있습니다. 음식 고유의 맛도 중요하지만 시각적인 연출이 맛을 결정하는 중요한 요인이 되면서 푸드 스타일링에 대한 관심이 높아지고 있습니다. 각종 방송 프로그램과 신문, 잡지를 비롯한 출판물에 요리를 주제로 한 콘텐츠가 빠르게 증가하면서 사람들에게 음식이 맛있게 보이도록 푸드 스타일링에도 많은 정성을 쏟고 있습니다. 또한 파티, 연회, 리셉션 등에서 제공되는 음식과 테이블 장식을 전문 푸드스타일리스트에게 의뢰하는 경우도 늘어나고 있습니다.

푸드스타일리스트는 요리를 더 맛있게 보이도록 연출하는 사람입니다. 우리나라에 푸드스타일리스트가 소개된 것은 1990년대 후반으로, 그 역사가 짧습니다. 그 당시 일본이나 미국 등 외국에서 푸드스타일리스트 공부를 하고 온 사람들이 아카데미를 운영하거나 활동을 시작하면서 푸드스타일리스트라는 직업이 사람들에게 알려지게 되었습니다. 당시에는 쉐프와 푸드스타일리스트의 역할 구분이 분명하지 않았지만, 식문화가 발달하고 관련 학과가 생겨나면서 푸드스타일리스트라는 직업도 자리를 잡게 되었습니다.

푸드스타일리스트는 단순히 미각과 후각만의 음식 문화를 넘어서 오감을 만족시키는 푸드 전문 디자이너라고 볼 수 있습니다. 이러한 푸드스타일리스트는 푸드 스타일링을 기반으로 다양한 음식 메뉴 개발, 테이블 장식, 식사 공간 연출, 레스토랑 컨설팅 등 외식 산업에서는 빼놓을 수 없는 중요한 업무를 담당하고 있습니다.

푸드스타일리스트가 하는 일은?

영화나 드라마, 광고를 보면 각종 음식들이 예쁜 그릇에 보기 좋게 담겨서 먹음직스럽게 놓여 있는 모습을 볼 수 있습니다. 이처럼 각종 음식들이 조화를 이루고, 재료의 특성을 최대한 살려 먹음직스럽게 보이도록 하는 사람이 푸드스타일리스트입니다. 푸드스타일리스트는 요리에 예술적 감각을 불어넣는 요리 디자이너이자 요리 예술가라고 할 수 있습니다.

푸드스타일리스트는 방송에서 보이는 화려한 이미지와는 달리, 행사 준비와 사진 촬영을 위해 며칠 밤을 새우거나, 재료 준비와 현장 소품 이동, 촬영 후 음식물 처리와 설거지까지 담당해야 하므로 강인한 체력이 요구됩니다. 푸드스타일리스트의 임금은 다른 직업에 비해 낮은 편에 속하나 근무 여건은 비교적 좋은 편에 속합니다. 작품을 통해 고객들로부터 즉시 평가를 받을 수 있고, 자신의 아이디어로 완성한 음식이 좋은 평가를 받았을 때는 성취감이 매우 큰 편입니다. 정년이 따로 없다는 장점이 있으나 대부분의 푸드스타일리스트가 프리랜서로 근무하는 경우가 많아 고용이 불안정하다는 단점이 있습니다.

> » 음식이나 식품, 메뉴의 특성과 색상을 고려해 오감을 만족시킬 수 있을 만큼 먹음직스럽고 맛깔스럽게 보이도록 합니다.
> » 식문화와 영양학적 전문 지식을 바탕으로 새로운 메뉴를 개발한 후 요리 칼럼 등에 소개합니다.
> » 영화, 광고, 드라마의 음식 관련 장면을 연출자와 함께 기획하고 연출합니다.
> » 요리책이나 요리 TV 프로그램의 주제에 맞는 적합한 메뉴를 개발해 요리법을 소개합니다.
> » 문화 센터 및 기업체의 요리 교실 등에서 강의하고, 조리사에게 음식이 조금 더 맛있게 보이는 요리 연출법을 가르칩니다.
> » 요리 재료의 특성을 최대한 살려 음식이 카메라 앞에서 가장 아름답게 보일 수 있도록 합니다.
> » 백화점이나 홈쇼핑, 푸드 코너 등에서 음식 상품을 돋보이게 연출합니다.
> » 대형 외식 업체에서 기존의 메뉴를 보완하거나 새로운 메뉴를 선보일 때 개발에 직접 참여합니다.
> » 식재료에 관한 폭넓은 지식을 바탕으로, 소비자가 선호하는 맛과 색상을 지닌 재료를 추천하고, 음식의 시각적 요소에 관한 아이디어를 제공합니다.
> » 국내외 요리, 식기, 소품, 인테리어 등의 관련 자료를 수집하고 분석합니다.

Jump Up

푸드코디네이터에 대해 알아볼까요?

푸드코디네이터는 음식점의 메뉴 개발, 요리 교실이나 각종 세미나의 기획, 운영, 시장 조사 등 음식과 관련된 비즈니스 전반의 일을 하는 사람이에요. 요리연구가, 테이블코디네이터, 푸드스타일리스트, 다이어트컨설턴트, 레스토랑프로듀서, 푸드저널리스트, 티인스트럭터, 라이프코디네이터, 와인어드바이저, 플라워코디네이터, 그린코디네이터 등의 세부 영역으로 구분돼요.

푸드스타일리스트 커리어맵

- 한국식품조리과학회 www.kfcs.org
- 세계음식문화연구원 www.wfcc.or.kr
- 한국푸드코디네이터협회 www.kfca.asia

- 수학, 과학, 기술·가정 교과 역량 키우기
- 음식 및 조리 관련 학과 탐방
- 푸드스타일리스트 직업 탐방 및 체험 활동
- 식문화, 조리학, 자연 과학 등 다양한 분야의 독서 활동

관련기관

준비방법

적성과 흥미
- 음식 분야 지식
- 요리 능력
- 빠른 판단력
- 대처 능력
- 인내심
- 체력
- 미술적인 감각
- 창의력
- 대인관계 능력
- 의사소통 능력
- 외국어 실력

흥미유형
- 탐구형
- 현실형

푸드스타일리스트

관련교과
- 수학
- 과학
- 기술·가정
- 미술

관련학과
- 식품영양학과
- 식품조리학과
- 푸드스타일링과
- 외식조리학과
- 외식조리제과제빵학과
- 호텔외식조리학과
- 호텔외식경영학과
- 호텔조리학과
- 식품가공학과
- 제과제빵과
- 조리과학과
- 글로벌조리학과
- 커피바리스타과

관련자격
- 조리산업기사
- 한식조리산업기사
- 한식조리기능사
- 양식조리기능사
- 양식조리산업기사
- 중식조리기능사
- 중식조리산업기사
- 제과기능사
- 제빵기능사
- 컬러리스트기사
- 컬러리스트산업기사
- 와인소믈리에
- 바리스타
- 제과기능사
- 제빵기능사
- 식품위생관리사
- 식품경영관리사
- 영양사

관련직업
- 바텐더
- 식품공학기술자
- 영양사
- 조리사
- 임상영양사
- 영양상담사
- 유통관리사
- 와인감별사
- 바리스타
- 소믈리에
- 브루마스터
- 쇼콜라티에
- 푸드코디네이터
- 푸드테라피스트

적성과 흥미는?

푸드스타일리스트는 음식에 대한 전문 지식과 요리 실력, 요리를 돋보이게 하는 식기와 소품 등을 찾아내는 안목, 색채 감각, 음식의 물리적 변화에 대한 지식이 필요합니다. 음식 관련 방송이나 잡지 광고 등 촬영을 할 때 일어날 수 있는 돌발 상황에 대비할 수 있는 빠른 판단력과 대처 능력도 갖추어야 합니다.

밤샘 작업, 무거운 식자재 정리와 운반, 대량의 설거지 등을 감당해야 하므로 인내심과 체력이 필요합니다.

푸드스타일리스트는 음식 조리 능력뿐만 아니라 미술적 감각이 필요한데, 이는 자신만의 새로운 음식을 만들고, 음식에 어울리는 소품과 식자재를 활용해 가장 보기 좋은 구도로 연출하는 데 반드시 필요한 능력이기 때문입니다.

최근에는 푸드스타일리스트의 활동 영역이 파티, 연회, 조리, 외식산업, 컨벤션, 미디어 등으로 매우 다양해지면서 조리 능력은 물론 음식과 관련된 지식, 색채 감각, 공간 연출력, 마케팅, 매니지먼트, 프레젠테이션 능력까지 필요합니다. 또 촬영기사, 프로듀서, 방송작가, 출판기획자 등 많은 사람들과 같이 일을 하므로 대인 관계 능력과 의사소통 능력도 필요합니다.

식문화 트렌드를 알기 위해 다양한 정보와 경험으로 세계적인 흐름과 대중의 선호도를 꾸준히 파악하는 열정과 인터넷을 통해 쏟아지는 식문화 관련 정보 중에서 취사 선택할 수 있는 분석력과 정보 수집 능력도 필요합니다. 선진국의 식문화 정보를 습득하기 위해 외국어 실력도 중요합니다.

푸드스타일리스트에 관심이 있다면 창의력을 키우기 위해 다양한 활동에 참여하는 것이 좋고, 음식 관련 방송 프로그램이나 관련 잡지 등을 통해 기본 소양을 쌓는 것이 필요합니다. 음식에 관심을 갖고, 틈틈이 조리 연습을 해 보는 것을 권장하며, 시간이 날 때마다 식기, 소품 등 푸드 스타일링에 필요한 것들을 찾아 백화점이나 식기 판매점을 방문하는 것도 추천합니다. 평소 미술, 영화, 사진 등 예술 분야에 관심을 갖고, 음식 연출 방법을 공부하는 것을 권장합니다.

푸드스타일리스트 커리어맵

관련 학과 및 자격증은?

➡ 관련 학과: 식품영양학과, 식품조리학과, 푸드스타일링과, 외식조리학과, 호텔외식조리학과, 호텔외식경영학과, 호텔조리학과, 글로벌조리학과, 식품가공학과, 제과제빵과, 조리과학과, 커피바리스타과 등

➡ 관련 자격증: 푸드스타일리스트, 제과제빵사, 컬러리스트기사, 컬러리스트산업기사, 푸드코디네이터, 와인소믈리에, 바리스타, 푸드테리피스트, 한식조리산업기사, 한식조리기능사, 양식조리기능사, 양식조리산업기사, 중식조리기능사, 중식조리산업기사, 제과기능사, 제빵기능사, 조리산업기사, 식품위생관리사, 식품경영관리사, 영양사 등

진출 방법은?

푸드스타일리스트가 되기 위해서는 전문 대학이나 4년제 대학교의 조리 및 식품 영양 관련 학과를 졸업하는 것이 유리합니다. 관련 학과에서는 기본 푸드스타일링, 바리스타, 플라워리스트, 슈가크래프트, 선물 포장, 테이블데코, 제과 제빵, 도자기 제작, 외국어 등을 체계적으로 배울 수 있고, 이탈리아, 프랑스, 일본 등으로 해외 연수의 기회가 주어지는 경우도 있습니다.

대학을 졸업한 후에는 식품 회사에 푸드스타일리스트로 취직하거나 푸드 스타일 전문 회사를 창업할 수도 있습니다. 프리랜서 푸드스타일리스트로 활동하면서 신문, 잡지, CF, 요리 서적, TV 요리 프로그램, 영화 속의 요리 스타일링을 담당하거나, 파티나 행사에서 상황에 맞는 다양한 메뉴와 테이블 세팅, 공간 연출 등을 맡기도 합니다. 또한 레스토랑의 메뉴를 개발하거나 대중을 대상으로 하는 테이블매너 강연 등을 할 수도 있습니다.

현재 국내에는 푸드스타일리스트가 되기 위해 반드시 취득해야 하는 공인 자격증은 따로 없습니다. 대신 한식 양식조리자격증을 취득하는 것이 도움이 되며, 플로리스트, 컬러리스트와 같은 자격증이 있다면 음식에 어울리는 식기, 꽃 장식 등으로 테이블 세팅을 더 아름답게 할 수 있어 푸드스타일리스트로 활동하는 데 도움이 될 수 있습니다.

푸드스타일리스트는 음식을 '먹는 것'이라는 차원을 넘어 '삶을 풍요롭게 하는 문화'라는 생각을 가져야 하고, 디자인 감각을 키우기 위해 미술, 영화, 사진 등에 관심을 가지고 공부를 해야 합니다.

관련 직업은?

식품공학기술자, 영양사, 조리사, 임상영양사, 영양상담사, 유통관리사, 와인감별사, 바리스타, 소믈리에, 브루마스터, 쇼콜라띠에, 푸드코디네이터, 테이블코디네이터, 테이블아티스트, 테이블데코레이터, 패키지푸드스타일리스트, 레스토랑프로듀서, 메뉴개발자, TV 요리진행자, 식공간연출자, 푸드컨설턴트, 푸드저널리스트, 푸드테라피스트, 전시연출가, 바텐더 등

미래 전망은?

최근에는 어린아이부터 나이 든 세대에 이르기까지 쿡방(요리하는 방송), 먹방(먹는 모습을 보여 주는 방송) 등 음식 관련 콘텐츠가 인기를 끌고 있습니다. 이러한 이유로 인해 음식의 맛은 물론, 오감을 만족시키는 음식의 디자인, 건강한 삶을 위해 영양과 성분을 고려한 식재료 선택, 새롭고 다양한 음식 콘텐츠 개발 등은 푸드스타일리스트에 대한 전망을 밝게 하고 있습니다. 미래 외식 산업의 발전은 독창적인 아이디어와 감각, 실력을 갖춘 푸드스타일리스트들이 주도할 것으로 전망됩니다. 식생활의 세계화 추세와 외식 문화의 증가, 차별화된 고급 요리 전문점의 등장으로 능력 있는 푸드스타일리스트들의 활동 영역이 더욱 넓어질 것으로 예상됩니다.

식품조리학과
푸드스타일리스트 전공 분석

어떤 학과인가?

우리는 '식품 조리'라고 하면, 단순히 각종 식재료를 이용해 요리하는 것을 생각합니다. 그러나 건강한 삶에 대한 욕구가 높아지고, 식생활 수준과 양식이 바뀌면서 식품 조리 분야에 새로운 바람이 불고 있습니다. 사람들이 건강한 삶을 살아가는 데 있어 어떻게 하면 식품 조리가 기여할 수 있을까?가 식품조리학의 중요한 연구 과제로 대두되고 있습니다.

식품조리학과에서는 건강한 삶에 대한 소비자의 요구를 만족시키고, 건강한 식생활 문화를 유도할 수 있는 다양한 지식과 기술을 교육합니다. 식품의 특성과 영양에 대한 기본적인 이론과 조리 과정에서 발생하는 물리적·화학적 변화를 예측해 조리에 활용하는 방법을 교육합니다. 한국·일본·중국·서양 요리, 전통 발효 식품, 궁중 요리 등 다양한 조리 과정을 실습을 통해 익혀 졸업 후 현장에서 바로 활동할 수 있도록 지도하는 학과입니다.

교육 목표와 교육 내용은?

식품조리학과에서는 식품의 영양과 조리 과학을 접목하여, 인간의 건강 유지에 필요한 에너지와 영양소에 대해 배웁니다. 급속하게 발전하는 호텔·외식·식품 산업 분야에 필요한 미래 지향적인 우수한 인재를 양성하고, 글로벌 시대에 걸맞은 전문적이고 다양한 실무 능력을 갖춘 인력을 양성합니다. 학교, 병원, 산업체, 외식 사업 분야에 종사할 급식 전문가, 지역 사회의 건강 증진에 기여할 보건 의료 전문가, 외식·식품 산업을 이끌어 갈 조리 외식 전문가 등을 양성합니다.

학과에 적합한 인재상은?

식품조리학은 평소에 음식 만드는 것을 좋아하고, 식생활 문화에 관심이 많은 사람에게 적합합니다. 조리 및 외식 분야, 제과 제빵 분야에 대한 관심이 높고, 실습 중심의 교과 과정을 소화할 수 있는 진취적이고, 창의적인 사람에게 유리합니다. 식품 조리나 제과 제빵의 경우에는 미각뿐만 아니라 시각적인 부분도 중요하기 때문에 손재주나 미적 감각이 있는 사람에게 유리합

» 화학 전반에 관한 기초 지식을 이해하고, 물질에 관한 기본 연구 능력을 갖춘 인재를 양성합니다.
» 자연에 대한 올바른 이해와 합리적인 사고 능력을 갖춘 인재를 양성합니다.
» 새로운 이론과 기술에 대한 적응력과 현장 문제 해결 능력을 갖춘 인재를 양성합니다.
» IT 산업, 바이오 산업, 재료 산업, 제약 산업 등 다른 분야에서도 자신의 능력을 발휘할 수 있는 인재를 양성합니다.
» 창의적 사고와 도전 정신을 갖추고, 디지털 시대의 새로운 가치를 실현할 수 있는 화학 인재를 양성합니다.
» 의사소통 능력, 문화 역량 강화를 통해 글로벌 리더십을 갖춘 인재를 양성합니다.
» 최신 지식과 기술을 취득하여 화학 문제를 해결하는 데 응용할 수 있는 능력을 갖춘 인재를 양성합니다.

니다. 또한 식품의 영양학적 가치 및 중요성에 대한 관심과 식품을 조리하는 것에 대한 자긍심을 가진 사람에게 적합합니다.

눈으로 조리 변화를 관찰할 수 있는 집중력과 조리에 첨단 기술을 적용할 수 있는 창의성과 응용력, 빠르게 변화하는 음식 트렌드 및 영양 정보에 대해 탐구하는 자세를 가진 사람에게 적합합니다. 식품에 대한 상담 및 교육을 통해 사람들에게 올바르고 균형 잡힌 식생활에 대한 정보를 전달해야 하기 때문에 의사 전달 능력, 의사소통 능력, 대인 관계 능력이 필요합니다. 평소 서비스 정신을 갖고, 긍정적인 사고방식과 끊임없이 도전하고 개척하는 진취적인 자세가 필요합니다. 각 식품의 특성과 사람의 몸에 미치는 영향 등에 대해 공부하므로 생명과학, 화학 등의 교과에 흥미가 있어야 합니다.

관련 학과는?

조리과학과, 외식조리학과, 호텔외식조리학과, 호텔외식경영학과, 호텔외식조리베이커리학과, 호텔조리학과, 글로벌조리학과, 제과제빵과, 식품가공학과, 커피바리스타과, 푸드스타일링과 등

주요 교육 목표

식품 조리 분야의 종합적인
기술을 지닌 인재 양성

창조적 사고 능력을 갖춘
식품 조리 분야의 인재 양성

글로벌 조리 외식
전문 인재 양성

소비자의 만족과 기대에
부응하는 인재 양성

질병 예방 및 국민 건강
식생활을 선도하는 인재 양성

국가와 지역 사회에 기여하는
식품 조리 분야의 인재 양성

 ## 취득 가능 자격증은?

- ☑ 영양사
- ☑ 위생사
- ☑ 제과기능사
- ☑ 제빵기능사
- ☑ 조리사
- ☑ 조리산업기사
- ☑ 조주기능사
- ☑ 복어조리기능사
- ☑ 수산제조기사
- ☑ 수산제조기술사
- ☑ 중식조리기능사
- ☑ 한식조리기능사
- ☑ 양식조리기능사
- ☑ 일식조리기능사
- ☑ 식품가공기능사
- ☑ 식품위생관리사
- ☑ 주류제조관리사
- ☑ 수산식품가공기능사
- ☑ 식품경영관리사
- ☑ 중등학교 2급 정교사(영양) 등

진출 직업은?

영양사, 전통식품제조원, 제과사, 제빵사, 조리사, 푸드스타일리스트, 임상영양사, 위생사, 영양 교사, 영양상담사, 다이어트컨설턴트, 농산물품질관리사, 유통관리사, 와인감별사, 호텔관리자, 한식조리사, 중식조리사, 양식조리사, 일식조리사, 바리스타, 소믈리에, 브루마스터, 쇼콜라티에, 외식경영컨설턴트, 음식메뉴개발자, 파티플래너, 커피바리스타, 바텐더, 식품 위생직 공무원, 보건 행정직 공무원, 농축산 관련 공무원 등

추천 도서는?

- 천년 한식 견문록(파프리카, 정혜경)
- 맛의 원리(예문당, 최낙언)
- 3대가 쓴 한국의 전통 음식(교문사, 한복려 외)
- 야생의 식탁(부키, 모 와일드, 신소희 역)
- 비디음식의 인문학(따비, 정혜경)
- 발효음식 인문학(헬스레터, 정혜경)
- 인문학으로 만나는 음식문화(신아출판사, 이종근)
- 음식의 언어(어크로스, 댄 주래프스키, 김병화 역)
- 윤리적 소비 행복한 소비(시그마프레스, 천경희 외)
- 미식에서 시작해서 지식으로 끝나는 미식경제학(위즈덤하우스, 토스 외)
- 처음 읽는 음식의 세계사 (탐나는 책, 미야자키 마사카츠, 한세희 역)
- 프랑스의 음식문화사(나케북스, 마리안 테벤, 전경훈 역)
- 맛있는 소스백과(예신, 안종훈 외)
- 한국 음식 문화와 콘텐츠(글누림, 한복진 외)
- 음식 인문학(휴머니스트, 주영하)
- 알기 쉬운 식품공학(유한문화사, 고정삼 외)
- 음식 혁명(시공사, 존 로빈스, 안의정 역)
- 희망의 밥상(사이언스북스, 제인 구달 외, 김은영 역)
- 인간이 만든 위대한 속임수 식품 첨가물 (국일미디어, 아베 쓰카사, 정만철 역)
- 음식 문화의 수수께끼(한길사, 마빈 해리스, 서진영 역)
- 무엇을 먹을 것인가(열린과학, 콜린 캠벨 외, 유자화 역)
- 윤리적 소비(메디치미디어, 박지희 외)

학과 주요 교과목은?

기초 과목	식품학, 영양학, 조리원리, 조리과학, 외식경영학, 호텔조리학원론, 관광학개론, 한국조리학, 식품미생물학, 외국조리 및 조리용어, 제과제빵학, 식생활문화사 등
심화 과목	동양조리학, 메뉴디자인, 식음료실무론, 식음료원가관리, 식이요법, 식품구매론, 식품가공학, 메뉴관리론, 외식경영관리론, 외식사업창업론, 레스토랑경영관리, 단체급식론, 음료학 및 칵테일, 연회실무론, 제과제빵실습, 제철음식 및 향토음식, 푸드데코레이션 등

졸업 후 진출 분야는?

기업체	국내외 호텔, 식품 회사, 외식 업체, 단체 급식소, 제과제빵 전문점, 와인·커피 전문점, 요리 학원, 레스토랑 등
연구 기관	한국식품연구원, 한국과학기술연구원, 식품영양학 연구소, 식품 제조 업체의 연구소, 식품 생명 관련 대학원, 의학·치학·약학 전문 대학원 등
정부 및 공공 기관	식품의약품안전처, 보건복지부, 농림축산식품부, 농촌진흥청, 서울시청, 한국능률협회컨설팅 등

🔍 전공 관련 선택 과목은?

▶ 국어, 영어 교과는 모든 학문의 기초적인 성격을 가진 도구교과로 모든 학과에 이수가 필요하여 생략함.

수능 필수	화법과 언어, 독서와 작문, 문학, 대수, 미적분Ⅰ, 확률과 통계, 영어Ⅰ, 영어Ⅱ, 한국사, 통합사회, 통합과학, 성공적인 직업생활(직업)		
교과군	선택 과목		
	일반 선택	진로 선택	융합 선택
수학, 사회, 과학	대수, 미적분Ⅰ, 확률과 통계, 사회와 문화, 현대사회와 윤리, 화학, 생명과학	미적분Ⅱ, 경제, 윤리와 사상, 물질과 에너지, 화학 반응의 세계, 세포와 물질대사, 생물의 유전	수학과제 탐구, 사회문제 탐구, 기후변화와 지속가능한 세계, 기후변화와 환경생태, 융합과학 탐구
체육·예술			
기술·가정/정보	기술·가정, 정보	생활과학 탐구	
제2외국어/한문			
교양	생태와 환경	인간과 심리, 보건	인간과 경제활동

학교생활기록부 관리는?

출결 사항	• 출결 사항은 학교생활의 성실성, 근면성, 자기 관리 능력을 평가하는 기준이므로 미인정(무단) 출결 사항이 없도록 관리하세요.
자율·자치활동	• 자기 주도적인 목표 설정과 계획 수립을 통해 문제를 해결하는 모습이 드러나도록 하는 것이 중요해요. • 기술·가정, 가정과학 분야에 대한 관심과 흥미를 바탕으로 다양한 교내외 활동에 참여하여 자신의 역할, 변화된 모습, 리더십, 진정성 등이 드러나도록 하세요.
동아리활동	• 요리 관련 동아리 활동에 참여하세요. • 자신의 진로에 동아리 활동이 미친 영향, 활동 범위, 동아리 내 자신의 역할, 동아리 활동으로 변화된 자신의 모습, 전공과 관련된 자신의 소질 계발 경험 등 구체적인 활동 내용이 기록되도록 하세요. • 진로와 관심 분야 활동을 통해 탐구 역량, 자기 주도성, 적극성 등이 드러나도록 하세요. • 학교에서 주관하는 장애인, 다문화 가정 학생 돕기, 양로원 봉사 활동 등 사회 소외 계층을 대상으로 하는 봉사 활동을 하세요. • 봉사 시간을 늘리는거 것보다 양질의 봉사를 꾸준하게 하세요.
진로 활동	• 요리 관련 학과 및 직업에 대한 정보 탐색 활동을 통해 진로 탐색에 대한 노력이 드러나도록 하세요. • 요리 관련 학과나 직업에 대한 탐방 및 체험 활동을 통해 희망 전공에 대한 노력과 열정이 드러나도록 하세요. • 교내외의 다양한 진로 활동 프로그램에 참여하여 진로를 탐색하고 경험을 쌓는 과정에서 진취성, 적극성, 능동적 참여, 노력 등이 드러나도록 하세요.
교과학습발달 상황	• 기술·가정, 생활과 과학, 과학 등 요리 관련 교과의 학업 성취도를 높일 수 있도록 관리하세요. • 수업 활동에서 자신이 발휘한 역량, 창의력, 문제 해결 능력, 전공 적합성, 자기 주도성, 도전 정신, 실험 정신, 지적 호기심, 노력 등이 구체적으로 드러나도록 관리하세요.
독서 활동	• 독서 이력을 통해 학생의 관심 분야, 전공 적합성, 학문 탐구에 대한 열정과 자기 주도적 학습 능력 등을 확인해요. • 가정학, 요리학, 조리학, 식문화 등 다양한 분야의 독서를 통해 지식수준을 높이며, 전공 학과에 대한 기초 지식을 쌓도록 해요. • 교과 시간에 배운 내용과 전공 분야를 연계시킬 수 있는 독서가 중요해요.
행동 발달 특성 및 종합 의견	• 자신의 장점을 총체적으로 이해할 수 있도록 발전 가능성, 전공 적합성, 인성, 학업 능력, 창의력, 자기 주도적 학습 능력, 문제 해결 능력, 변화 모습 등이 드러나도록 하세요. • 학교생활에서 자기 주도성, 경험의 다양성, 성실성, 나눔과 배려, 학업 태도와 학업 의지 등 자신의 장점이 기록되도록 관리해야 해요.

플로리스트
원예학과

Jump Up

싱싱한 꽃 고르는 노하우에 대해 알아 볼까요?

➡ 보기 좋게 핀 꽃보다는 핀 듯 만 듯 보이는 꽃을 사야 좀 더 오래 볼 수 있어요. 꽃봉오리가 막 피기 시작한 것이 좋으나 아이리스, 수선화, 백합 등은 봉오리가 단단한 것을 골라야 꽃이 피는 모습을 오래 즐길 수 있어요.

➡ 꽃대는 굵고 긴 것이 좋고요. 잎사귀는 푸르고 싱싱하며, 잎이 난 간격이 짧은 것을 선택하는 것이 좋아요.

➡ 꽃의 수술을 보고도 꽃이 얼마나 싱싱한지 알 수 있어요. 수술은 꽃이 절정에 이르렀을 때 꽃가루를 만들어요. 따라서 수술의 꽃가루가 흩어져 있다면 그 꽃은 이미 활짝 피었다는 뜻이므로 오래가지 못해요.

플로리스트란?

꽃은 사람들에게 가장 원초적인 메시지를 전달할 수 있는 매체입니다. 사람들은 꽃을 주고받음으로써 마음의 평온과 감사를 느낄 수 있기 때문에 사람의 감정을 표현하는 데 있어 꽃만큼 적합한 것은 없습니다. 출생, 진학, 결혼, 승진 등 삶의 출발을 의미하는 순간에서부터 장례식과 같은 삶의 끝을 의미하는 순간까지, 꽃은 늘 우리 곁에서 기쁨이나 위로를 전해 주고 있습니다. 또한 꽃은 오랜 옛날부터 인간과 함께하며 기쁨, 애정, 감사, 위로의 메시지를 전하는 수단으로, 사람들의 마음을 치유해 주는 역할을 하고 있습니다.

프랑스, 영국, 일본 등 미적 수준이 높은 나라들은 하나의 공통점이 있습니다. 바로 꽃에 대한 문화가 발달했다는 것입니다. 프랑스의 경우에는 다른 사람의 집에 초대를 받았을 때 꽃과 와인을 들고 가는 문화가 있으며, 레스토랑에서는 조화가 아닌 반드시 생화를 사용합니다. 이처럼 문화 선진국들 중에는 꽃을 사랑하고 즐길 줄 아는 나라가 대부분입니다.

플로리스트란 용어는 꽃을 뜻하는 '플로스(flos)'와 전문가를 나타내는 접미사인 '이스트(ist)'의 합성어로, 사람이나 공간의 아름다움,

또는 상품의 가치를 높이기 위해 꽃을 활용하는 모든 사람들을 일컫는 말입니다. 우리나라에서는 화훼장식가로 불리다가 1990년대 초에 플로리스트라는 직업명이 사용되기 시작했습니다. 화훼 문화가 발전한 나라에서 관련 학문을 전공하거나 다양한 경로를 통해 외국의 꽃 문화를 경험한 사람들이 국내로 들어오면서 꽃에 '디자인'을 한다는 의미를 부여하여 생겨난 직업명입니다. 플로리스트는 용도에 맞게 공간을 디자인하고, 꽃과 어울리는 다양한 재료들로 공간을 아름답게 연출하는 전문 예술인입니다. 플로리스트는 다양한 꽃과 자연 재료에 자신만의 예술 감각을 입혀 평범한 공간을 아름다운 공간으로 만들어 냅니다.

우리나라에서 플로리스트라는 직업이 자리 잡은 시기는 오래되지 않았지만, 아름다운 꽃을 통해 공간에 생명을 불어넣는 플로리스트의 영역은 빠르게 확대되고 있습니다. 플로리스트는 부가 가치가 높은 직업일 뿐만 아니라 꽃으로 자연의 순수함을 전함으로써 사람의 마음을 어루만지는 치유자이며, 감성이 충만한 사회를 만드는 데 중요한 역할을 하기도 합니다.

플로리스트가 하는 일은?

플로리스트는 꽃, 잎, 나무 등을 주된 소재로 하여 인간의 창의력과 표현 능력을 발휘하여 공간의 기능과 미적 효율을 높이는 직업입니다. 유사 직업으로는 화훼장식가, 플라워디자이너 등이 있습니다.

우리는 플로리스트를 꽃향기가 가득한 아름다운 공간에서 꽃꽂이를 하거나 꽃을 관리하는 직업 정도로 생각합니다. 그러나 플로리스트의 하루는 새벽 일찍 일어나 꽃 도매 시장에서 꽃을 구입하는 것으로 시작합니다. 다른 플로리스트보다 먼저 좋은 꽃을 구입하고, 필요한 양을 확보해야 하기 때문입니다. 구입한 꽃은 시들기 전에 빠르게 운반해서 줄기와 잎 등을 정리한 후 물통에 담가야 합니다. 꽃의 상태 및 상품성 때문에 대부분 행사 하루 전에 장식 작업을 하게 되어 밤늦게까지 일을 하는 경우도 있고, 행사 후 많은 양의 쓰레기를 처리해야 하는 등 뒤처리도 만만치 않습니다. 가시에 긁히거나 칼에 베이는 경우도 많고, 정해진 시간 내에 빨리 꽃을 디자인하거나 공간을 장식해야 하기 때문에 육체적·정신적 스트레스도 많은 직업입니다.

그러나 플로리스트는 사람과 자연을 연결하는 메신저로서 독창성과 창의적 감각을 마음껏 발휘하며, 사람들에게 기쁨과 특별함을 선사하므로 보람을 느낄 수 있는 매력적인 직업입니다.

> » 꽃, 식물, 화초 등의 화훼류를 목적에 맞게 만들고 장식합니다.
> » 고객의 용도 및 행사 장소에 맞게 리본, 바구니, 화환 등을 다양하게 연출합니다.
> » 꽃과 식물이 시들지 않도록 온도와 습도를 유지하여 관리합니다.
> » 고객의 요구에 맞게 바구니, 리본 등의 부재료를 활용하여 꽃다발이나 꽃바구니를 만들어 판매합니다.
> » 각종 행사와 이벤트 콘셉트에 맞는 공간을 구성하기 위해 기획하고, 꽃의 종류와 부재료를 활용하여 장식합니다.
> » 행사 중 꽃 장식이 망가지지 않게 관리하고, 행사 후에는 직접 철거하기도 합니다.
> » 대규모의 행사를 진행하면서 경력을 쌓은 후 파티나 전시회장의 파티플래너나 아트디렉터로 활동합니다.

Jump Up

파티플래너에 대해 알아볼까요?

각종 파티와 이벤트를 기획하고 연출, 운영, 홍보까지 모든 과정을 담당하고 감독하는 사람이에요. 예산에 맞게 콘셉트를 선정하는 것부터 공간 연출, 인력 배치, 진행에 이르기까지 파티플래너의 업무는 광범위해요. 생일 파티, 결혼식, 기업 행사 등 흥겨운 이벤트를 구상하고 지휘하는 파티플래너는 리더십, 예술성, 마케팅 전략까지 두루 겸비한 다재다능한 능력이 필요해요.

플로리스트

커리어맵

준비방법
- 수학, 과학, 기술·가정 교과 역량 키우기
- 원예학 관련 학과 탐방
- 플로리스트 직업 탐방 및 체험 활동
- 원예학, 생물학, 자연과학 등 다양한 분야의 독서 활동

관련기관
- 한국플로리스트협회 www.kflorist.or.kr
- 한국화훼장식기사협회 cafe.daum.net/kafdm

적성과 흥미
- 미적 감각
- 정교한 손재주
- 창의력
- 끈기
- 디자인 감각
- 강인한 체력
- 뛰어난 관찰력
- 의사소통 능력
- 공감 능력

관련학과
- 원예과
- 원예학과
- 원예산업학과
- 스마트원예과학과
- 스마트팜학과
- 원예과학과
- 원예생명과학과
- 플라워디자인학과
- 환경원예학과
- 조경학과

플로리스트

관련교과
- 수학
- 과학
- 기술·가정
- 환경

흥미유형
- 탐구형
- 현실형

관련자격
- 화훼장식기능사
- 화훼장식기사
- 시설원예기술사
- 시설원예기사
- 원예복지사

관련직업
- 화훼장식가
- 플라워디자이너
- 정원사
- 조경사
- 원예치료사
- 산림연구원
- 화훼재배종사원

적성과 흥미는?

플로리스트는 꽃을 디자인하여 아름다움을 창조하는 직업이므로, 미적 감각이 필요합니다. 기본적으로 꽃에 대한 관심과 전문적 지식을 바탕으로, 꽃을 다루는 세심함과 정교한 손재주가 있어야 합니다. 꽃마다 가지고 있는 고유한 개성과 특징을 살릴 수 있는 색채 감각, 꽃과 어울리는 부재료를 찾고 이들을 조합하여 예술성 있는 작품으로 탄생시킬 수 있는 창의성과 인내심이 있으면 유리합니다.

작품의 실용성과 예술성, 소비자 욕구를 동시에 만족시키기 위해서 플로리스트는 본인의 취향뿐만 아니라 트렌드와 고객의 요구를 포용할 수 있는 디자인적 감각을 갖추어야 합니다. 단순히 꽃을 아름답게 장식하는 것뿐만 아니라 꽃 장식의 경제적 가치를 높이기 위해 꽃의 재배, 유통, 소재 개발 등 다양한 분야에 관심이 있어야 합니다. 평소 꽃, 나무, 풀 등의 종류와 특징에 대해 꾸준히 지식을 쌓고, 공간에 어울리게 장식품을 배치하는 연습을 하거나 새로운 아이디어를 스케치하는 등의 연습이 필요합니다.

결혼식이나 시상식과 같은 행사의 경우에는 많은 양의 꽃과 재료가 필요합니다. 꽃을 구매하기 위해 새벽 일찍 일어나고, 작품을 위해 밤늦게까지 작업하며, 무거운 꽃 장식을 운반하고 배치할 수 있는 강인한 체력이 필요합니다. 특히 꽃은 아름답지만 환경에 민감하기 때문에 항상 조심스럽게 다루어야 하므로 세심하고 뛰어난 관찰력이 요구됩니다.

또한 플로리스트는 고객과 소통하고 공감하는 능력이 있어야 합니다. 고객의 상황을 반영한 따뜻한 감성의 작품은 고객에게 최고의 추억과 감동의 순간을 선물할 수 있을 것입니다. 고객이 원하는 것을 빨리 파악하고, 이를 예술적으로 승화시켜 작품화할 수 있는 감각과 재능이 필요합니다. 단, 신체적으로 꽃가루에 민감하거나 알레르기가 있다면 진로 결정 시 고민을 해 봐야 합니다.

플로리스트 커리어맵

관련 학과 및 자격증은?

➡ 관련 학과: 원예과, 원예학과, 원예산업학과,
스마트원예과학과, 스마트팜학과, 원예과학과,
원예생명과학과, 플라워디자인학과,
환경원예학과, 조경학과 등

➡ 관련 자격증: 플로리스트, 화훼장식기능사, 화훼장식기사,
시설원예기술사, 시설원예기사, 원예복지사 등

Jump Up

장례플로리스트에 대해 알아볼까요?

장례 절차에 필요한 꽃을 장식하는 사람을 장례플로리스트라고 해요. 고인의 마지막 모습을 꽃으로 화려하고 우아하게 장식하여 유족들의 마음을 위로하는 일을 해요. 플로리스트의 활동 영역이 넓어짐에 따라 세분화된 직업 중 하나로, 한국능력교육개발원에서 주관하는 장례플로리스트 자격을 취득하면 진출할 수 있어요.

진출 방법은?

플로리스트가 되기 위한 방법에는 세 가지가 있습니다. 첫 번째는 정규 교육 과정으로 전문 대학이나 4년제 대학의 원예학과, 화훼장식학과를 졸업하는 경우입니다. 원예학과, 화훼장식학과에서는 플로리스트가 되기 위해 필요한 이론과 실기를 체계적으로 배울 수 있습니다. 두 번째는 직업 훈련 학원이나 평생 교육원, 사회 복지관, 문화 센터, 직업 전문 학교 등 사설 기관에서 플로리스트에 대한 교육을 받을 수 있습니다. 마지막으로는 화훼장식기능사, 화훼장식기사 등의 자격증을 취득한 후 플로리스트로 활동할 수 있습니다. 기능사 자격을 취득한 후 동일한 직무 분야에서 3년 이상 실무에 종사한 경우, 기사 시험에 대한 응시 자격이 주어집니다. 화훼장식기사는 기능사보다 숙련된 기능과 기초 이론 지식을 가지고 플로리스트 업무에 종사할 수 있는 자격입니다.

자격증을 취득했다고 해서 플로리스트로서의 모든 능력을 갖춘 것은 아닙니다. 플로리스트의 업무가 예술성과 상업성을 모두 다루어야 하는 직업이다 보니 실무 능력을 갖추지 못한 자격증은 활용도가 크게 떨어집니다. 따라서 플로리스트로 종사하는 데 필요한 최신 이론 지식과 트렌드를 익혀서 실제로 작품화·상품화하는 데 활용할 수 있는 능력을 갖추는 것이 중요합니다. 최근에는 미국의 AIFD, 독일의 FDF 등과 같이 해외에서 수여하는 플로리스트 자격증을 취득하는 사람들도 늘어나고 있습니다. 미국식 플라워디자인에 익숙한 우리나라에서 최근 들어 유럽식 플라워디자인이 색다르게 인기를 끌고 있으며, 유럽식 플라워디자인을 추구하는 플로리스트도 늘어나고 있는 추세입니다.

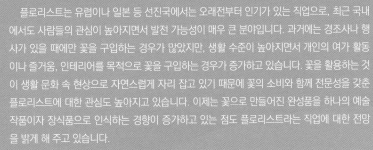

관련 직업은?

화훼장식가, 플라워디자이너, 정원사, 조경사, 원예치료사, 산림연구원, 화훼재배종사원 등

미래 전망은?

플로리스트는 유럽이나 일본 등 선진국에서는 오래전부터 인기가 있는 직업으로, 최근 국내에서도 사람들의 관심이 높아지면서 발전 가능성이 매우 큰 분야입니다. 과거에는 경조사나 행사가 있을 때에만 꽃을 구입하는 경우가 많았지만, 생활 수준이 높아지면서 개인의 여가 활동이나 즐거움, 인테리어를 목적으로 꽃을 구입하는 경우가 증가하고 있습니다. 꽃을 활용하는 것이 생활 문화 속 현상으로 자연스럽게 자리 잡고 있기 때문에 꽃의 소비와 함께 전문성을 갖춘 플로리스트에 대한 관심도 높아지고 있습니다. 이제는 꽃으로 만들어진 완성품을 하나의 예술 작품이자 장식품으로 인식하는 경향이 증가하고 있는 점도 플로리스트라는 직업에 대한 전망을 밝게 해 주고 있습니다.

꽃을 이용하는 분야가 화환, 꽃다발, 꽃바구니 등의 상품 중심에서 결혼식, 돌잔치, 국제회의 같은 행사가 열릴 때 행사장의 장식 및 이벤트 연출 등으로 플로리스트의 활동 영역이 점차 확대되고 있습니다. 또한 웰빙 문화의 확산도 플로리스트에게는 좋은 기회가 되고 있습니다. 이러한 사회 변화에 힘입어 호텔, 백화점, 각 기업체 등에서도 꽃과 식물을 이용한 인테리어가 보편화되면서 기업체에 소속된 플로리스트들의 수도 증가하고 있습니다.

꽃은 생명력이 길지 않다는 단점이 있지만, 생명력과 생동감을 통해 감성적이고 우아한 분위기를 연출할 수 있다는 장점으로 인해 부가 가치가 높은 상품입니다. 플로리스트는 요객의 요구에 자신의 예술 감각과 최신 트렌드를 반영하여 예술 작품을 제작할 수 있는 매력적인 직업입니다. 최근에는 플로리스트에 대한 수요가 증가하고 있어 발전 가능성이 높은 유망한 직업입니다.

원예학과
플로리스트 전공 분석

어떤 학과인가?

오늘날 각종 과일과 채소의 효능에 대한 관심과 채식 열풍은 현대인들이 얼마나 건강한 삶을 영위하기를 원하는지 보여주는 현상입니다. 또한 쾌적하고 건강한 환경을 조성하여 인간의 풍요로운 삶과 정신적 만족을 위해 화훼 작물과 조경 작물에 대한 관심이 크게 증가하고 있습니다.

원예학과에서는 식량 생산을 위한 채소 및 과수 작물과 관상을 목적으로 한 화훼 및 조경 작물에 대해 배웁니다. 원예 식물에 대한 전문 지식을 습득하고, 과학 기술과 융합된 스마트 농법을 적용하여 생산성을 향상시키며, 아름다운 생활 환경을 조성하여 삶의 질을 향상시키는 데 필요한 이론과 기술을 교육합니다. 또한 인간의 생명을 유지하기 위해 섭취해야 하는 채소와 식생활을 윤택하게 하는 과실, 인간의 심미적 욕구와 정서를 풍족하게 하는 화훼에 대한 지식뿐만 아니라 식물의 유전 육종, 생산, 수확 후 관리, 유통, 이용에 관련된 이론과 기술을 교육하고 연구하는 학과입니다.

교육 목표와 교육 내용은?

원예학과에서는 원예 산업에 적극적으로 참여할 수 있는 전문 경영인을 육성하고, 과학적 훈련과 탐구를 통해 농업의 특성화 및 선진화에 기여할 수 있는 인재와 연구 능력을 갖춘 유능한 연구자 및 지도자를 육성하는 것을 목표로 하고 있습니다. 첨단 실험 실습 시설과 장비를 갖추고 이론과 응용이 조화된 다양한 교과목을 개설하여 생명·정보통신·나노·화학·에너지 기술과 융합된 미래 지향적 원예 산업을 주도할 전문 인력을 양성하여 원예 산업이 새로운 성장 동력으로 국가 발전에 기여하도록 합니다.

» 친환경 농법 및 원예 작물의 전문 기술을 선도하는 인재를 양성합니다.
» 생명과학적 연구와 신기술을 적용하여 신품종을 육성하는 인재를 양성합니다.
» 아름다운 환경을 조성하여 쾌적한 사회를 유지하고, 사람들의 정서 함양에 기여할 전문적인 원예 인재를 양성합니다.
» 기후 변화 및 산업 구조의 변화에 빠르게 대처하고, 저탄소 녹색 성장을 주도할 전문 원예학자와 기술자를 양성합니다.
» 원예 및 조경을 융합하여 첨단 도시 농업, 녹지 정원 조경 및 쾌적한 도시 환경 디자인을 창출할 수 있는 전문가를 양성합니다.
» 식물과 자연, 환경을 사랑하는 글로벌 전문 인력으로서 국가와 사회에 봉사, 의무, 책임을 다하는 인재를 양성합니다.

학과에 적합한 인재상은?

원예학과는 평소에 꽃, 채소, 나무와 같은 식물을 기르고 관찰하는 일에 관심이 많고, 과수, 화훼 등 원예 작물이나 농림 분야에 관심이 있는 사람에게 적합합니다. 원예학과에 진학하려면 물리학, 화학, 생명과학과 같은 자연계열의 기초 과학을 잘하면 유리합니다. 최근 자연 친화적이고 쾌적하고 아름다운 환경을 조성하는 것으로 업무 영역이 확장됨에 따라 공간 지각력과 예술적인 감각을 지닌 사람에게 유리합니다. 원예학과는 기술 융합적 성격이 강한 학과이므로 다양한 경험에 도전하는 진취적인 자세와 도전 정신이 필요합니다.

원예학은 농학의 응용 분야이기 때문에 농업과 자연에 대한 기본적인 이해와 성실성, 근면성, 탐구 자세, 육체적 강건함을 지닌 사람에게 적합합니다. 환경 문제에 관심이 있는 사람, 자연 친화적인 삶에 관심이 있는 사람에게 적합합니다. 대부분 외국 원서로 공부하기 때문에 영어를 잘하면 학과 공부를 하는 데 도움이 됩니다.

관련 학과는?

원예과학과, 원예생명공학과, 원예생명과학과, 원예생명조경학과, 원예산업학과, 원예육종학과, 환경원예학과, 환경디자인원예학과, 원예애완동식물학부, 환경원예조경학부, 식물생산과학부(원예생명공학전공) 등

주요 교육 목표

도시 원예 및 조경 분야의
전문 인재 양성

창의적으로 원예 산업을
선도할 수 있는 인재 양성

변화에 빠르게 대처하는 인재 양성

원예 분야의 이론과 기술을
지닌 인재 양성

기술 융합적 전문성을 갖춘
인재 양성

국가 발전에 기여할 전문적인
원예 인재 양성

취득 가능 자격증은?

☑ 화훼장식기사
☑ 플로리스트
☑ 원예치료사
☑ 식물보호기사
☑ 종자기사
☑ 종자산업기사
☑ 시설원예기술사
☑ 시설원예기사
☑ 농림토양평가관리기사
☑ 농산물품질관리기사
☑ 조경기사
☑ 중등학교 2급 정교사
   (식물자원 조경) 등

진출 직업은?

원예기술자, 플로리스트, 조경설계사, 조경관리사, 그린조경디자이너, 원예농업직 공무원, 중등학교 교사 등

추천 도서는?

- 숲에게 길을 묻다(비아북, 김용규)
- 나무야 나무야(돌베개, 신영복)
- 씨앗의 자연사
  (양문, 조나단 실버타운, 진선미 역)
- 원예의 즐거움(이담북스, 장정은 외)
- 서양 채소(월드사이언스, 박권우)
- 나무(놀, 이순원)
- 식물의 정신세계
  (정신세계사, 피터 톰킨스 외, 황금용 역)
- 원예의 즐거움
  (이담북스, 장정은 외)
- 플로리스트를 위한 화훼장식 색채학
  (이담북스, 장옥경 외)
- 화훼장식문화사
  (수풀미디어, 노순복
- 화암수록
  (휴머니스트, 유박, 정민 역)
- 날마다 꽃 한 송이
  (김영사, 미란다 자낫카, 박원순 역)
- 바이오테크 시대
  (민음사, 제레미 리프킨, 전영택 외 역)
- 엔트로피
  (세종연구원, 제레미 리프킨, 이창희 역)
- 푸드 앤 더 시티
  (삼천리, 제니퍼 코크럴킹, 이창우 역)

학과 주요 교과목은?

기초 과목	원예학입문, 화훼원예학, 과수원예학, 시설원예학, 채소원예학, 생물공학의 이해, 생활원예, 환경원예학개론, 도시수목학, 도시원예학, 생물자원학, 채소학, 과수학, 화훼학 등
심화 과목	생물유기화학, 식물유전학, 식물환경생리학 및 실험, 환경생태학, 환경화훼학 및 실습, 식물병리학 및 실습, 식물분자생물학, 수경재배, 토양학, 환경생화학, 시설원예공학, 식물재배학, 열대과수학, 원예창업쇼핑몰, 원예미학 및 실습, 원예생식생리학, 농양학, 수확후관리학, 원예IT융합기초 등

졸업 후 진출 분야는?

기업체	원예 작물의 생산·가공·유통·조경 분야 관련 업체, 종묘 회사, 비료 회사, 농약 회사, 원예 자재 회사, 조경 회사, 농업 벤처 회사, 생명 공학 관련 벤처 회사, 농식품 유통 업체 등
연구 기관	산림·원예 관련 국가 및 민간 연구소, 국제옥수수밀연구소, 국제감자연구소, 국제건조농업연구소 등
정부 및 공공 기관	농림축산식품부, 농촌진흥청 원예특작과학원, 농수산물 유통공사, 농수산식품공사, 한국농수산식품유통공사, 한국농촌경제연구원, 국립원예특작과학원, 국립농업과학원, 국립식량과학원, 고등학교 원예 교사 등

전공 관련 선택 과목은?

▶ 국어, 영어 교과는 모든 학문의 기초적인 성격을 가진 도구교과로 모든 학과에 이수가 필요하여 생략함.

수능 필수	화법과 언어, 독서와 작문, 문학, 대수, 미적분 I, 확률과 통계, 영어 I, 영어 II, 한국사, 통합사회, 통합과학, 성공적인 직업생활(직업)		
교과군	선택 과목		
	일반 선택	진로 선택	융합 선택
수학, 사회, 과학	대수, 미적분I, 확률과 통계, 물리학, 화학, 생명과학, 지구과학	미적분II, 물질과 에너지, 화학 반응의 세계, 세포와 물질대사, 생물의 유전	수학과제 탐구, 기후변화와 지속가능한 세계, 기후변화와 환경생태, 융합과학 탐구
체육·예술			
기술·가정/정보	기술·가정, 정보	생활과학 탐구	
제2외국어/한문			
교양	생태와 환경	인간과 철학	

학교생활기록부 관리는?

출결 사항	• 출결 상황은 학교생활 충실도를 평가하는 기본 사항이므로 미인정(무단) 출결 기록이 없도록 자기 관리를 잘하세요.
자율·자치활동	• 환경, 과학 분야에 대한 관심과 흥미를 바탕으로 다양한 교내외 활동에 참여하여 자기 주도성, 성실성, 진취성, 리더십 등이 드러나도록 하세요.
동아리활동	• 환경, 원예, 과학 관련 동아리 활동에 참여하세요. • 동아리 가입 동기, 동아리 내 자신의 역할, 동아리 활동으로 변화된 자신의 모습, 전공과 관련된 자신의 소질 계발 경험 등이 드러나도록 하세요. • 학교에서 주관하는 보건소, 병원, 재활원, 사회 복지 시설 등 사회 소외 계층 및 약자를 대상으로 하는 봉사 활동에 참여하세요.
진로 활동	• 산림·원예 관련 학과 및 직업에 대한 정보 탐색 활동을 권장해요. • 산림학과, 원예학과, 조경학과 등 관련 학과에 대한 체험 활동을 권장해요. • 환경 보호 활동이나 식물원, 화훼 시장 탐방 등 경험을 쌓는 것을 권장해요.
교과학습발달 상황	• 생명과학, 화학, 기술·가정 등 관련된 교과 성적은 상위권으로 유지하고, 수업 활동에서 발휘한 역량이 기록될 수 있도록 수업에 적극 참여하세요. • 수업 활동에서 성실성, 적극성, 전공 적합성, 진로에 대한 열정 등이 드러나도록 하세요.
독서 활동	• 자연 과학, 철학, 환경 문제 등 다양한 분야의 책을 읽으세요. • 꽃, 식물 등 원예 작물과 관련된 독서를 통해 지식수준을 높이며, 전공 학과에 대한 기초 지식을 쌓도록 해요.
행동 발달 특성 및 종합 의견	• 자신의 장점이 총체적으로 표현될 수 있도록 발전 가능성, 전공 적합성, 인성, 학업 능력, 창의력, 자기 주도적 학습 능력, 문제 해결 능력, 변화 모습 등이 드러나도록 하세요. • 학교생활에서 자기 주도성, 경험의 다양성, 성실성, 나눔과 배려, 학업 태도와 학업 의지 등 자신의 장점이 기록되도록 관리해야 해요.

해양수산기술자란?

바다는 사람들에게 마음의 평안함을 가져다주는 안식처이며, 매일 가까운 바다에 나가서 고기를 잡거나 먼 바다로 나가서 원양 어업에 종사하는 사람들의 삶의 터전입니다. 우리 인류의 태동은 바다에서부터 시작되었으며, 바다를 통해 많은 혜택을 받아왔습니다. 또한 바다는 인류의 생존에 없어서는 안 될 식량, 자원, 에너지 등의 문제를 해결하기 위해 남겨진 최후의 보고이며, 미래 육지를 대신하여 인류 생활의 중심지가 될 곳입니다.

오늘날 인류는 무분별한 육지의 개발로 인해 자원이 고갈되면서 바다로 눈을 돌릴 수밖에 없는 상황이 되었습니다. 그러나 현재 바다는 각종 폐기물들로 인해 오염이 심각해지면서 대기 오염과 함께 지구 환경을 훼손하는 주요 원인이 되고 말았습니다. 따라서 바다가 우

해양수산기술자
수산학과

리 후손들에게 꿈을 주는 존재로 남게 하기 위해서는 바다의 효율적인 개발 방법과 오염 방지 방법 등에 대한 연구가 절실한 상황입니다.

바다와 관련된 대표적인 산업이 해양 산업입니다. 항만, 수산, 조선, 해운 등 해양 산업은 우리나라의 주요 산업 가운데 하나이며, 수많은 사람들이 이 분야에서 일을 하고 있습니다. 우리나라의 수많은 직업 가운데 연봉 2위, 직업 만족도 2위를 차지하고 있는 도선사를 비롯해 바다와 관련된 직업의 종류는 매우 다양합니다.

해양수산기술자는 해양 생물, 해양 지질, 해양 화학, 해양 물리, 해양 자원 및 해양 공학 등의 전문적인 지식을 갖추고, 항만 개발(방파제, 항구, 부두 등의 수상 구조물)이나 수산 자원의 관리와 증식, 양식 그리고 수산물의 생산과 가공 등에 관련한 연구와 기술 개발을 담당하는 사람입니다.

해양수산기술자가 하는 일은?

해양수산기술자는 바다에서 자라는 각종 수산물에 대한 연구나 어업 기술을 개발하는 등 바다와 관련된 일을 합니다. 업무 영역에 따라 해양기술자, 수산기술자로 구분합니다. 해양기술자는 해양 과학 관련 기술과 해양 정책과 관련한 연구 등을 주로 수행합니다. 수산기술자는 각종 수산 자원의 관리, 증식 및 양식, 수산물의 생산과 가공 등에 관련된 연구와 기술 개발 업무를 담당합니다.

해양수산기술자는 다른 직업에 비해 임금이 높은 편이며, 일의 성격상 전문성 수준도 높게 평가되는 직업입니다. 그러나 바다와 같은 위험한 현장에서 근무하는 경우도 많기 때문에 근무 환경이 좋지 않은 편이고, 거친 파도 등과 싸우면서 근무하는 경우도 있기 때문에 체력 소모가 많은 편에 속합니다.

» 해산 어류의 생태를 파악하고, 품질과 생산성을 높이기 위한 각종 양식 기법을 개발하기 위해 연구를 수행합니다.
» 어획 통계, 어장 환경 등의 자료를 수집하고 분석하여, 수산 정책의 기초 자료가 되는 어장 정보를 제공합니다.
» 어민들에 대한 기술 지도와 어업 경영 지도 업무를 담당합니다. 적조, 적조 생물, 수산물 양식 등에 대한 조사 업무도 수행합니다.
» 해양 과학 기술 및 해양 정책에 관한 연구를 수행하며, 연구 결과를 제공합니다.
» 해수의 특성이나 수질, 해양 생물의 분포 등을 조사하여 해양 환경 지도를 작성합니다.
» 해역에 떠 있는 부이를 인공위성으로 추적하여 해류도를 작성하고, 한반도 주변의 해양 순환이 각 해역에 미치는 영향을 분석합니다.
» 해상에서 기름이 유출되었을 때 과학적이고 체계적으로 방제하는 기술과 시스템을 개발합니다.
» 조기 탐지 기술을 연구하여 우리나라 주변의 지각 구조나 화산 활동을 조사하여 해양 환경 및 자원 개발의 기초 자료를 제공합니다.
» 해양 관측 시스템 개발, 심해저 광물 자원 탐사, 해양 목장화 사업 개발 등의 업무를 수행합니다.
» 국제 물류 환경의 변화나 체계, 우리나라의 물류 체계 등을 연구하며, 항만 물류 시스템의 구축에 관한 여러 가지 연구 개발 업무를 수행합니다.

해양수산기술자

커리어맵

- 한국해양수산연수원 www.seaman.or.kr
- 한국수산과학회 www.kosfas.or.kr
- 국립수산과학원 www.nifs.go.kr
- 한국해양과학기술원 www.kiost.ac.kr

- 영어, 과학, 기술·가정, 환경 교과 역량 키우기
- 해양수산학 관련 학과 탐방
- 해양수산기술자 직업 탐방 및 체험 활동
- 해양 수산 관련 기관 탐방

관련기관

준비방법

- 자연 과학에 대한 지식
- 강인한 체력
- 관찰력
- 인내심
- 논리적 사고력
- 분석력
- 문제 해결 능력
- 창의력
- 리더십

적성과 흥미

흥미유형

- 사회형
- 진취형

해양수산기술자

관련교과

관련학과

- 영어
- 과학
- 기술·가정
- 환경

관련자격

관련직업

- 해양바이오공학과
- 해양바이오식품학과
- 해양생명과학과
- 해양생산관리학과
- 해양수산경영학과
- 해양식품공학과
- 해양융합과학과
- 해양과학과
- 해양생물자원학과
- 해양환경공학과
- 스마트수산자원관리학과
- 해양심층수학과

• 어로산업기사	• 수산양식기사
• 어로기술사	• 수산양식기술사
• 어로기능사	• 식품산업기사
• 어로기사	• 식품기사
• 수산제조기사	• 식품기술사
• 수산제조산업기사	• 어업생산관리기사
• 수산제조기술사	• 해양기술사
• 수산양식기능사	• 해양생산관리기사
• 수산양식산업기사	• 중등학교 2급 정교사(수산해양)

• 해양물리기술자	• 수산물검사원
• 해양화학기술자	• 수산생물병리연구원
• 해양생물기술자	• 수산학연구원
• 해양지질기술자	• 해양수산기술자
• 해양자원개발기술자	• 수산시설개발자
• 수산기술자	• 수산업 교사

적성과 흥미는?

해양수산기술자는 주 업무가 바다를 대상으로 하기 때문에 생물학, 지질학 등 자연 과학 전반에 대한 지식은 물론, 해양 수산 분야에 대한 지식도 있어야 합니다. 심각해져가는 해양 오염 문제를 해결하고, 수산 자원의 상태를 파악해야 하므로 바다를 조사하고 탐색하기 위해 배에서 오랜 시간을 보내는 경우가 많아 강인한 체력과 관찰력, 인내심도 있어야 합니다. 조사 작업을 위해서는 호기심과 관찰력이 필요하며, 바다에서 일하고자 하는 열정이 필요합니다.

문제 해결을 위한 논리적 사고 및 분석력, 그리고 새로운 방법으로 문제를 해결하고자 하는 창의력이 요구되고, 독립심, 리더십, 사회성 등의 성격을 가진 사람에게 유리합니다. 사회형과 진취형의 흥미를 가진 사람에게 적합합니다.

해양수산기술자에 관심이 있다면 해양 수산과 관련 있는 생명과학, 지리 등의 교과 실력을 배양하고, 바다와 친해지기 위한 노력도 많이 해야 합니다. 꾸준한 운동으로 기초 체력을 키우고, 자연 과학 관련 동아리 활동과 풍부한 독서 활동을 통해 기본 소양을 갖추기를 추천합니다.

해양수산기술자 커리어맵

관련 학과 및 자격증은?

➡ 관련 학과: 해양바이오공학과, 해양바이오식품학과, 해양생명과학과, 해양생산관리학과, 해양수산경영학과, 해양식품공학과, 해양융합학과, 해양과학과, 해양자원학과, 해양생물자원학과, 해양환경공학과, 스마트수산자원관리학과, 해양심층수학과 등

➡ 관련 자격증: 어로기능사, 어로산업기사, 어로기사, 어로기술사, 수산제조기사, 수산제조산업기사, 수산제조기술사, 수산양식기능사, 수산양식산업기사, 수산양식기사, 수산양식기술사, 식품산업기사, 식품기사, 식품산업기사, 어업생산관리기사, 해양기술사, 해양생산관리기사, 수질환경기사, 수질환경산업기사, 수질환경기술사, 중등학교 2급 정교사(수산해양) 등

Jump Up

수산질병관리사에 대해 알아볼까요?

수산질병관리사는 한마디로 물고기 의사로, 여름철에 발생 위험이 높은 해양 생물들의 다양한 질병을 연구하고, 해양 생물을 보호하는 역할을 해요. 해양 생태계의 보호와 수산물의 안정적 공급을 위해 중요한 역할을 하는 직업이에요. 최근 양식 어업이 활성화되고 다양한 수산물 관련 업종이 생기면서 수산질병관리사의 역할이 커지고 수요도 많아진다고 해요. 수산질병관리사가 되기 위해서는 한국해양수산연수원에서 주관하는 국가시험에 합격한 뒤, 해양수산부장관으로부터 면허를 받아야 하는데, 수산생명의학과 졸업생에 한해 응시 기회가 주어져요.

진출 방법은?

해양수산기술자가 되려면 대학의 해양생물학과, 수산자원학과, 해양환경공학과, 수산학과 등에 진학하는 것이 좋습니다. 해양 및 수산 관련 연구 업무를 담당하는 경우에는 석사 이상의 학위를 요구하는 경우가 많습니다. 해양 수산 관련 자격증인 해양기술사, 수산양식기사, 어로기사 등을 소지하는 경우에는 취업하는 데 유리합니다. 해양 수산 정책 연구 분야 종사자는 해양 수산 관련 학과 이외에도 경영이나 경제, 공학 등 다양한 분야의 전공자들로 구성되어 있습니다.

해양수산기술자는 해양 수산 분야와 관련되어 있기 때문에 진출 분야도 해양 기술 연구, 수산 기술 연구 그리고 해양 수산 정책 연구의 세

분야로 주로 진출하고 있습니다. 해양수산기술자의 채용 방법은 연구소의 경우, 필요한 인력이 발생할 때마다 관련 분야별로 특별 채용 형태로 뽑으며, 전공과 연구 경력을 평가하여 선발합니다. 해양수산부 공무원의 경우, 분야별 국가 기술 자격증 소지자 및 관련 분야의 경력자를 대상으로 서류 전형 및 면접시험을 통해 채용합니다. 채용 후에는 연구소의 경우 경력에 따라 책임연구원, 전문위원 등으로 승진하며, 국립수산진흥원에 근무하는 경우에는 연구사에서 연구관으로 승진하게 됩니다. 또한 해양수산부 공무원이 되는 경우에는 공무원 승진 체계에 따라 직급이 높아지게 됩니다.

관련 직업은?

해양물리기술자, 해양화학기술자, 해양생물기술자,
해양지질기술자, 해양자원개발기술자, 수산기술자,
수산물검사원, 수산물판매원, 수산생물병리연구원,
수산학연구원, 해양수산기술자, 수산시설개발자, 수산물도매원,
수산물원료처리원, 수산물채취원, 수산업 교사 등

미래 전망은?

최근 4차 산업 혁명 시대의 핵심 기술인 인공 지능, 로봇, 빅데이터, 사물 인터넷 등으로 대표되는 기술들은 해양 산업 분야에도 많은 영향을 미치고 있습니다. 선장이 필요 없는 자율 주행 선박도 개발되고 있고, 미국에서는 사람 모양의 스쿠버 로봇까지 만들어 사람이 접근할 수 없는 깊은 바다를 탐색하면서 바다 속에 잠겨 있는 보물들을 찾아낼 수도 있게 되었습니다. 해양 개발과 관련된 로봇과 기기가 개발되면서 바다는 새로운 기술의 시험장이 되고 있으며, 이와 함께 다양한 해양 산업 관련 직업들이 생겨날 것으로 전망됩니다.

또한 수산물의 어획 방식이 잡는 어업에서 기르는 어업으로 전환되고 있으며, 일본 및 중국과의 어업 협정으로 인해 연근해 해양 관리 및 자원 개발의 필요성이 증가하고 있습니다. 또한 현재 우리나라는 해양 및 수산 분야가 국내 산업에 차지하는 비중에 비해 해양 개발이나 수산 경제, 수산 유통 등의 발전이 낙후되어 있기 때문에 이 분야에 대한 연구 개발의 필요성도 증가하고 있습니다.

해양 및 수산 관련 연구 개발 분야의 경우에는 인력을 채용하는 규모가 작기 때문에 많은 일자리가 생겨나는 것은 어렵습니다. 관련 분야의 정규직보다는 계약직이나 외주 고용 형태의 인력 수요가 많을 것으로 예상됩니다.

수산학과
해양수산기술자 전공 분석

어떤 학과인가?

우리나라는 삼 면이 바다로 둘러싸여 있는 지형적인 조건으로 인해 바다 자원의 개발 및 이용이 매우 중요한 위치를 차지하고 있습니다. 세계의 저명한 미래학자들이 강조한 것처럼 21세기는 해양의 시대이며, 블루오션의 시대입니다. 바다는 미래 식량 자원의 공급처이자 생물 다양성의 보고이며, 지구 환경 보전의 마지막 방어선이 될 것입니다. 따라서 바다를 이해하지 못한다면 우리의 미래도 보장받을 수 없을 것입니다.

수산학은 해양 환경 및 해양 생명 자원을 효율적으로 이용·관리하고 보전·개발할 수 있는 다양한 연구와 실험을 하는 학문입니다. 수산학은 최근 생명 과학의 발전에 따라 수산 생물을 토대로 한 수산 생명 과학이나 수산 생명 의학 등으로 그 범위가 확대되고 있습니다. 따라서 단순히 해양 생물의 생산과 유통에 제한되지 않고, 수산 생물과 관련된 광범위한 분야로 학문의 범위가 확대되고 있는 추세입니다.

수산학과는 해양 환경을 보존할 수 있도록 해양에 대한 지식과 해양 환경의 다양한 변화와 특성을 연구하고 교육하는 학과입니다. 생명 현상에 관한 특성과 이해를 바탕으로 식품·의약품 소재 및 바이오 에너지 등과 같은 유용 생물 산업 소재에 대해 연구하고 교육합니다. 또한 수산 양식 산업의 생산성 향상을 극대화하기 위한 수산 바이오 공학 기법들도 연구하고 교육합니다.

교육 목표와 교육 내용은?

수산학과에서는 수산 양식 산업의 전문 경영인을 양성합니다. 세계 수산업을 이끌고, 지역 사회에 봉사하는 수산학 전문 인재를 양성하기 위해 현장 중심의 이론과 기술을 교육하고, 국내외 환경 변화에 능동적으로 경쟁력을 갖출 수 있는 유능한 수산 전문인을 양성하는 것을 교육 목표로 합니다.

> » 수산 자원의 생태 및 양식에 관한 기술을 이론과 실습을 바탕으로 교육하여 미래의 해양 식량을 공급할 전문 인재를 양성합니다.
> » 수산업 분야에 당면한 여러 가지 문제를 해결하는 데 필요한 역량을 갖춘 인재를 양성합니다.
> » 다양한 학습 방법을 통해 수산 식품 산업에 필요한 전문 수산 인력을 양성합니다.
> » 수산업 분야의 창의적인 능력을 지닌 우수한 인재를 양성합니다.
> » 수산업 분야의 융·복합적 전문성을 갖춘 인재를 양성합니다.
> » 수산업 분야의 종합적인 이론과 기술을 갖춘 인재를 양성합니다.

학과에 적합한 인재상은?

평소에 해양 자원에 대해 관심이 있거나 자연 과학 분야에 흥미가 있는 사람에게 적합합니다. 특히 수학이나 기초 과학 분야에 흥미와 적성이 있고, 생명과학, 화학 등의 교과에 기초가 튼튼한 사람이라면 학과 공부에 도움이 됩니다. 실험 및 실습 중심의 수업이 많이 진행되기 때문에 꼼꼼하고 매사에 침착한 성격을 지닌 사람에게 추천합니다.

무엇인가를 탐구하고자 하는 강한 지적 호기심을 가지고, 문제 해결 능력, 협업 능력을 발휘하며, 주어진 일을 끝까지 완결하려는 자세가 필요합니다. 또한 생명체에 대한 호기심과 양식업이나 해양 생물에 관심이 있으면 유리합니다. 진취적이고 도전적이며 새로운 사회적 가치를 창조하려고 하는 자세를 지니고, 학문 간 융합 능력이 있는 사람에게 추천합니다.

관련 학과는?

수산생명의학과, 수산생명과학부, 수산생명의학과, 스마트수산자원관리학과, 해양수산공공인재학과, 해양생산관리학과, 해양생산시스템관리학부, 해양생태환경학과, 해양생명과학과, 해양환경과학과, 해양과학과 등

진출 직업은?

수산생물병리연구원, 수산학연구원, 해양수산기술자, 수산시설개발자, 수산물도매원, 수산물검사원, 수산물판매원, 수산물원료처리원, 수산물채취원, 중등학교 교사(수산 교사) 등

주요 교육 목표

미래 해양 식량을 공급할
전문 인재 양성

- - - - - - - - - - - - - - -

창조적 사고 능력을 갖춘
수산학 전문 인재 양성

- - - - - - - - - - - - - - -

국가와 사회에 기여하는
수산학 인재 양성

- - - - - - - - - - - - - - -

수산학 분야의 이론과
기술을 지닌 인재 양성

- - - - - - - - - - - - - - -

수산학 분야의 융복합적
전문성을 갖춘 인재 양성

- - - - - - - - - - - - - - -

국제 경쟁력을 갖춘
수산 전문가 양성

취득 가능 자격증은?

- ☑ 수산양식기사
- ☑ 수산양식산업기사
- ☑ 수산양식기술사
- ☑ 어병기사
- ☑ 어로기사
- ☑ 어로산업기사
- ☑ 어로기술사
- ☑ 해양생산관리기사
- ☑ 수질환경기사
- ☑ 수질환경산업기사
- ☑ 수질환경기술사
- ☑ 수산질병관리사
- ☑ 수산제조기사
- ☑ 수산제조기술사
- ☑ 어업생산관리기사
- ☑ 중등학교 2급 정교사(수산해양) 등

추천 도서는?

- 이일하 교수의 생물학 산책(궁리, 이일하)
- 물고기 박사가 들려주는 신기한 바다 이야기(산지니, 명정구)
- 미생물을 응원하다(레드스톤, 아일사 와일드 외, 정진 역)
- 미생물이 우리를 구한다 (문학수첩, 필립K. 피터슨, 홍경락 역)
- 바다로 향하는 물고기들 (해남출판사, 시마모토 리오, 김난주 역)
- 바다의 생물, 플라스틱 (살림어린이, 아나 페구 외, 이나현 역)
- 바다생물 콘서트(흐름출판, 프라우케 바구쉐, 배진아 역)
- 사랑해 만타(나녹, 장재연)
- 눈부신 심연(시공사, 헬렌 스케일스, 조은영 역)
- 아무도 본 적 없던 바다 (타인의사유, 에디스 위더, 김보영 역)
- 정재승의 과학 콘서트(어크로스, 정재승)
- 물의 자연사 (예지, 앨리스 아웃워터, 이충호 역)
- 생명과학의 기초 DNA (아이뉴턴, 일본 뉴턴프레스)
- 생물과 무생물 사이 (은행나무, 후쿠오카 신이치, 김소연 역)
- 살랑살랑 서해 바다 물고기(보리, 명정구)
- 이유가 있어서 멸종했습니다 (위즈덤하우스, 마루야마 다카시 외, 곽범신 역)

학과 주요 교과목은?

기초 과목	연근해어업론, 기초승선실습, 어업생물학, 어구학 및 실험해양생태학, 어장정보처리 및 실습, 어구공학 및 실험 등
심화 과목	승선실습, 어법학, 해상교통론, 해양기상, 어업계층공학, 실험해양어장환경학 및 실험, 천문항해학, 해사법규, 해양 생산현장실습, 승선실습 등

졸업 후 진출 분야는?

기업체	아쿠아리움, 해양 수산 박물관, 수산용 의약품 제조 회사, 사료 회사, 수산물 유통 가공 업체, 원양 업체, 양식 업체, 수산 동물 질병 진료 업체, 수산 과학관, 해양 환경 조사 업체, 감정 평가 업체 등
연구 기관	수산 및 해양 관련 국가 연구소, 수산물 안전 관련 국가 연구소, 수산 및 해양 관련 기업체의 연구소 등
정부 및 공공 기관	정부 해양 및 수산 담당 부서, 농림축산검역본부, 국립수산과학원, 식품의약품안전처, 질병관리본부, 한국해양수산연구원, 수협중앙회, 수산업협동조합, 수산질병관리원, 국립수산과학원, 한국해양연구원, 국립수산물품질관리원, 국립해양생물자원관, 국립해양박물관, 국립생태원, 국립공원관리공단 등

🔍 전공 관련 선택 과목은?

▶ 국어, 영어 교과는 모든 학문의 기초적인 성격을 가진 도구교과로 모든 학과에 이수가 필요하여 생략함.

수능 필수	화법과 언어, 독서와 작문, 문학, 대수, 미적분 I, 확률과 통계, 영어 I, 영어 II, 한국사, 통합사회, 통합과학, 성공적인 직업생활(직업)		
교과군	선택 과목		
	일반 선택	진로 선택	융합 선택
수학, 사회, 과학	대수, 미적분I, 확률과 통계, 현대사회와 윤리, 화학, 생명과학	미적분II, 윤리와 사상, 인문학과 윤리, 물질과 에너지, 화학 반응의 세계, 세포와 물질대사, 생물의 유전	사회문제 탐구, 윤리문제 탐구, 기후변화와 지속가능한 세계, 기후변화와 환경생태, 융합과학 탐구
체육·예술			
기술·가정/정보			
제2외국어/한문			
교양	생태와 환경		

학교생활기록부 관리는?

출결 사항	• 출결은 학교생활 충실도를 평가하는 가장 기본적인 항목이므로 미인정(무단) 출결 사항이 없도록 관리하세요.
자율·자치활동	• 수학, 과학 분야에 대한 관심과 흥미를 바탕으로 다양한 교내외 활동에 참여하여 자기 주도성, 성실성, 진취성, 리더십 등이 드러나도록 하세요.
동아리활동	• 수산 및 해양, 과학 관련 동아리 활동에 참여하세요. • 동아리 가입 동기, 진로에 동아리 활동이 미친 영향, 동아리 내 자신의 역할, 동아리 활동으로 변화된 자신의 모습, 전공과 관련된 자신의 소질 계발 경험 등 구체적인 활동 내용이 기록되도록 하세요. • 학교내에서 타인을 위해 할 수 있는 지속적인 봉사 활동을 하세요. • 학교에서 주관하는 보건소, 병원, 재활원, 사회 복지 시설 등 사회 소외 계층 및 약자를 대상으로 하는 봉사 활동에 참여하세요.
진로 활동	• 수산학 관련 직업 정보 탐색 활동을 통해서 전공에 대한 관심과 흥미가 나타나도록 하세요. • 수산 관련 학과의 체험 활동이 중요해요. • 수산, 해양 관련 기관에서 주관하는 프로그램이나 관련 기관에 탐방 활동을 하는 것을 추천해요.
교과학습발달 상황	• 수학, 과학 등 관련된 교과 성적은 고르게 유지하고, 수산, 해양 전공과 관련하여 과제 수행이나 과목을 이수하기 위해 어떤 노력을 했는지, 새로운 지식을 습득하기 위해 자기 주도적으로 노력했는지 등이 드러나도록 하세요. • 교과 수업에서 지식의 폭을 넓히고, 새로운 것을 창출하려는 노력과 적극적인 자세가 드러나도록 하세요.
독서 활동	• 자연 과학, 인문학, 역사학, 철학 등 다양한 분야의 책을 읽으세요. • 수산, 해양 관련 도서를 읽고, 전공 관련 지식과 문화적 소양을 쌓는 것이 중요해요. • 독서의 양보다 교과 시간에 배운 내용을 관심 분야와 연계시켜 지적 깊이를 확장하는 것이 중요해요.
행동 발달 특성 및 종합 의견	• 자신의 장점을 총체적으로 이해할 수 있도록 발전 가능성, 전공 적합성, 인성, 학업 능력, 창의력, 자기 주도적 학습 능력, 문제 해결 능력, 변화 모습 등이 드러나도록 하세요. • 학교생활에서 자기 주도성, 경험의 다양성, 성실성, 나눔과 배려, 학업 태도와 학업 의지 등 자신의 장점이 기록되도록 관리해야 해요.

화학의 종류에 대해 알아볼까요?

➡ 화학은 크게 물리화학, 유기화학, 무기화학, 분석화
    학, 생화학 5가지로 나뉘어요.
  ▶ 물리화학 : 물리 법칙을 가지고, 화학적인 현상을
              설명하는 학문이에요.
  ▶ 유기화학 : 탄화수소 기반 물질의 화학적인 현상을
              연구하는 학문이에요.
  ▶ 무기화학 : 유기 화학에서 다루지 않는 모든 물질
              에 대한 화학적인 현상을 연구하는 학
              문이에요.
  ▶ 분석화학 : 화학분석 기법에 대한 학문이에요.
  ▶ 생화학 : 생명 현상을 화학적으로 접근한 학문이
            에요.

이러한 위험한 소식을 접할 때마다 우리는 인체에 무해한 화학 물질을 만들어 낼 수 없을까? 화학 물질을 안전하게 사용하고 관리하는 방법은 없을까? 라는 의문을 갖게 됩니다. 이런 물음에 대한 해답을 찾는 것이 바로 화학이라는 학문입니다. 화학은 물질이 무엇으로 이루어졌는지를 탐구하는 것에서 시작하여 우리 생활과 밀접한 관계가 있는 수많은 물질들을 만들어 냈습니다.

화학이란 학문의 뿌리는 아주 오래전 불의 발견 시점으로 거슬러 올라갑니다. 불은 한 물질을 다른 것으로 바꾸는 놀라운 도구로 여겨졌고, 인류의 주요한 관심사였습니다. 이후 금속과 유리의 발견을 이끌었고, 금이 발견되면서 연금술사들에 의해 화학이 발전해 오다가, 1783년 앙투안 라부아지에의 질량 보존의 법칙이 발표되면서 근대 화학이 시작되었습니다.

화학은 물질의 기본 성분과 고유한 성질 및 구조를 이해하고, 이들이 서로 상호 작용하여 어떠한 반응이 일어나서 어떻게 변환되는지 등을 연구하는 학문입니다. 모든 물질은 화학과 관련되어 있어 순수 학문 중에서도 가장 기초가 되며, 동시에 다양한 분야에 응용되는 학문입니다. 화학자는 다양한 물질의 성질과 반응을 연구하고, 새로운 물질의 합성법을 알아냄으로써 자연에 대한 이해의 폭을 넓히고, 나아가 인류 문명 생활의 수준을 향상시키는 역할을 하는 사람입니다.

화학자가 하는 일은?

　　화학자는 물질이 무엇으로 이루어졌는지를 밝혀내고자 탐구하는 일을 합니다. 화학자는 물질의 근원에 대한 해답을 찾기 위해 연구를 진행하고, 물질에 대한 탐구 과정에서 우리 생활과 관련된 수많은 물질을 발견하거나 개발하는 일을 담당합니다.

　　화학자는 다른 직업에 비해 임금이 높은 편입니다. 근무 시간이 규칙적이고, 근무 환경이 쾌적하며 육체적인 스트레스는 크지 않은 편입니다. 화학이라는 학문이 전문성을 지니고 있는 만큼 업무에 대한 자율성은 높은 편이고, 사회적으로 평판도 좋은 편입니다. 고용이나 승진에 있어서 성별이나 연령에 따른 차별은 없는 편이지만, 실험 연구 과정에서 원하는 연구 성과를 얻지 못하거나 오랜 시간 동안 실험을 진행하는 과정에서 정신적 스트레스를 받는 경우가 있습니다.

> » 물질의 성분 특성 및 상호 작용을 연구하고, 열·압력 등의 물리적 요인의 변화에 대한 반응을 측정합니다.
> » 물질의 변환을 통한 새로운 물질이 만들어지는 과정을 연구합니다.
> » 물질의 화학적 성질과 성분, 구조, 변화 등에 대한 연구를 합니다.
> » 열, 빛, 에너지, 화학적 촉매 등을 이용하여 물질의 구성 변화에 대한 연구를 진행합니다.
> » 각종 측정법을 활용하여 물질의 화학적인 특성 및 무기 화합물을 분석합니다.
> » 유기 화합물을 분석하여 어떻게 합성되었는지를 밝혀내거나 새로운 고분자 물질을 발견하거나 개발합니다.
> » 페인트, 플라스틱, 고무, 유리, 직물, 접착물, 가죽, 염료, 세제 또는 석유 등의 생산물에 관한 연구를 진행합니다.
> » 물질 및 화합물의 분자적·화학적 특성 관계를 연구합니다.
> » 화학 물질 연구와 관련한 논문 및 보고서를 작성합니다.

Jump Up

석유화학공학기술자에 대해 알아볼까요?

석유 화학 공정 및 장비를 연구하거나 설계·개발하는 사람이에요. 석유 화학 제품과 원료를 분석하여 품질을 개량하고, 석유 화학 가공 플랜트 및 장비를 설계, 검사, 운영, 유지, 관리를 계획하고 감독해요. 석유화학공학기술자가 되기 위해서는 전문 대학이나 4년제 대학의 화학 관련 분야를 졸업해야 해요. 연구 설계 분야에서 일하려면 보통 석사 이상의 학위를 가지고 있어야 해요. 관련 학과로는 화학과, 화학공학과 등이 있고, 관련 자격증에는 화공기술사(기사, 산업기사), 화학분석기사, 화공안전기술사 등이 있어요.

화학자
커리어맵

관련기관
- 대한화학회 new.kcsnet.or.kr
- 한국과학창의재단 www.kofac.re.kr
- 생화학분자생물학회 www.ksbmb.or.kr

준비방법
- 수학, 과학, 기술·가정 교과 역량 키우기
- 화학 관련 학과 탐방
- 화학자 직업 탐방 및 체험 활동
- 화학, 자연 과학, 공학 등 다양한 분야의 독서 활동

적성과 흥미
- 자연 과학에 대한 흥미
- 탐구 정신
- 호기심
- 수리 능력
- 형태 지각 능력
- 창의성
- 문제 해결 능력
- 논리적 사고
- 분석력
- 정확한 판단력
- 체력과 끈기
- 논리적 언어 표현
- 문서 작성 능력

흥미유형
- 탐구형
- 현실형

화학자

관련학과
- 화학과
- 응용화학과
- 생화학과
- 정밀화학과
- 화장품과학과
- 화학공학과
- 화학교육과
- 화학분자공학과
- 화학생명공학과
- 바이오코스메틱학과
- 향산업전공
- 나노화학공학과
- 생명환경화학과

관련교과
- 수학
- 과학
- 기술·가정
- 환경

관련자격
- 화약류제조기사
- 화학류제조산업기사
- 화약류관리기사
- 화학류관리산업기사
- 화학분석기사
- 농화학기술사
- 농화학기사
- 화공기능사
- 화공산업기사
- 화공기술사
- 화공기사
- 수질환경기사
- 산업안전산업기사
- 대기환경기사
- 위험물산업기사
- 고분자제품제조산업기사
- 화학장치설비기술사
- 화학공장설계기술사
- 중등학교 2급 정교사(화학)

관련직업
- 화학연구원
- 분석화학자
- 유기화학자
- 무기화학자
- 물리화학자
- 자연과학연구원
- 화학공학기술자
- 석유화학공학기술자
- 의약품화학공학기술자
- 화장품화학공학기술자
- 농약품화학공학기술자
- 화학공학시험원
- 중등 화학교사

적성과 흥미는?

화학자가 되려면 수학, 물리학, 화학과 같은 자연 과학에 대한 흥미와 소질이 있어야 하고, 새로운 분야에 대한 탐구 정신과 호기심이 있어야 합니다. 다양한 화학 이론과 자료를 이해하고 적용하며, 연구와 실험을 수행할 수 있는 학습 능력을 갖추어야 합니다. 어려운 수학을 응용하여 새로운 것을 찾기 위한 공식을 유도할 수 있는 수리 능력도 요구됩니다. 물리적·화학적 성질을 분석하고, 연구할 때 눈에 보이는 차이를 비교하고 구별할 수 있는 형태 지각 능력도 필요합니다.

창의성과 문제 해결을 위한 논리적 사고, 분석력, 정확한 판단력이 요구되고, 실험실에서 오랜 시간동안 실험하고 분석할 수 있는 체력

과 끈기, 인내심이 있어야 하며, 각종 보고서와 논문을 작성할 수 있는 논리적 언어 표현 능력과 문서 작성 능력을 갖추는 것도 중요합니다.

화학자에 관심이 있다면 다양한 실험에 대한 경험을 쌓는 것을 권장하고, 관찰과 실험을 통해 관찰력과 논리력을 키울 것을 권장합니다. 화학은 다른 분야의 기술과 융합하는 경우가 많기 때문에 물리학, 생물학 등과도 협업하여 실험을 경험해 보는 것이 좋습니다. 화학이라는 분야가 매우 광범위하기 때문에 중고등학교 시절에 배우는 수학, 과학 과목을 완벽하게 이해하도록 노력해야 합니다. 또한 과학과 관련된 독서를 하는 것도 필요합니다.

화학자
커리어맵

관련 학과 및 자격증은?

→ 관련 학과: 화학과, 응용화학과, 생화학과, 정밀화학과, 화장품과학과, 화학공학과, 화학교육과, 화학분자공학과, 화학생명공학과, 바이오코스메틱학과, 향산업전공, 생명환경화학과 등

→ 관련 자격증: 화약류제조기사, 화약류관리기사, 화약류관리산업기사, 화학분석기사, 농화학기사, 화공기사, 화공기능사, 화공산업기사, 화공기술사위험물산업기사, 고분자제품제조산업기사, 화학장치설비기술사, 화학공장설계기술사, 대기환경기사, 수질환경기사, 토양환경기사, 폐기물처리기사, 중등학교 2급 정교사(화학) 등

Jump Up

코스메틱스학과에 대해 알아볼까요?

화장품과 관련된 기초 정보부터 최신 지식에 이르기까지 전문 교육을 하는 학과로, 지식 정보 사회가 필요로 하는 경쟁력을 갖추고, 글로벌 화장품 시장에서 선도적인 역할을 담당할 수 있는 인재를 양성해요.

졸업 후에는 국내외 대학, 제약 회사, 바이오 벤처 기업, 국·공립 연구소, 투자 회사, 컨설팅 회사, 변리사, 방송계 등 다양한 분야로 진출해요.

진출 방법은?

화학자가 되기 위해서는 화학과 및 화학 관련 학과에 진학해야 합니다. 대학 재학 중에 인턴십 프로그램이나 산업체와의 협력 프로젝트에 참여하는 것이 취업에 도움됩니다. 자연 과학 분야의 학과는 최근에는 학부 단위로 학생을 선발하고, 일정 기간이 지난 후 자신의 적성과 진로에 맞는 학과를 선택하도록 합니다.

대학원에 진학하면 분석화학, 유기화학, 무기화학, 제약화학 등과 같은 전문적인 분야에 대해 지식을 쌓을 수 있어 화학자로 취업하는 데 매우 유리합니다. 특히 연구 분야의 경우에는 인력 채용 시 석사 이

상의 학위 소지자로 응시 자격을 제한하는 경우도 있습니다. 대학원 과정에서도 다양한 연구 프로젝트 수행 경험이 취업에 도움이 되기 때문에 적극 참여하는 것이 좋습니다.

화학자는 공개 채용이나 특별 채용을 통해 화학 관련 정부 기관, 기업체의 화학 관련 연구소, 바이오 및 신소재 산업 업체, 제약 업체, 화장품 제조 업체 등으로 진출하고, 그 진출 범위는 더욱 확대될 것으로 예상됩니다. 화학자가 되는 데 반드시 필요한 자격증은 없습니다.

관련 직업은?

화학연구원, 분석화학자, 유기화학자, 무기화학자, 물리화학자,
자연과학연구원, 화학공학기술자, 석유화학공학기술자,
의약품화학공학기술자, 화장품화학공학기술자, 농약품화학공학기술자,
화학공학시험원, 산업안전 및 위험관리원, 화학 교사, 변리사,
음식료품화학공학기술자 등

미래 전망은?

화학 산업은 섬유, 반도체, 철강, 자동차, 우주 항공, 에너지, 환경, 정밀 화학 등 수많은 산업 분야와 관련을 맺고 있습니다. 화학 산업 중 대표적인 것으로는 정유 산업과 석유 화학 산업이 있는데, 이들은 국가의 핵심 기간산업이면서 대규모의 경제 효과를 낼 수 있는 장치 산업으로, 첨단 기술을 습득한 인력이 많이 필요한 분야입니다.

최근 화학 산업은 전기 자동차, 항공기, 드론 등으로 그 영역이 확장돼 고부가 가치·고기능성·친환경 첨단 소재 산업 분야로 발전하면서 연구 개발 및 인력 양성이 이루어지고 있습니다. 4차 산업 혁명 시대에 핵심 기술인 인공 지능도 화학 산업과 깊은 관련이 있어 전망은 밝다고 할 수 있습니다.

화학 산업 분야의 인력 수요는 증가 추세에 있으나, 국세적인 경기 불황과 저유가 현상은 화학 산업에 부정적인 영향을 미치고 있습니다. 최근 화학 산업이 다른 산업과의 기술 융합을 통해 성장하고 있는데 특히, 태양광, 풍력, 연료 전지 등 대체 에너지 산업을 비롯해 2차 전지로 대표되는 전기·연료 전지 자동차 산업과 바이오 의약, 정밀 의약 등 보건 의료 산업 등과 연계되면서 화학자의 일자리를 창출하는 데 중요한 요인이 되고 있습니다.

화학과
화학자 전공 분석

어떤 학과인가?

화학적 변화란 물질이 가지고 있는 본래의 성질이 아닌 다른 성질을 띠도록 변화하는 것을 말합니다. 이것은 외부의 변화에 의해 일어나기도 하지만, 물질 간의 반응을 통해 일어나기도 합니다. 이러한 물질의 변화와 반응을 이해하여 우리 인간이 살아가는 데 필요한 새로운 물질을 만들고, 이를 응용하는 것이 화학이라는 학문입니다. 원자나 분자 단위에서 물질을 다루는 화학은 공학, 약학, 의학 등의 분야에서도 널리 응용되고 있으며, 21세기 과학 기술 발전의 원동력이 되고 있습니다.

화학과에서는 모든 물질의 본질과 물질 사이에서 일어나는 상호 작용을 다룹니다. 특정 물질은 어떠한 특성이 있는지, 왜 그러한 특성을 가지고 있는지 그리고 이 특성이 우리 삶의 어느 분야에 쓰일 수 있을지에 대해 탐구하고, 연구하는 학과입니다.

과학 기술의 발전은 우리나라 국가 경쟁력을 나타내는 지표이기 때문에 화학과는 미래에도 핵심적인 학과로 자리 잡을 것으로 예상되며, 환경 문제와 같은 사회 문제들에 대한 해결책을 찾는 데 중요한 학과가 될 것입니다.

교육 목표와 교육 내용은?

화학은 자연을 구성하는 물질의 조성, 성질, 구조, 물질 상호 간의 작용과 변화를 연구하여 자연의 질서를 탐구하는 학문으로, 과학과 공학의 기본이 되며, 의·약학을 비롯한 모든 산업 기술의 기본이 되는 학문입니다.

화학과는 화학 전반에 걸친 이론과 실험 교육을 통해 탐구 정신과 창의적인 사고력을 가진 과학 기술 인재를 양성하고, 아울러 개인의 학문적 발전을 통해 사회와 국가 발전 및 인류 공영에 이바지하는 인재를 양성하는 것을 교육 목표로 합니다.

» 화학 전반에 관한 기초 지식을 이해하고, 물질에 관한 기본 연구 능력을 갖춘 인재를 양성합니다.
» 자연에 대한 올바른 이해와 합리적인 사고 능력을 갖춘 인재를 양성합니다.
» 새로운 이론과 기술에 대한 적응력과 현장 문제 해결 능력을 갖춘 인재를 양성합니다.
» IT 산업, 바이오 산업, 재료 산업, 제약 산업 등 다른 분야에서도 자신의 능력을 발휘할 수 있는 인재를 양성합니다.
» 창의적 사고와 도전 정신을 갖추고, 디지털 시대의 새로운 가치를 실현할 수 있는 화학 인재를 양성합니다.
» 의사소통 능력, 문화 역량 강화를 통해 글로벌 리더십을 갖춘 인재를 양성합니다.
» 최신 지식과 기술을 취득하여 화학 문제를 해결하는 데 응용할 수 있는 능력을 갖춘 인재를 양성합니다.

학과에 적합한 인재상은?

화학을 전공하려면 평소 자연 현상에 대해 호기심이 많고, 화학적 변화나 원리 등에 관심이 많으며, 화학, 물리학, 생명과학 등 기초 과학 분야가 적성에 맞는 사람에게 적합합니다.

평소 관찰력이 뛰어나고, 각종 문제를 해결하기 위한 논리적인 분석력과 문제 해결 능력이 있는 사람에게 적합합니다. 화학물의 특성이나 구조, 화학 반응의 과정은 눈으로 관찰하기 어렵기 때문에 이를 밝혀내기 위해서는 성실성이 요구되며, 새로운 현상에 관심을 기울이고 실험하는 도전 정신, 탐구력과 창의적인 아이디어도 필요합니다.

화학과는 실험과 실습 과정에서 다양한 실험 도구와 기기를 다루기 때문에 실험에 대한 흥미와 손재주, 기계 조작 능력이 있어야 하고, 꼼꼼히 분석하고 반복적으로 실험할 수 있는 인내심이 필요하며, 다양한 컴퓨터 프로그램 다룰 수 있는 컴퓨터 활용 능력도 필요합니다.

관련 학과는?

생화학과, 응용화학과, 융합응용화학과, 응용화학공학과, 응용화학생명공학과, 정밀화학과, 화장품공학과, 바이오코스메탁학과, 향산업학부, 나노화학공학과, 나노화학생명공학과, 나노화학소재공학과, 바이오화학산업학부, 바이오화학공학과, 응용바이오화학공학과, 생명환경화학과, 화학교육과, 화학공학과 등

진출 직업은?

화학자, 화학연구원, 자연과학연구원, 화학공학기술자, 석유화학공학기술자, 의약품화학공학기술자, 화장품화학공학기술자, 농약품화학공학기술자, 음식료품화학공학기술자, 화학공학시험원, 산업안전 및 위험관리원, 화학 교사, 변리사 등

주요 교육 목표

현장 문제 해결 능력을 갖춘
인재 양성

- - - - - - - - - - - - - - - - -

학문 간 융합 능력을
지닌 인재 양성

- - - - - - - - - - - - - - - - -

다른 산업 분야에서도 능력을
발휘할 인재 양성

- - - - - - - - - - - - - - - - -

화학 문제 해결 및 응용
능력을 지닌 인재 양성

- - - - - - - - - - - - - - - - -

창의적 연구 역량을 갖춘
인재 양성

- - - - - - - - - - - - - - - - -

국가와 인류에 기여할 수
있는 인재 양성

 ### 취득 가능 자격증은?

- ☑ 대기환경기사
- ☑ 대기환경산업기사
- ☑ 수질환경산업기사
- ☑ 위험물기술사
- ☑ 수질환경기사
- ☑ 토양환경기사
- ☑ 화공기사
- ☑ 화공산업기사
- ☑ 화공기술사
- ☑ 화약류관리기사
- ☑ 화약류제조기사
- ☑ 화학분석기사
- ☑ 농화학기사
- ☑ 농화학기술사
- ☑ 위험물산업기사
- ☑ 위험물기사
- ☑ 화약류관리산업기사
- ☑ 화약류제조산업기사
- ☑ 화학분석산업기사
- ☑ 토양환경산업기사
- ☑ 폐기물처리산업기사
- ☑ 폐기물처리기사
- ☑ 중등학교 2급 정교사(화학) 등

추천 도서는?

- 역사를 바꾼 17가지 화학 이야기
  (사이언스북스, 페니 르 쿠터 외, 곽주영 역)
- 화학으로 이루어진 세상
  (에코리브르, K. 메데페셀헤르만 외, 권세훈 역)
- 화학에서 인생을 배우다(더숲, 황영애)
- MT 화학(청어람, 이익모)
- 미술관에 간 화학자(어바웃어북, 전창림)
- 화학의 역사(교육서가, 윌리엄 H. 브록, 김병민 역)
- 교양인을 위한 화학사 강의
  (반니, 옌스 찬트겐, 송소민 역)
- 화학의 발자치를 찾아서(전파과학사, 오진곤)
- 하루 한 권, 주기율의 세계(드루, 사이토 가쓰히로, 신혜인 역)
- 오늘의 화학(시공사, 조지 자이던, 김민경 역)
- 숫자로 끝나는 화학 100(지브레인, 조엘 레비, 곽영직 역)
- 화학 교과서는 살아 있다(동아시아, 박태현 외)
- 고교생이 알아야 할 화학 스페셜(신원문화사, 서인호)
- 화학의 발자취(범양사, 휴 W. 샐츠버그, 고문주 역)
- 세상에서 가장 재미있는 화학
  (궁리, 크레이그 크리들, 김희준 역)
- 생각 1g만으로도 유쾌한 화학 이야기
  (도솔, 레프 G. 블라소프, 이충호 역)
- 하리하라의 바이오 사이언스(살림FRIENDS, 이은희)
- 이덕환의 과학 세상(프로네시스, 이덕환)
- 진정일 교수의 교실 밖 화학 이야기
  (궁리, 진정일)

학과 주요 교과목은?

기초 과목	화학 및 실험, 물리학 및 실험, 미적분학 및 연습, 생물학 및 실험, 생명과학개론, 생명과학, 생명과학실험, 화학실험, 양자화학, 유기화학, 무기화학, 분석화학, 물리화학, 생화학, 공업화학 등
심화 과목	전기화학, 반응속도론, 유기이론, 표면과학, 고분자화학, 의약화학, 환경화학, 분자분광학, 분자설계분석융합화학, 유기바이오융합화학, 반도체화학, 촉매화학, 기기분석, 전산화학, 나노화학, 유기기기분석, 대기환경화학, 세포생화학, 에너지화학 등

졸업 후 진출 분야는?

기업체	의약·석유 화학·반도체·신소재 관련 대기업 및 중소기업, 화학 공학 업체, 신소재 개발 업체, 화장품 제조 업체, 정유 업체, 전자 반도체 업체, 제약 회사, 식품 업체, 환경 관련 업체 등
연구 기관	한국과학기술연구원, 한국화학연구원, 화학 분석 및 제품 개발 관련 기업체 연구소, 생명공학 연구소, 환경 연구소 등
정부 및 공공 기관	기초과학연구원, 한국표준과학연구원, 한국에너지기술연구원 등

전공 관련 선택 과목은?

▶ 국어, 영어 교과는 모든 학문의 기초적인 성격을 가진 도구교과로 모든 학과에 이수가 필요하여 생략함.

수능 필수	화법과 언어, 독서와 작문, 문학, 대수, 미적분 I , 확률과 통계, 영어 I , 영어 II , 한국사, 통합사회, 통합과학, 성공적인 직업생활(직업)		
교과군	선택 과목		
	일반 선택	진로 선택	융합 선택
수학, 사회, 과학	대수, 미적분 I , 확률과 통계, 물리학, 화학, 생명과학	미적분 II , 역학과 에너지, 전자기와 양자, 물질과 에너지, 화학 반응의 세계	수학과제 탐구, 기후변화와 지속가능한 세계, 과학의 역사와 문화, 기후변화와 환경생태, 융합과학 탐구
체육·예술			
기술·가정/정보			
제2외국어/한문			
교양	생태와 환경	논리와 사고, 보건	

학교생활기록부 관리는?

출결 사항	• 출결 사항은 학교생활 충실도를 평가하는 가장 기본적인 항목이므로 미인정(무단) 출결 사항이 없도록 관리하세요.
자율·자치활동	• 화학, 생명과학, 수학, 환경 분야에 대한 관심과 흥미를 바탕으로 다양한 교내외 활동에 참여하여 자기 주도성, 성실성, 진취성, 리더십 등이 드러나도록 하세요.
동아리활동	• 수학, 과학, 환경, 생명과학, 화학, 물리학 관련 동아리 활동에 참여하세요. • 동아리 가입 동기, 동아리 내 자신의 역할, 동아리 활동으로 변화된 자신의 모습, 화학 전공과 관련된 자신의 소질 계발 경험 등이 드러나도록 하세요. • 학교에서 주관하는 장애인, 다문화 가정 학생 돕기, 양로원 봉사 활동 등 사회 소외 계층을 대상으로 하는 봉사 활동을 하세요. • 봉사 시간을 늘리는거 것보다 양질의 봉사를 꾸준하게 하세요.
진로 활동	• 화학 관련 학과 및 직업에 대한 진로 정보 탐색 활동을 권장해요. • 화학과, 화학공학과 등 화학 관련 학과에 대한 체험 활동을 권장해요. • 공학 및 과학 관련 단체 활동이나 화학 관련 기업 및 연구소 탐방 등 경험을 쌓는 것을 권장해요.
교과학습발달 상황	• 화학, 생명과학, 수학, 환경 등 관련된 교과 성적은 상위권으로 유지하고, 수업 활동에서 발휘한 역량이 기록될 수 있도록 수업에 적극 참여하세요. • 수업 활동에서 성실성, 적극성, 전공 적합성, 진로에 대한 열정 등이 드러나도록 하세요.
독서 활동	• 공학, 환경, 인문학, 자동차, 반도체, 우주 항공 등 다양한 분야의 책을 읽으세요. • 화학 분야 독서를 통해 화학 전공에 대한 기초 지식을 쌓도록 해요.
행동 발달 특성 및 종합 의견	• 자신의 장점을 총체적으로 이해할 수 있도록 발전 가능성, 전공 적합성, 인성, 학업 능력, 창의력, 자기 주도적 학습 능력, 문제 해결 능력, 변화 모습 등이 드러나도록 하세요. • 학교생활에서 자기 주도성, 경험의 다양성, 성실성, 나눔과 배려, 학업 태도와 학업 의지 등 자신의 장점이 기록되도록 관리해야 해요.

Jump Up

탄소배출권거래중개인에 대해 알아볼까요?

➔ 탄소배출권거래중개인은 탄소 배출권 판매자와 구매자에게 온실가스 저감 사업에 대해 조언하거나 사업에 직접 관여하여 고객을 확보하는 일을 해요. 판매자와 구매자가 확보되면 협상을 체결하기 위해 적절한 매매 가격을 산정하거나 배출권 이전 및 발행의 보증 문제 등에 대해 연구하고, 거래 과정에서 발생할 위험 등을 관리하는 방법을 찾거나 고객에게 조언하는 일도 해요. 모든 여건이 갖추어지면 최종적으로 감축하고자 하는 분량에 대해 구매 계약을 체결하게 돼요.

환경컨설턴트란?

환경은 우리 주변을 둘러싸고 있는 모든 것을 말합니다. 즉, 마실 수 있는 물, 숨 쉴 수 있는 공기, 작물을 재배하고 집을 지을 수 있는 땅, 그리고 땅 위의 모든 생물들이 환경을 이루는 요소입니다. 이러한 환경 요소들은 서로 연관되어 하나의 생명체처럼 유기적인 관계를 맺고 있습니다.

18세기 산업 혁명 이후 전 세계는 심각한 환경 오염 문제에 시달리기 시작했습니다. 인구 증가와 함께 공업화·도시화되면서 도로, 지하철, 주택 단지, 산업 단지, 폐기물 매립지 등 각종 주거·산업·공공시설이 엄청나게 개발되었고, 지구의 환경은 서서히 오염되기 시작했습니다. 환경 오염은 사막화, 가뭄 등의 자연재해뿐만 아니라 환경 파괴와 생태계 교란의 원인이 되었습니다. 이러한 환경 오염의 다양한 원인을 찾아내고 해결하고자 하는 것이 환경학이라는 학문입니다.

환경학은 대기, 물, 토양 등 지구 환경을 구성하는 요소들이 어떻게 변화하고 있는지 파악하고, 환경 오염의 원인과 오염 물질을 분석해 문제점 및 해결 방안을 찾아내는 등 환경 전반에 대해 연구하는 학문입니다. 현대 사회에서 자연과 환경은 인간의 건강하고 쾌적한

환경컨설턴트
환경학과

삶과 관련이 있기 때문에 지구 환경을 연구하는 환경학은 미래 사회에서도 중요한 역할을 수행하는 학문이 될 것입니다. 환경 문제의 발생 원인이 다양하다보니 환경학도 세분화되어 발전하고 있고, 다른 학문들과 융합하여 새로운 분야도 등장하고 있습니다. 환경학은 크게 대기, 수질, 토양, 해양 등 자연 연구 분야와 오염, 소음, 진동, 폐기물 처리 등 환경 오염 연구 분야, 에너지 및 신소재 개발 연구 분야 등으로 구분할 수 있습니다.

환경컨설턴트는 정부나 기업의 환경 관리상의 문제점을 조사 및 진단하고, 이에 대한 해결책을 제시하는 사람입니다. 환경컨설턴트의 업무는 수질·대기·토양 오염 방지, 친환경 상품 인증, 실내 공기 정화, 신규 화학 물질의 등록 관리, 환경 위해성 평가 등 매우 다양합니다. 환경컨설턴트는 우리나라에서는 아직 생소한 직업으로, 2006년에서야 환경 컨설팅업에 대한 법이 생기고 등록제가 시작되었지만, 아직까지 전문 환경 컨설팅 업체보다는 일반 컨설팅 회사나 법률 회사가 환경 컨설팅 업무를 하는 편입니다. 그러나 미국이나 유럽 등에는 세계적인 환경 컨설팅 회사들이 많이 있고, 매출액도 어마어마한 규모로 성장하고 있습니다.

최근 환경 관련 산업은 꾸준히 성장하고 있으며, 특히 환경 컨설팅 분야는 더욱 성장할 것으로 주목받고 있는데, 우리나라에서도 환경컨설턴트는 미래 유망 직업 중 상위권에 오르고 있습니다.

환경컨설턴트가 하는 일은?

환경컨설턴트는 정부나 기업의 환경 관리상의 문제점을 조사하고 진단한 후 이에 대한 해결책을 제시하는 일을 주로 합니다. 환경 분야는 공학, 기술, 법, 경영 등 여러 학문과 관련이 있기 때문에 환경컨설턴트가 다루는 업무도 다양합니다. 다만, 환경 오염 물질을 측정하고, 자료를 수집하며, 환경 보전에 필요한 다양한 공학적인 기술을 개발하는 환경공학기술자와는 구분이 됩니다.

환경컨설턴트는 실험 및 분석 등의 업무를 수행하기 위해 실내에서 근무하거나 현장 점검을 하기 위해 외근을 하기도 합니다. 업무 과정에서 소음, 폭발, 냄새 등 신체적으로 위험에 노출될 가능성이 있고, 환경 오염 처리 시설을 대상으로 컨설팅 업무를 할 때는 교대 근무를 하기도 합니다. 다른 직업에 비해 임금이 높고, 복리 후생이 좋은 편이며, 근무 시간은 규칙적인 편이고, 정신적·육체적 스트레스가 적어 근무 여건이 좋은 편입니다.

» 환경 시스템의 점검 및 수리, 환경 시설의 운용 계획 수립, 오염 방지 대책 및 환경 보전 정책을 수립합니다.

» 환경 관리의 기술적 관리 방안을 마련하고, 환경 시설의 시공과 운영 등을 포함한 환경 관련 업무를 관리·감독합니다.

» 기업에서 환경 문제가 발생하면 이를 법적·경제적·국제적 규제 기준 등에 맞춰 원인을 찾아내고 해결책을 제시합니다.

» 신도시 개발 사업 등 여러 형태의 개발이 진행될 때 자연환경에 미치는 영향을 사전에 측정하고 평가하며 해결책을 제시합니다.

» 환경 관리 상태에 대한 진단 결과가 나오면 환경 관리를 위한 조직의 방침 및 장기 계획을 수립합니다.

» 기업들의 환경 산업 및 공해 방지 산업 진출에 대한 타당성을 조사하고, 환경 문제 전반에 대한 기술 및 정책에 대한 컨설팅 업무를 수행합니다.

» 기업의 친환경적 마케팅 전략을 수립하고, 자본 관리 및 수익성 계획을 검토합니다.

» 환경 설계 엔지니어링 및 기술 진단, 위해성 평가, 타당성 등을 조사합니다.

» 각종 환경 시설의 운영 관리에 따른 운영 관리 서비스를 지원하고, 환경 산업 창업 지원, 기술 중개, 수출 지원 서비스를 수행합니다.

환경컨설턴트 커리어맵

관련기관
- 국립환경과학원 www.nier.go.kr
- 한국환경기술인협회 www.keef.or.kr
- 한국환경영향평가학회 www.eia.or.kr
- 한국환경정책·평가연구원 www.kei.re.kr

준비방법
- 수학, 과학, 기술·가정 교과 역량 키우기
- 환경 관련 학과 탐방
- 환경컨설턴트 직업 탐방 및 체험 활동
- 환경학, 생물학, 자연과학 등 다양한 분야의 독서 활동

능력 및 흥미
- 자연 과학 분야에 대한 관심
- 환경 문제에 대한 관심
- 분석력
- 체계적인 사고 능력
- 문제 해결 능력
- 창의적
- 리더십
- 꼼꼼함
- 끈기와 인내
- 협업 능력
- 의사소통 능력
- 외국어 실력
- 호기심

관련교과
- 수학
- 과학
- 기술·가정
- 정보
- 환경

관련학과
- 환경학과
- 환경공학과
- 환경과학과
- 지구환경과학과
- 환경보건학과
- 환경보건과학과
- 환경생명공학과
- 환경시스템공학과
- 산림환경시스템학과
- 바이오환경과학과
- 바이오환경에너지학과
- 환경조경학과
- 환경대기과학전공

흥미유형
- 관습형
- 진취형

중앙: **환경컨설턴트**

관련자격
- 대기환경기사
- 대기환경산업기사
- 수질환경기사
- 수질환경산업기사
- 산업위생관리기사
- 소음진동기사
- 소음진동산업기사
- 폐기물처리기사
- 폐기물처리산업기사
- 폐기물처리기술사
- 환경기능사
- 토양환경기술사
- 토양환경기사
- 토양환경산업기사
- 자연환경관리기술사
- 자연생태복원기사
- 자연생태복원산업기사
- 해양환경기사
- 중등학교 2급 정교사(환경)

관련직업
- 환경오염방지전문가
- 상하수도엔지니어
- 폐기물처리엔지니어
- 대기환경기술자
- 토양환경기술자
- 수질환경기술자
- 소음진동기술자
- 폐기물처리기술자
- 환경공학시험원
- 환경영향평가원
- 환경경영전문가
- 기후변화전문가
- 비파괴검사원
- 친환경건축컨설턴트
- 온실가스인증심사원
- 탄소배출권거래중개인
- 중등학교 교사(환경)

적성과 흥미는?

환경컨설턴트가 되려면 화학, 물리학 등 자연 과학 분야에 흥미가 있어야 합니다. 환경은 인간의 삶에 큰 영향을 미치기 때문에 쾌적하고 건강한 삶의 가치를 중요하게 생각하고, 환경 문제나 자연에 대한 관심이 있어야 합니다. 환경 오염이 발생하는 원인과 그 해결 방법을 찾아내기 위해 분석력과 체계적인 사고 능력, 논리적인 방법으로 해결할 수 있는 문제 해결 능력도 요구됩니다. 환경학 분야가 광범위하므로 환경학 전반을 이해할 수 있는 폭넓은 시각을 갖는 것이 중요합니다.

환경컨설턴트는 환경 문제를 다루는 업무 수행 과정에서 창의적이고 혁신적인 사고와 리더십이 필요하며, 통계 수치로 환경 오염의 정도를 분석하는 경우가 많으므로 신속하고 정확한 판단력이 요구됩니다. 꼼꼼한 성격의 사람에게 어울리며, 업무상 실험을 많이 하기 때문에 끈기와 인내심도 필요합니다. 업무를 수행하는 과정에서 다양한 분야의 사람들과 협업하는 경우가 많기 때문에 사교성과 원활한 의사소통 능력, 대인 관계 능력도 필요합니다.

환경컨설턴트는 환경 정책이나 관련 법규, 국제 규제 등에 대한 폭넓은 이해와 환경에 대한 기본 지식이 있어야 하고, 외국 기업과 탄소 배출권 거래 등의 업무를 하거나 외국 자료를 자주 접해야 하므로 외국어 실력도 필요합니다.

환경컨설턴트에 관심이 있다면 환경 분야에 대한 독서를 통해 기초 지식을 키우고, 환경 관련 동아리 활동에 참여하는 것을 권장합니다. 또한 환경 관련 직업 정보를 탐색하거나 관련 기관에서 체험 활동을 하는 것을 권장합니다.

환경컨설턴트 커리어맵

관련 학과 및 자격증은?

➡ 관련 학과: 환경학과, 환경공업과, 환경공학과, 환경과학과, 지구환경과학과, 환경보건과학과, 환경생명공학과, 환경시스템공학과, 산림환경시스템학과, 사회환경시스템공학과, 바이오환경에너지학과, 환경조경학과, 환경대기과학전공 등

➡ 관련 자격증: 대기환경기사, 대기환경산업기사, 수질환경기사, 수질환경산업기사, 산업위생관리기사, 해양환경기사, 토양환경기술사, 토양환경기사, 토양환경산업기사, 소음진동기사, 소음진동산업기사, 폐기물처리산업기사, 폐기물처리기사, 폐기물처리기술사, 환경기능사, 자연환경관리기술사, 자연상태복원기사, 자연생태복원산업기사, 중등학교 2급 정교사(환경) 등

진출 방법은?

환경컨설턴트가 되기 위해서는 대학에서 환경 관련 학과를 졸업해야 합니다. 환경 컨설팅 업무는 환경학 외에 다양한 학문 분야의 지식과 경험이 필요하므로 환경 관련 분야에서 경험을 쌓은 후 환경컨설턴트가 되는 것이 유리합니다. 환경 컨설팅 업무는 기술과 경영 부분이 접목되어 있어, 기술적인 부분에서는 환경학, 토목학, 화학공학 등 공학계열 전공자들, 경영적인 부분에서는 경영학적 지식과 국내외 법조항 및 규제 현황 등을 알아야 하므로 경영학, 법학 전공자들도 진출이 가능합니다.

환경컨설턴트는 공개 채용이나 특별 채용을 통해 전문 환경 컨설팅 업체나 대기, 수질, 폐기물, 토양, 소음 등 환경 관련 업체로 진출할 수 있으며, 일정한 자격과 경력이 쌓이면 전문 컨설팅 업체를 창업할 수도 있습니다. 환경컨설턴트가 되기 위해서는 관련 자격증을 취득하면 유리한데, 국가 자격증으로는 한국산업인력공단에서 시행하는 자연생태복원산업기사, 자연환경관리기술사, 수질관리기술사, 대기관리기술사, 토양환경기술사, 폐기물처리기사 및 기술사, 환경기능사 등이 있습니다.

관련 직업은?

환경오염방지전문가, 상하수도엔지니어, 폐기물처리엔지니어, 대기환경기술자, 토양환경기술자, 수질환경기술자, 소음진동기술자, 폐기물처리기술자, 환경공학시험원, 환경영향평가원, 환경경영전문가, 기후변화전문가, 비파괴검사원, 친환경건축컨설턴트, 토양환경컨설턴트, 온실가스인증심사원, 탄소배출권거래중개인, 환경 교사 등

미래 전망은?

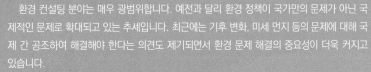

환경 컨설팅 분야는 매우 광범위합니다. 예전과 달리 환경 정책이 국가만의 문제가 아닌 국제적인 문제로 확대되고 있는 추세입니다. 최근에는 기후 변화, 미세 먼지 등의 문제에 대해 국제 간 공조하여 해결해야 한다는 의견도 제기되면서 환경 문제 해결의 중요성이 더욱 커지고 있습니다.

소득 수준과 삶의 질에 대한 기대가 높아지면서 유해 화학 물질에 대한 우려와 함께 생활 환경 보전에 대한 소비자 인식도 변하고 있습니다. 또한 국내외 다양한 환경 관련 규제·협약·제도가 마련됨으로써 환경 분야의 국가 정책을 수립하는 데 있어 최우선 고려 대상이 되었고, 기업의 생존과도 직결되고 있습니다.

최근 환경 문제로 인한 소비자의 외면으로 기업이 문을 닫는 경우가 발생하는가 하면, 소비자들이 친환경에 대해 관심을 갖게 되면서 기업들은 친환경 제품 만드는 시설을 늘리거나 친환경 운동 및 캠페인 등을 통해 기업 이미지를 높이기도 합니다. 이렇게 기업이 환경 분야에 대한 투자를 늘리면서 관련 업무를 전문적으로 할 수 있는 환경 컨설팅 분야의 인력 채용도 늘어나고 있고, 관련 인력이 부족한 상황을 해결하고자 지방 자치 단체는 물론 기업 차원에서 환경 관련 인재를 양성하는 데 많은 노력을 쏟고 있습니다. 환경 분야의 컨설팅 업무는 앞으로도 그 중요성이 커질 것으로 예상되어 환경컨설턴트의 전망은 좋습니다.

환경학과
환경컨설턴트 전공 분석

어떤 학과인가?

환경학은 물이나 토양, 공기 등 자연환경을 구성하는 요인들의 변화 과정을 조사하고, 환경 오염의 원인인 오염 물질을 분석하며, 환경 오염에 따른 문제점과 해결 방안을 찾는 등 환경 보전에 대한 연구를 하는 학문입니다.

환경학은 환경 오염이 발생하는 형태에 따라 대기·수질·토양·소음·진동·폐기물 처리 분야로 구분할 수 있습니다.

환경학과에서는 환경을 파괴하는 대기 오염, 수질 오염, 토양 오염, 폐기물 등의 환경 오염의 문제점을 파악하고, 대처할 전문 지식과 기술을 습득하고 활용하는 방법을 배웁니다. 각종 오염을 발생시키는 유해 물질의 특성과 측정 방법, 정화 방법 등을 배웁니다. 오염을 억제시켜 생활 환경을 쾌적하게 만드는 방법에 대해 배우고, 오염 물질 특성과 처리, 보전 등에 대한 이론 및 다양한 실험과 실습을 통해 현장에서 바로 응용할 수 있도록 합니다.

최근에는 에너지환경, 지구환경, 환경건설, 환경시스템, 환경화학, 환경조경 등 보다 세분화된 학과가 개설되어 있어 관심 분야를 좀 더 체계적으로 학습할 수 있습니다.

교육 목표와 교육 내용은?

환경학과는 자연 과학의 근본 원리를 바탕으로 환경 오염 원인을 분석하고 평가할 수 있는 연구 능력, 공학적으로 오염물 처리 장치와 설비를 설계하고 운전할 수 있는 기술 능력, 환경을 체계적으로 보존하고 개발을 조정할 수 있는 능력을 갖춘 전문 환경인을 양성하는 것이 교육 목표입니다.

> » 최신 환경 관련 기술과 정보의 습득 및 활용에 뛰어나고, 이를 환경 문제 해결에 응용할 수 있는 능력을 지닌 인재를 양성합니다.
> » 스스로 또는 협력을 통해 종합적·창의적으로 환경 문제를 해결할 수 있는 인재를 양성합니다.
> » 세계적인 환경 변화에 효과적으로 적응하면서 국가와 인류에 기여할 수 있는 자질을 지닌 인재를 양성합니다.
> » 환경 분야의 전문 기술을 배우고, 창의적인 응용을 통해 환경 문제를 해결할 수 있는 인재를 양성합니다.
> » 환경 보전에 투철한 사명 의식과 올바른 윤리 의식을 갖춘 인재를 양성합니다.
> » 국가 간 환경 분야의 교류를 선도할 수 있는 의사소통 능력과 국제화 능력을 지닌 인재를 양성합니다.

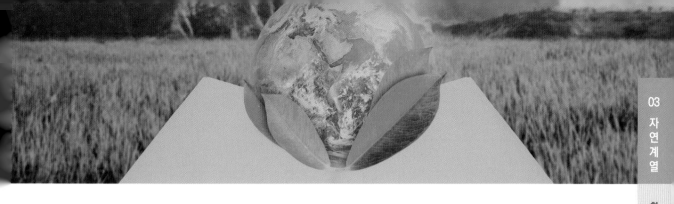

학과에 적합한 인재상은?

환경학과에 진학하려면 화학, 물리학 등 자연 과학 관련 교과에 흥미가 있고, 기초 지식을 갖춘 사람이 적합합니다. 평소에 환경 문제나 자연 현상에 대해 관심이 있고, 환경 오염의 원인과 해결책을 찾기 위해 논리적 분석력과 체계적 사고 능력을 갖추어야 합니다. 환경학은 응용 범위가 넓기 때문에 환경학 전반을 이해할 수 있는 폭넓은 시야를 가지는 것이 필요합니다.

환경학과 관련된 직업 윤리 의식과 외국어 사용 능력, 전산 능력을 갖추는 것도 필수입니다. 환경 관련 정책이 빠르게 변하고 있고, 새로운 기술이 등장하는 기간도 짧아지고 있으므로 정책 및 기술 변화에 적극적으로 대처할 수 있는 역량을 갖추는 것도 중요합니다.

창의적인 사고와 진취적인 성격을 가지고, 어려운 문제에 도전하여 목표를 성취하는 능력을 가진 사람, 교육 과정에서 실험 실습을 많이 하므로 꼼꼼하고 차분한 성격인 사람에게 적합합니다.

관련 학과는?

환경공학과, 환경과학과, 지구환경과학과, 환경교육학과, 환경보건과학과, 환경생명공학과, 환경시스템공학과, 산림환경시스템학과, 사회환경시스템공학과, 바이오환경과학과, 바이오환경에너지학과, 환경조경학과 등

진출 직업은?

환경컨설턴트, 대기환경기술자, 수질환경기술자, 소음진동기술자, 폐기물처리기술자, 환경공학시험원, 환경영향평가원, 조경기술자, 도시계획가, 환경 및 보건위생검사원, 비파괴검사원, 산업안전 및 위험관리원, 환경전문기자, 환경전문변리사, 기후변화전문가, 비파괴검사원, 에너지진단전문가, 친환경건축컨설턴트, 토양환경컨설턴트, 중등학교 교사(환경) 등

주요 교육 목표

환경 분야의 현장 실무 능력을
지닌 인재 양성

창조적 사고 능력을 갖춘
환경 분야 인재 양성

환경 문제에 능동적으로
대처 가능한 인재 양성

사회적 · 도덕적 책임감을
갖춘 환경 분야 인재 양성

창의적 종합 설계 능력을
갖춘 인재 양성

국제적 감각을 갖춘
환경 분야 전문 인재 양성

 ### 취득 가능 자격증은?

☑ 대기환경기사
☑ 대기환경산업기사
☑ 수질환경기사
☑ 수질환경산업기사
☑ 토양환경기사
☑ 토양환경산업기사
☑ 소음진동기사
☑ 소음진동산업기사
☑ 폐기물처리기사
☑ 폐기물처리산업기사
☑ 자연생태복원기사
☑ 산업위생환경기사
☑ 중등학교 2급 정교사(환경) 등

추천 도서는?

- 모두를 위한 환경 개념 사전(한울림, 장미정 외)
- 쓰레기 TM(한겨레21, 한겨레21)
- 기후 변화를 둘러싼 가짜 뉴스 10가지(두레, 마리앙 다망, 정미애 역)
- 인류세 시나리오(송은주, 스리체이스)
- 환경과 생태를 쫌 아는 10대(풀빛, 최원형)
- 물이라는 세계(리마인드, 염형철)
- 반드시 다가올 미래(포르체, 남성현)
- 기후변화의 심리학(갈마바람, 조지 마셜, 이은경 역)
- 왜 기후변화가 문제일까(반니, 공우석)
- 기후변화 세계사(책과함께, 피터 프랭코판, 이재황 역)
- 10대가 알아야 할 기후변화 교과서(더숲, 이충환)
- 기후변화 그게 좀 심각합니다 (양철북, 빌 맥과이어, 이민희 역)
- 침묵의 봄(에코리브르, 레이첼 카슨, 김은령 역)
- 지구별에서 함께 살아가기(해나무, 박강리)
- 세계문학 속 지구 환경이야기1, 2 (사이언스북스, 이시 히로유키, 안은별 역)
- 환경 재난과 인류의 생존 전략(어문학사, 박석순)
- 기후의 역습(도요새, 월드워치연구소, 생태사회연구소 역)
- 엔트로피(세종연구원, 제레미 리프킨, 이창희 역)
- 물 전문가는 어떤 물을 마실까(북마크, 이태관)
- 괴짜생태학(웅진지식하우스, 브라이언 클레그, 김승욱 역)
- 물의 자연사(예지, 앨리스 아웃워터, 이충호 역)

학과 주요 교과목은?

기초 과목	기초화학, 기초환경학, 환경과학개론, 환경생물학, 생태학개론, 지구환경입문, 환경학개론, 환경공학개론, 대기오염개론, 수질오염개론, 환경양론, 환경화학실험, 환경미생물학실험 등
심화 과목	환경관리학, 환경정책학, 대기화학, 수질분석, 대기오염관리, 폐기물관리, 토양오염, 환경영향평가, 유해물분석법, 국제환경협력, 환경화학, 환경화학실험, 수질오염개론, 수질오염개론실험, 폐수처리단위조작, 폐기물개론 및 자원화, 폐수처리단위공정, 폐수처리단위공정실험, 토양오염 및 유해물질안전, 환경안전 및 평가, 수리수문공학, 대기오염개론실험, 대기과학, 유체역학, 대기환경관리, 대기환경관리실험, 환경기기분석 및 실습, 대기오염제어, 환경유기화학 등

졸업 후 진출 분야는?

기업체	환경 전문 엔지니어링 업체, 환경 전문 시공 업체, 건설 및 플랜트 분야 종합 엔지니어링 업체, 환경 오염 방지 시설 운영 업체, 환경 오염 물질 분석 업체, 폐수 및 폐기물 처리 업체, 환경 영향 평가 업체, 환경 설비 장치 제조 업체 등
연구 기관	환경공학 연구소, 환경 연구소, 환경 기술 연구소, 한국건설기술연구원, 한국철도기술연구원, 보건환경연구원, 한국환경산업기술원, 한국환경정책평가연구원 등
정부 및 공공 기관	환경직 공무원(환경부, 국립환경과학원, 서울시청 등), 한국환경공단, 한국가스공사, 한국지역난방공사, 수도권매립지관리공사, 한국수자원공사, 한국전력공사, 한국건설관리공사, 한국환경산업기술원 등

전공 관련 선택 과목은?

▶ 국어, 영어 교과는 모든 학문의 기초적인 성격을 가진 도구교과로 모든 학과에 이수가 필요하여 생략함.

수능 필수	화법과 언어, 독서와 작문, 문학, 대수, 미적분Ⅰ, 확률과 통계, 영어Ⅰ, 영어Ⅱ, 한국사, 통합사회, 통합과학, 성공적인 직업생활(직업)		
교과군	선택 과목		
	일반 선택	진로 선택	융합 선택
수학, 사회, 과학	대수, 미적분Ⅰ, 확률과 통계, 세계시민과 지리, 현대사회와 윤리, 물리학, 화학, 생명과학, 지구과학	미적분Ⅱ, 한국지리 탐구, 물질과 에너지, 화학 반응의 세계, 세포와 물질대사, 생물의 유전	수학과제 탐구, 사회문제 탐구, 윤리문제 탐구, 기후변화와 지속가능한 세계, 기후변화와 환경생태, 융합과학 탐구
체육·예술			
기술·가정/정보	기술·가정, 정보	생활과학 탐구	
제2외국어/한문			
교양	생태와 환경	논리와 사고, 보건	논술

학교생활기록부 관리는?

출결 사항	• 출결은 학교생활의 성실성, 근면성, 자기 관리 능력을 평가하는 항목이므로 미인정(무단) 출결 사항이 없도록 관리하세요.
자율·자치활동	• 수동적이고 단순 참여 활동의 기록은 큰 의미가 없어요. • 기초 과학, 환경 분야에 대한 관심과 흥미를 바탕으로 다양한 교내외 활동에 참여하여 자신의 역할, 변화된 모습, 리더십, 진정성 등이 드러나도록 하세요.
동아리활동	• 환경, 과학 관련 동아리 활동에 참여하세요. • 동아리 가입 동기, 진로에 동아리 활동이 미친 영향, 동아리 내 자신의 역할, 동아리 활동으로 변화된 자신의 모습, 전공과 관련된 자신의 소질 계발 경험 등 구체적인 활동 내용이 기록되도록 하세요. • 학교내에서 타인을 위해 할 수 있는 지속적인 봉사 활동을 하세요. • 학교에서 주관하는 보건소, 병원, 재활원, 사회 복지 시설 등 사회 소외 계층 및 약자를 대상으로 하는 봉사 활동에 참여하세요.
진로 활동	• 환경 관련 학과 및 직업에 대한 정보 탐색 활동을 통해 진로 탐색에 대한 노력이 나타나도록 하세요. • 환경 관련 학과나 기업에 대한 체험 활동을 권장해요. • 환경 보호 단체 활동, 환경 세미나 탐방, 환경 관련 회사에서 개최하는 대회 참여 등 경험을 쌓는 것을 권장해요.
교과학습발달 상황	• 과학 등 환경 관련 교과 성적은 상위권으로 유지하고, 학기별 성적이 상승할 수 있도록 관리하세요. • 수업 활동에서 자기 주도성, 노력과 의지, 도전 정신과 실험 정신, 지적 호기심, 진로에 대한 열정 등이 드러나도록 하세요.
독서 활동	• 독서 이력을 통해 학생의 관심 분야, 전공 적합성, 학문 탐구에 대한 열정과 자기 주도적 학습 능력 등을 확인해요. • 기초 과학, 공학, 환경학, 인문학 등 다양한 분야의 독서를 통해 지식수준을 높이며, 전공 학과에 대한 기초 지식을 쌓도록 해요. • 교과 시간에 배운 내용과 전공 분야를 연계시킬 수 있는 독서가 중요해요.
행동 발달 특성 및 종합 의견	• 자신의 장점을 총체적으로 이해할 수 있도록 발전 가능성, 전공 적합성, 인성, 학업 능력, 창의력, 자기 주도적 학습 능력, 문제 해결 능력, 변화 모습 등이 드러나도록 하세요. • 학교생활에서 자기 주도성, 경험의 다양성, 성실성, 나눔과 배려, 학업 태도와 학업 의지 등 자신의 장점이 기록되도록 관리해야 해요.

GIS전문가란?

　요즘은 국내 여행이든 해외여행이든 손에 가이드북과 지도책을 들고 다니는 사람은 찾아보기가 쉽지 않습니다. 지도책 대신 스마트폰의 지도 검색 기능에 의지해 자신이 원하는 곳을 여행하는 사람이 대부분입니다. 우리는 스마트폰만 있으면 내가 살고 있는 동네의 항공 사진도 손쉽게 확인할 수 있는 시대에 살고 있습니다.

　과거 종이 지도에서 확인할 수 있던 지리 정보를 컴퓨터를 이용해 해석하고 제공하는 시스템을 지리 정보 시스템(GIS; Geographic Information System)이라고 합니다. 지리 정보 시스템이 다루는 정보는 특정 지역의 토지가 어떻게 이용되고 있는지, 기상 조건이나 지질 조건은 어떠한지, 주변 환경은 어떠한지 등 매우 다양합니다. 그중 지리 정보는 지표면과 지하, 지상 공간에 존재하고 있는 각종 자연물(산, 강, 토지 등)과 인공물(건물, 도로, 철도 등)에 대한 위치 정보와 속성 정보를 말하며, 이러한 지리 정보를 컴퓨터를 이용해 다양한

GIS전문가
지질학과

정보와 결합시켜 새로운 정보를 만들어 낸 것이 지리 정보 시스템입니다.

　지리 정보 시스템은 기본적으로 정확한 지도 데이터를 제작함으로써 국토 유지 관리에 들어가는 비용을 아끼고, 지도와 지리 정보를 이용해 인간과 산업 활동 공간과 관련된 의사 결정 및 계획 수립에 도움을 줍니다. 국토 개발이나 도시 건설과 같은 토목, 건축, 건설을 비롯하여 물류 시스템 개편, 길 안내, 재해 대책과 복구 등 다양한 분야에서 활용됩니다.

　지하와 지표면, 지상 공간에 존재하는 산, 강, 토지 등과 건물, 도로, 철도 등 인공물의 위치 정보와 속성 정보 등을 디지털 정보로 바꾸고, 이를 다양한 방법으로 분석하는 사람이 GIS(지리정보시스템)전문가입니다. 아직 낯선 직업입니다만, 각종 지리 정보를 체계적으로 수집해 데이터베이스화하고, 데이터베이스 관리를 위한 시스템의 분석 설계 및 구축에 관한 업무를 전문적으로 수행하는 직업입니다. 그래서 GIS전문가는 지리적 지식과 컴퓨터 기술에 대해 잘 알아야 합니다.

GIS전문가가 하는 일은?

GIS전문가는 지표면과 지하 또는 지상에 존재하는 토지, 산, 바다 같은 자연물과 빌딩, 도로, 댐 같은 인공물의 위치 정보와 속성 정보를 데이터로 변환하여 새로운 정보를 창출하는 사람으로, GIS분석가, GIS매니저, GIS개발자로 구분할 수 있습니다.

GIS분석가는 항공 사진 촬영, 인공위성 등으로부터 수집한 일련의 정보를 디지털 분석 과정을 거쳐 새로운 정보로 창출하는 일을 합니다. GIS매니저는 오라클 등 데이터베이스 관리 툴을 이용하여 수집한 데이터를 관리하는 일을 합니다. 마지막으로 GIS개발자는 프로그래밍 언어를 이용하여 데이터를 효과적으로 활용할 수 있도록 지리 정보 시스템을 개발하는 업무를 합니다.

최근 기업에서 GIS 정보를 경영 전략을 세우는 데 활용하는 사례가 많아지면서 GIS전문가의 활동 영역이 점점 넓어지고 있습니다. 실례로 백화점에서 DM(Direct Mail)을 발송할 때도 GIS전문가의 도움이 필요합니다. DM을 발송하기 전 GIS전문가가 고객의 주소, 방문 횟수, 매출액, 상품 구매 현황 등의 정보를 위치 정보로 변환해서 지도상에 표시해 줍니다. 이 정보를 바탕으로 고객에게 DM을 발송하게 되면 구매로 이어질 확률이 높아집니다.

GIS전문가는 다른 직업에 비해서 임금이 높은 편이며, 복리 후생도 좋은 편입니다. 하지만 신규 일자리는 많지 않아 취업을 위한 경쟁은 심한 편입니다. 자기 계발 가능성이 높고, 직업 전문성도 높아 직장 내 승진과 발전 가능성이 비교적 높은 편입니다.

> » 사용자 의견을 수집하여 데이터베이스 사용자 인터페이스 및 네트워크의 기본적인 시스템 구조를 설계합니다.
> » 지리 정보에 사용되는 각종 데이터를 수집하고 분석하여 이를 데이터베이스화하는 작업을 수행합니다.
> » 구성 요소들을 결합하는 과정을 통해 종합적인 시스템을 구축합니다.
> » 입력된 각종 지리 정보 데이터를 가지고 사용자가 필요로 하는 목적에 따라 다양한 형태로 분석하거나 변화시키고 조작하는 일을 합니다.
> » 지리 정보 시스템을 가지고 작업하기도 하며, 연산 방식, 자료 구조, GIS와 맵핑 시스템을 위한 사용자 인터페이스를 설계하고 평가합니다.

Jump Up

측량사에 대해 알아볼까요?

측량사는 국토의 이용과 개발, 건설 공사, 지도 제작을 위해 토지의 형태, 지형선, 위치, 고도 및 면적 등 지구 표면의 윤곽을 측정해요. 이들은 현지 조사를 계획하고, 알려진 측량 참고 지점을 선택하며 측량 지역에서 중요한 특징을 띠는 정확한 지점을 결정해요. 측량사는 합법적인 기록들을 조사하고, 측량의 결과를 기록하고 자료의 정확성을 확인하며 도면 및 측량 결과서를 작성해요.

측량사는 공간 지각 능력이 있어야 하고, 장시간 야외 작업을 해야 하기에 강한 체력과 스트레스를 감내할 수 있는 능력이 요구되며, 꼼꼼하고 인내심 많은 사람에게 유리해요. 대부분 팀을 이루어 작업을 하기 때문에 대인 관계 능력과 의사소통 능력, 리더십, 협동심이 요구돼요.

GIS전문가

커리어맵

- 국토연구원 www.krihs.re.kr
- 한국공간정보통신 www.ksic.net
- 전파방송통신교육원 www.atic.ac
- 대한지질학회 www.gskorea.or.kr
- 미국 지구화학회 www.geochemsoc.org

- 수학, 과학, 정보 교과 역량 키우기
- 지리정보시스템 관련 학과 탐방
- 지리정보시스템 직업 탐방 및 체험 활동
- 지리학, 생물학, 자연 과학 등 다양한 분야의 독서 활동
- 컴퓨터 활용 능력 배양

관련기관

준비방법

- 사회 현상에 대한 관심
- 분석력
- 판단력
- 세밀한 성격
- 창의력
- 공간 지각 능력
- 수리 능력
- 활동적 성향
- 컴퓨터 활용 능력

적성과 흥미

흥미유형

- 진취형
- 탐구형

GIS전문가

관련교과

관련학과

- 정보통신공학과
- 지구과학교육과
- 지리학과
- 지리교육과
- 지적학과
- 지질학과
- 지질과학과
- 지질환경과학과
- 환경지질과학전공
- 지구해양과학과
- 지구환경과학과
- 지구시스템과학과
- 대기환경과학과

- 수학
- 사회
- 과학
- 기술·가정
- 정보

관련자격

관련직업

- 지적기능사
- 지적산업기사
- 지적기사
- 지적기술사
- 측량 및 지형공간정보 산업기사
- 측량 및 지형공간정보기사
- 측량 및 지형공간정보기술사
- 지질 및 지반기술사
- 지질기사
- 지반기사
- 지반산업기사
- 중등학교 2급 정교사(지구과학)

- 지적·측량기술사
- 토지측량사
- 사진측량·분석가
- 지도제작기술자
- 자연과학연구원
- 지구물리학자
- 측량사
- 지질학연구원

적성과 흥미는?

GIS전문가는 지표, 지상, 지하에 존재하는 자연물과 인공물에 대해 조사하고 분석하므로 분석력과 판단력이 필요합니다. 정확하고 꼼꼼한 성격을 지닌 사람에게 유리하며, 팀을 이루어 일하는 경우가 많으므로 협업 능력, 친화력, 대인 관계 능력을 갖추어야 합니다.

지리 정보 시스템을 구축하려면 지리 및 전산 관련 지식이 있어야 하며, 항공 측량, 원격 탐사, 공간 분석, 자료 변환, 데이터베이스 관리, 가시화 기술 등이 요구됩니다. 기존에 존재하는 데이터를 지리 정보와 결합하여 새로운 정보로 만들 수 있는 창의력이 필요하며, 2차원의 데이터로 3차원의 공간을 만드는 작업을 하므로 공간 지각 능력과 연산 작업을 위한 수리 능력을 갖추어야 합니다.

GIS전문가는 주로 야외에서 자연을 관찰·수집·측정하는 경우가 많습니다. 따라서 자연에 대한 관심과 활동적인 성향, 강한 체력을 지닌 사람, 흥미 유형이 진취형, 탐구형인 사람에게 적합합니다. 또한 수집된 자료를 데이터베이스화하기 위해 기계를 다루거나 컴퓨터를 활용하는 능력도 매우 중요합니다.

GIS전문가에 관심이 있다면 사회 현상과 시대의 흐름에 대해 항상 관심을 기울이고, 기회가 있을 때마다 자연과 친해지도록 노력해야 합니다. 물리학, 화학, 생명과학 등 자연 과학 교과에 흥미를 갖고, 컴퓨터 활용 능력을 키우며, 비판적인 사고와 의사소통 능력을 키우기 위한 다양한 활동에 참여하는 것을 권장합니다.

GIS전문가 커리어맵

관련 학과 및 자격증은?

→ 관련 학과: 지리학과, 지적학과, 지질과학과, 지질환경과학과, 환경지질과학전공, 정보통신공학과, 지리교육과, 지구과학교육과, 지구해양과학과, 지구환경과학과, 지구시스템과학과, 대기과학과, 대기환경과학과 등

→ 관련 자격증: 지적기능사, 지적산업기사, 지적기사, 지적기술사, 측량 및 지형공간정보산업기사, 측량 및 지형공간정보기사, 측량 및 지형공간정보기술사, 지질 및 지반기술사, 지질기사, 지반기사, 지반산업기사 등

진출 방법은?

GIS전문가가 되려면 지리 정보라는 특수한 분야를 다루기 위해 전문적인 지식이 필요합니다. GIS전문가는 지리와 전산 관련 지식을 습득하고, 수학, 컴퓨터, 정보 통신 공학에 대한 지식을 바탕으로 항공 측량, 원격 탐사, 공간 분석, 자료 변환, 데이터베이스 관리, 3차원 지형 가시화 기술 등에 대한 지식이 필요하기 때문에 4년제 대학교 이상의 고학력자들이 대부분입니다.

특히 연구 개발 분야는 기본적으로 지형 공간 지식과 전산 지식을 동시에 갖추어야 하므로 석사 이상의 학위를 요구하는 것이 일반적입니다.

지리 정보 관련 전공자가 아니라도 지리적 개념과 컴퓨터에 관한 지식을 갖춘다면 취업이 가능하지만 연구 분야보다는 응용 프로그램 개발 분야로 취업을 하는 편입니다. 비전공자의 경우에는 한국정보통신교육원과 한국지리정보산업협동조합의 GIS 전문 인력 양성 교육과정이나 전문 학원을 통해 관련 교육을 받을 수 있는데, 일반적으로 GIS 전문 학원에서는 GIS 프로그래밍을 가르치는 경우가 많습니다.

지리 관련 자격증과 컴퓨터 관련 자격증을 함께 취득하면 취업에 도움이 됩니다. 관련 자격증으로는 한국산업인력공단에서 시행하는 측량 및 지형공간정보기술사, 측량 및 지형공간정보기사, 측량 및 지형공간정보산업기사, 측량기능사, 지적기술사, 지적기사, 지적산업기사, 지적기능산업기사, 지적기능사 등이 있습니다.

측량 전문 업체나 지도 제작 업체, 지리 정보 업체, 건설 회사, 부동산 감정 평가 회사 등의 민간 업체나 한국토지공사, 대한주택공사, 수자원공사, 한국도로공사, 한국농촌공사, 대한지적공사 등의 공공 기관에 취업할 수 있습니다. 또한 공무원이 되어 국토교통부, 국토지리정보원 등의 정부 기관에서 일할 수도 있습니다.

관련 직업은?

지적·측량기술자, 측량사, 지도제작기술자, 사진측량분석가, 지질학연구원, 자연과학연구원, 지구물리학자, 지리교사, 지구과학교사 등

미래 전망은?

지리 정보 시스템은 단순히 지리 정보만 알려주는 것이 아니라 해당 지역이 어떻게 계획된 것인지, 토지는 어떻게 관리하고 있는지, 도로 건설은 어떻게 진행되는지 등 다양한 정보를 알려줍니다. 이처럼 지리 정보 시스템 기술은 국토를 효율적으로 관리하고, 국민 삶의 질을 한 단계 높이는 데 큰 역할을 하고 있습니다.

앞으로도 국가적인 차원에서 국토 계획, 도시 계획, 사회 기반 시설 건설, 환경 관리, 수자원 관리 등 다양한 분야에서 지리 정보 시스템 활용 방안을 구상하고 있습니다. 또한 정부와 지방 자치 단체에서 국가 지리 정보 체계 구축 사업의 일환으로 한국 토지 정보 시스템, 도시 정보 시스템, 유통 관리 정보 시스템 등을 구축해 서비스하고 있습니다.

또한 지리 정보를 입체적으로 표현하고 분석하는 3차원 기술이 등장하였고, 관련 업체도 점점 증가하고 있으며, GIS전문가의 진출 분야도 광범위해지고 있어 GIS전문가에 대한 수요는 증가할 것으로 전망됩니다. 정부는 1995년부터 국가 지리 정보 시스템 추진 위원회를 구성해 국가 차원에서 추진하고 있으나 아직까지 이 분야의 민간 투자는 미흡한 수준입니다. 하지만 미국의 스타벅스 사가 1995년부터 부동산 구입, 점포 개발, 마케팅 전략 수립 등에 GIS를 활용해 세계 최대 규모의 커피 프랜차이즈 기업으로 성장한 사례가 있듯이 우리나라 기업들도 점차 GIS에 대한 투자와 인력 채용이 늘어날 것으로 예상됩니다.

지질학과
GIS전문가 전공 분석

어떤 학과인가?

지질학은 지구의 탄생, 지구를 구성하는 물질, 지구를 움직이는 시스템을 연구하고, 지구의 과거와 현재의 모든 현상들에 대해 연구하는 학문입니다. 지구 표면과 지구 내부에서 일어나는 자연 현상의 원리를 연구하고, 지구 탄생 때부터 지구에서 일어난 모든 변화에 대한 기록을 복원하며, 복원된 기록을 바탕으로 미래에 일어날 수 있는 지구 변화에 대해 예측하는 학문입니다. 지질학의 연구 분야로는 지구 물질, 지구 내부, 지표 환경, 응용 지구 환경 등이 있습니다.

지질학과에서는 지구 구성 물질의 생성과 순환, 지구의 구조, 지구의 활동을 이해함으로써 지구의 생성과 변화 과정을 밝히며, 지구의 미래를 예견하는 순수 학문을 교육합니다. 최근에는 광물 자원과 열에너지 자원의 탐사 및 개발, 신소재 개발, 균형 있는 국토 개발 및 지구 환경 보존 등 인류 복지를 위한 실용적인 학문으로 변모하고 있습니다.

교육 목표와 교육 내용은?

지질학과는 자원 및 에너지 문제, 지구 환경의 보존 등 인간 생활에 반드시 필요한 내용을 다루는 학과입니다. 지구의 생성과 진화 과정을 찾고, 지질 자원의 개발 및 지구 환경 보존의 원인과 대책을 연구함과 동시에 지진, 산사태 등 자연재해와 폐기물 관리, 지질 자원 및 에너지 개발, 문화재 발굴 및 보존에 이르기까지 폭넓은 분야에서 연구를 수행합니다.

순수 과학으로서 지질학의 기본 원리인 지구의 역사를 이해하고, 고도화된 지식과 연구 방법을 이용하여 지질학 분야의 발전과 국가 발전에 기여할 수 있는 인재를 양성하는 것을 목표로 합니다.

학과에 적합한 인재상은?

지질학의 교육 과정은 야외 공간에서 자연을 관찰하고 측정하는 것을 기본으로 합니다. 따라서 자연에 대한 관심과 활동적인 성향을 지닌 사람에게 적합합니다. 야외에서 수집한 시료와 자료들을 실험실로 가져와 실험 기자재나 컴퓨터를 활용하여 자

» 자연재해를 진단하고, 지구 환경을 회복시킬 수 있는 문제 해결 능력을 갖춘 인재를 양성합니다.
» 지구의 역사, 지각의 움직임, 지진, 단층, 토양, 지하수, 환경오염, 광물 자원에 대한 지식을 갖춘 지구 환경 전문가를 양성합니다.
» 지구에 대한 종합적 이해를 바탕으로 자연재해의 예측과 예방, 토양 및 수질 오염의 분석과 복구 등을 담당할 전문 인재를 양성합니다.
» 자원 탐사에 대한 문제 해결 능력을 갖춘 인재를 양성합니다.
» 글로벌 시대의 사회적 요구에 부응하고 인류, 환경, 자원 및 지구를 위해 일할 준비가 되어 있는 지질학 분야의 전문 인재를 양성합니다.

료 처리하기 때문에 기계를 다루는 것에 흥미가 있어야 하고, 컴퓨터를 활용하는 능력이 있으면 도움이 됩니다.

사람이 살아가는 지역과 환경, 문화 등이 어떻게 연관되어 있는지 종합적으로 이해하고 공부하므로 사회 현상에 대해 관심이 많고, 사람들과 잘 어울리는 성격의 사람에게 유리합니다. 지구의 지형과 기후 등 자연 현상에 관심을 가져야 하고, 연구 과정에서 논리적인 분석 능력, 추론 능력, 문제 해결 능력도 필요합니다.

물리학, 화학, 생물학 등 자연 과학분만 아니라 공학에 대한 기초적인 지식이 있어야 하고, 지구의 암석이나 자원, 자연환경 등을 학습하므로 개척 정신이나 탐험 정신이 있는 사람에게 적합합니다. 자연 관찰이나 측정, 실험 과정은 협업을 통해 이루어지므로 의사소통 능력, 대인 관계 능력, 리더십, 자기 통제 능력 등이 요구됩니다.

관련 학과는?

지질과학과, 지구환경과학과, 지질환경과학과, 환경지질과학전공, 지리교육과, 지구과학교육과, 지구시스템과학과, 대기과학과, 대기환경과학과, 지구해양과학과, 기후에너지시스템공학과 등

진출 직업은?

자연과학연구원, 지구물리학자, 측량사, 환경공학기술자, GIS전문가, 자원공학기술자, 지질학연구원, 토양연구원, 토양환경기술자, 대기환경기술자, 광산기술자, 일기예보관, 기상연구원, 기상캐스터, 기상컨설턴트, 지구과학 교사 등

주요 교육 목표

지질학 분야의 전문적인
지식을 갖춘 인재 양성
- -
자원 탐사를 위한 문제 해결
능력을 갖춘 인재 양성
- -
지질학 분야와 국가 발전에
기여하는 인재 양성
- -
지질학 분야의 종합적인
지식화 기술을 지닌 인재 양성
- -
지구의 변화에 적극적으로
대응할 수 있는 인재 양성
- -
글로벌 시대의 사회적 요구를
수용할 수 있는 인재 양성

 ## 취득 가능 자격증은?

☑ 대기환경기사   ☑ 대기환경산업기사
☑ 수질환경기사   ☑ 수질환경산업기사
☑ 토양환경기사   ☑ 지적기사
☑ 지적산업기사   ☑ 지적기능사
☑ 소음진동기사   ☑ 소음진동산업기사
☑ 응용지질기사
☑ 응용지질기술사
☑ 측량 및 지형공간정보기사
☑ 폐기물처리기사
☑ 폐기물처리산업기사
☑ 광산보안기사
☑ 광산보안산업기사
☑ 굴착산업기사
☑ 중등학교 2급 정교사(지구과학) 등

추천 도서는?

- 베게너가 들려주는 대륙 이동 이야기
  (자음과모음, 좌용주)
- 지구의 일생(휴머니스트, 최덕근)
- 한 권으로 떠나는 세계 지형 탐사
  (푸른숲, 이우평)
- 빅 히스토리
  (웅진지식하우스, 데이비드 크리스천 외, 아한음 역)
- 지구가 감춰놓은 29가지 비밀
  (파라주니어, 리나, 유소영 역)
- 땅속 지구의 비밀(알라딘북스, 맥 하크동크, 한도인 역)
- 지질시대(서울대학교출판문화원, 최덕근)
- 안녕, 지구의 과학(에이도스, 소영무)
- 지구를 위한다는 착각
  (부키, 바이클 셸런버거, 노정태 역)
- 흥미진진한 지구 안내서
  (사파리, 한나 맬리스, 최현경 역)
- 흙보다 더 오래된 지구(두레, 돈 브라운 외, 이종호 역)
- 바다의 맥박 조석 이야기(지성사, 이상룡 외)
- 지구라는 행성(이지북, 최진범 외)
- 살아 있는 지구의 역사(까치, 리처드 포티, 이한음 역)
- 지구의 이해
  (시그마프레스, John Grotzinger 외, 조석주 역)
- 라이엘이 들려주는 지질 조사 이야기
  (자음과모음, 이한조)
- 야누스의 과학(사계절, 김명진)

학과 주요 교과목은?

기초 과목	지구물리학개론, 자원지질학, 구조지질학, 지질공학, 지하수학, 일반지구과학 및 실험, 미분적분학, 화석학 및 실험 등
심화 과목	광물학 및 실험, 지하수학 및 실험, 화성암석학 및 실험, 지구물리탐사개론, 환경원격탐사학 및 실험, 역학, 전자기학, 중자력탐사 및 실험, 지하수와 환경 및 실험, 구조지질학 및 실험, 자원지질학 및 실험, 지진파탐사, 전기탐사 및 실험, 암석역학 및 실험, 지자기학 및 실험, 전자탐사 및 실험, 지구정보학 및 실험, 지진과 방재 및 실험, 토질역학, 퇴적지질학 및 실험, 지구내부물리학 및 실험, 자원통계학, 지구동역학개론 및 실습, 해양환경학 등

졸업 후 진출 분야는?

기업체	측량 전문 업체, 지도 제작 업체, 지리 정보 업체, 자원 개발 업체, 토목 관련 업체, 건설 회사, 부동산 감정 평가 회사 등
연구 기관	한국지질자원연구원, 한국건설기술연구원, 한국원자력연구원, 한국해양연구원, 한국해양과학기술원 부설 극지연구소, 한국기초과학지원연구원, 한국원자력안전기술원, 한국환경정책 평가연구원 등
정부 및 공공 기관	기상청, 문화재청, 한국석유공사, 한국수자원공사, 한국농어촌공사, 한국광물자원공사, 한국광해관리공단, 한국환경공단, 한국시설안전공단, 한국전력기술, 한국수력원자력, 대한석탄공사, 국립공원관리공단, 국가정보원, 한국가스공사 등

전공 관련 선택 과목은?

▶ 국어, 영어 교과는 모든 학문의 기초적인 성격을 가진 도구교과로 모든 학과에 이수가 필요하여 생략함.

수능 필수	화법과 언어, 독서와 작문, 문학, 대수, 미적분 I, 확률과 통계, 영어 I, 영어 II, 한국사, 통합사회, 통합과학, 성공적인 직업생활(직업)		
교과군	선택 과목		
	일반 선택	진로 선택	융합 선택
수학, 사회, 과학	대수, 미적분 I, 확률과 통계, 세계시민과 지리, 물리학, 화학, 생명과학, 지구과학	미적분 II, 한국지리 탐구, 역학과 에너지, 전자기와 양자, 물질과 에너지, 화학 반응의 세계, 지구시스템과학, 행성우주과학	사회문제 탐구, 기후변화와 지속가능한 선택, 과학의 역사와 문화, 기후변화와 환경생태, 융합과학 탐구
체육·예술			
기술·가정/정보			
제2외국어/한문			
교양	생태와 환경	보건	논술

학교생활기록부 관리는?

출결 사항	• 출결은 학교생활 충실도를 평가하는 가장 기본적인 항목이므로 미인정(무단) 출결 사항이 없도록 관리하세요.
자율·자치활동	• 환경 및 과학 분야에 대한 관심과 흥미를 바탕으로 다양한 교내외 활동에 참여하여 자기 주도성, 성실성, 진취성, 리더십 등이 드러나도록 하세요. • 공동 과제나 단체 활동 과정에서 타인을 배려하거나 모범 사례가 되어 구성원들로부터 인정받은 경험이 드러나도록 하세요.
동아리활동	• 지질학 및 자연 과학 관련 동아리 활동에 참여하세요. • 동아리 가입 동기, 진로에 동아리 활동이 미친 영향, 동아리 내 자신의 역할, 동아리 활동으로 변화된 자신의 모습, 전공과 관련된 자신의 소질 계발 경험 등 구체적인 활동 내용이 기록되도록 하세요. • 학교에서 주관하는 장애인, 다문화 가정 학생 돕기, 양로원 봉사 활동 등 사회 소외 계층을 대상으로 하는 봉사 활동을 하세요. • 학교내에서 타인을 위해 할 수 있는 지속적인 봉사 활동을 하세요.
진로 활동	• 지질학 관련 학과 및 직업에 대한 정보 탐색 활동을 권장해요. • 지질학 관련 학과에 대한 체험 활동을 권장해요. • 지질학 연구소 견학 및 탐방 등을 통해 지질학에 대한 이해도를 높이는 활동을 추천해요.
교과학습발달 상황	• 지질학과와 관련된 교과 성적은 상위권으로 유지하고, 수업 활동에서 발휘한 역량이 기록될 수 있도록 수업에 적극 참여하세요. • 수업 활동에서 성실성, 적극성, 전공 적합성, 진로에 대한 열정 등이 드러나도록 하세요. • 희망 전공과 관련하여 과제 수행 경험이나 과목 이수를 위해 어떤 노력을 했는지가 드러나도록 하세요.
독서 활동	• 지질학 관련 도서를 반드시 읽어야 해요. • 자연 과학, 지리학, 역사, 철학, 환경 등 다양한 분야의 책을 읽으세요. • 독서의 양이 중요한 것이 아니라 교과 시간에 배운 내용을 관심 분야와 연계시켜 지적 깊이를 확장하는 것이 중요해요.
행동 발달 특성 및 종합 의견	• 자신의 장점을 총체적으로 이해할 수 있도록 발전 가능성, 전공 적합성, 인성, 학업 능력, 창의력, 자기 주도적 학습 능력, 문제 해결 능력, 변화 모습 등이 드러나도록 하세요. • 학교생활에서 자기 주도성, 경험의 다양성, 성실성, 나눔과 배려, 학업 태도와 학업 의지 등 자신의 장점이 기록되도록 관리해야 해요.

참고 문헌 및 참고 사이트

- "2015 개정 교육과정 시행에 따른 학생부종합전형 준비를 위한 선택교과목 가이드북", 명지대학교, 국민대학교, 서울여자대학교, 숭실대학교(2019).
- "2015 개정 교육과정에 따른 선택 과목 안내서", 교육청교육연구정보원서울특별시(2024).
- "2024 이후 학생부위주전형 모집단위별 인재상 및 권장과목", 부산대학교(2024).
- "2024 진로연계 과목 선택을 위한 학과안내서", 부산광역시교육청(2024).
- "2024학년도 서울대 권장 이수과목 목록", 서울대학교(2024).
- "고등학교 교과목 안내", 충청남도교육청(2019).
- "대학 전공 선택 길라잡이", 전라남도교육청(2024).
- "전공 적성 개발 길라잡이", 세종특별시자치교육청(2024).
- "진로 연계 과목 선택을 위한 학과 안내서", 광주광역시교육정보원(2024).
- "청소년을 사로잡는 진로디자인5", 부산광역시교육청(2024).
- "학생 진로진학과 연계한 과목 선택 가이드북", 교육부(2019).

- 커리어넷 www.career.go.kr
- 메이저맵 www.majormap.net
- 대입정보포털 어디가 www.adiga.kr
- 고용24 www.work24.go.kr
- 전국 각 대학 홈페이지

나만의 진로 가이드북 :
자연계열 (2022 개정 교육과정 적용)

1판 1쇄 찍음   2024년 12월 2일

출판   (주)캠토
저자   한승배

총괄기획   민하늘(sky@camtor.co.kr)
책임편집   이사라
디자인   북커북

R&D   오승훈·김예솔·박민아·최미화·강덕우·송지원·국희진·양채림·윤혜원·송나래·황건주
미디어사업   이동준·박지원
교육사업   문태준·박흥수·정훈모·송정민·변민혜
브랜드사업   윤영재·박선경·이경태·신숙진·이동훈·김지수·조용근·김연정
경영지원   김동욱·지재우·임철규·최영혜·이석기·노경희
발행인   안광배

주소   서울시 서초구 강남대로 557(잠원동, 성한빌딩) 9F
출판등록   제2012-000207
구입문의   (02) 333-5966
팩스   (02) 3785-0901
홈페이지   www.campusmentor.co.kr (교구몰)

ISBN 979-11-92382-18-0 (44080)
ISBN 979-11-92382-04-3 (세트)